St. Pauli
1980
Simon-von-Utrecht-Straße
Schmuckstraße
Talstraße
Hamburger Berg
Große Freiheit
St. Joseph
6.
Handschuh
3.
ELBSCHLOSSKELLER
4.
Zur Ritze
1.
Club 88
2.
Reeperbahn
POLIZEI
7.
Davidstraße
ESSO
8.
Taubenstraße
9.
Zum Silbersack
5.
St. Pauli Hafenstraße
10.
Elbe

ROB LAMPE

Mitten im Rotlicht

ICH WAR DIE ERSTE
REEPERBAHN-POLIZISTIN

hansanord

ROB LAMPE

Mitten im Rotlicht

ICH WAR DIE ERSTE REEPERBAHN-POLIZISTIN

hansanord

IMPRESSUM

1. Auflage 2024

ISBN Print 978-3-947145-77-5
ISBN E-Book 978-3-947145-78-2

Cover | Umschlag: Tobias Priessner
Satz: Christiane Schuster | www.kapazunder.de
Lektorat: Ursula Schötzig

Für Fragen und Anregungen:
info@hansanord-verlag.de

Fordern Sie unser Verlagsprogramm an:
vp@hansanord-verlag.de

hansanord

hansanord Verlag
Johann-Biersack-Str. 9
D 82340 Feldafing
Tel. +49 (0) 8157 9266 280
FAX +49 (0) 8157 9266 282
info@hansanord-verlag.de
www.hansanord-verlag.de

INHALT

In aeternum

ÜBER DEN AUTOR

Der in Hamburg geborene Autor begann bereits in der Schulzeit Kurzgeschichten durch alle Genres zu schreiben. Während des Studiums arbeitete er als Konzeptioner und Texter. Im Anschluss folgten weitere aufregende Jahre in der Medien- und Werbewelt in Hamburg, Berlin und München, unter anderem als stellvertretender Anzeigenleiter bei BILD im Axel Springer Verlag, als Marketing-Direktor im Hubert Burda Verlag und als Unit-Leiter für Content-Management und Redaktion im Bereich eCommerce. Rob Lampe ist Mitglied im SYNDIKAT, der Autorengruppe deutschsprachiger Kriminalliteratur.

VORWORT DES AUTORS

Als ich am 7. November 2022 das erste Mal mit Esther Lindemann telefonierte, war mir sofort bewusst, dass diese Geschichte erzählt werden muss. Zwei Wochen zuvor hatte ich erst von ihrer Existenz Kenntnis genommen. Erfahren, dass Esther Anfang der 1980er-Jahre die erste Streifenpolizistin auf Deutschlands sündigster Meile war. Doch diese Tatsache allein mit einem Buch zu würdigen, würde zu kurz greifen und ihr bei Weitem nicht gerecht werden. Was sie aber in jener Zeit über sich hat ergehen lassen müssen, lässt sie für mich zu einer starken Frau mit Ecken und Kanten, mit Stärken und Schwächen, und ja, ebenfalls zu einer Vorkämpferin in Sachen Gleichstellung werden. Ihre Geschichte ist somit auch über vierzig Jahre später – leider – so aktuell wie nie.

Doch springen wir zurück ins Jahr 1979. Damals war die Freie und Hansestadt Hamburg, nach West-Berlin im Jahr zuvor, erst das zweite Bundesland in der Bundesrepublik Deutschland, das Frauen in der Schutzpolizei einzusetzen begann. Warum erst jetzt? Warum erst dann?

Nun ja, wer nun glauben möchte, dass dieser von der Hamburger und Berliner Behörde neu eingeschlagene Weg mit den Forderungen einzelner Personen zusammenhing, die stets darauf hingewiesen hatten, dass die Weigerung, Frauen in der Schutzpolizei einzustellen, mit Artikel 3 des Grundgesetzes nicht zu vereinbaren sei, muss ich leider enttäuschen. Ebenso wie diejenigen, die den politischen Paradigmenwechsel mit der damaligen Argumentation, *Frauen zeigten seit den späten 1960er-Jahren infolge der Frauenbewegung zunehmend Interesse an typischen Männerberufen wie beispielsweise bei der Eisenbahn, der Schifffahrt oder der Polizei.* Nein. Ebenfalls weit gefehlt. Die Antwort darauf war viel einfacher, viel subtiler, wenn man so will: viel männlicher. Es lag schlicht und ergreifend an den Rekrutierungsschwierigkeiten der

Polizei. Punkt. Ende der Story. Und gleichzeitig der Beginn von Esther Lindemanns Geschichte.

Allerdings war die 21-jährige Protagonistin nicht irgendeiner Dienststelle zugeteilt, sie war im Einsatz auf der Hamburger Reeperbahn. Dem Sündenpfuhl aus Live-Sex, Gewalt und Drogen, dominiert von den schweren Jungs der Zuhälterringe *GMBH* und *Nutella-Bande*. Und dennoch war dies nur die eine Seite der Medaille. Das Polizeirevier 15 hatte die andere für den unbedarften Nachwuchs im Gepäck – die der männlichen Kollegen. Männer, die eine weibliche Partnerin gern zu Hause in der Küche und im Bett wähnten, aber bitteschön nicht neben sich beim Dienst auf der Straße. *Zu geringe physische Belastbarkeit, fehlende körperliche Kraft* und überhaupt widerspreche eine weibliche Streifenpoliz*istin dem »gelernten« Frauenbild* waren nur einige der vorgebrachten Argumente und Demütigungen hinter vorgehaltener Hand. Auch in der Öffentlichkeit wurde das traditionelle Frauenbild geradezu grotesk diskutiert: *Konnten Schutzpolizistinnen Waffengewalt ausüben, ohne ihre Weiblichkeit zu verlieren oder die Männlichkeit und Schlagkraft der Polizei zu schwächen?* Kurzum: Esther, mit großen Plänen aus dem Schwarzwald gestartet, hatte nicht den Hauch einer Ahnung, auf was sie sich im hohen Norden eingelassen hatte und dass ihr Leben alsbald komplett aus den Fugen geraten würde.

Dieses Buch ist eine Einladung, mit Esther Lindemann auf Streife zu gehen, sich auf den Beifahrersitz zu setzen und sie auf ihrem Weg zu begleiten, wie sie als erste Frau in Deutschlands bekanntestem Polizeirevier, der Hamburger Davidwache auf St. Pauli, lernen musste, ihren Mann zu stehen.

1. Teil

Im Herzen barfuß.

KARIBIK

Irgendwann im August 1979

Ein Dorf, so nebensächlich wie trivial, so durchschnittlich wie nicht der Rede wert. Mit blauer Posthornjacke und Hose uniformiert schob Esther Lindemann das gelbe Wägelchen durch die engen Gassen zum Ortsausgang des Baden-Württembergischen Niederweiler, am Fuße des Schwarzwaldes. Der Nieselregen plätscherte monoton und gleichmäßig auf den dampfenden Boden, so wie eigentlich alles in dem 923-Seelen-Dorf mit einer geradezu einschläfernden Ruhe belegt war. Die Hauptbeschäftigung der Niederweilerer, die sich selbst als Tourismushochburg sahen, bestand darin, zu warten. Auf das Essen, den Nachbarn oder die Gäste. Doch weder die zwei Gastwirtschänken *Zur Alten Brauerei* und *Zur Warteck* noch die vier Pensionen waren wirklich ausgebucht. Und wenn doch mal vereinzelt Spaziergänger von außerhalb auftauchten, handelte es sich meist um Verirrte, die, nun ja, wie soll das am besten umschrieben werden, eben auf der Suche nach dem richtigen Pfad Richtung Badenweiler Römerberg waren, der aufgrund seiner faltig aufgeworfenen Gesteinsschichten einen mineralreichen Boden bildete und so ausdrucksstarke Weißweine und seidige Spätburgunder mit einem warmen, leicht rauchigen Nachhall hervorbrachte. Gerade der 1976er-Jahrgang hatte alle Erwartungen übertroffen und seitdem viele Touristen dorthin, und einige Verlaufene hierhin, gebracht.

Auch die 20-jährige Esther wartete, und zwar auf eine Antwort. Die Antwort auf die Frage, wie es jetzt, wo sie seit wenigen Wochen das Abi in der Tasche hatte, weitergehen sollte. Was nur wollte sie werden? Wohin sollte die Reise gehen? Was würde sie glücklich machen? Sie wusste nur, dass das Leben für sie Aufregenderes bereithalten musste, als sich als *Frau von jemandem* ins Dorfgeschehen einzufügen, wie bereits zuvor die Mutter und beide Großmütter. Und bis sie die Lösung hatte, jobbte sie mal wieder als Postverteilerin. Sie nutzte die täglichen Touren mit dem Postwägelchen, deren Gewicht sich zu den letzten Weihnachtsferien hin merklich verringert hatte, zum Durchatmen, Geldverdienen und *Kopfzermartern*. Glücklicherweise flogen zurzeit statt schwerer Weihnachtspost nur leichte Urlaubsgrüße ein und Esther, die die Postkarten genau studieren musste, um sie verteilen zu können, konnte bereits nach wenigen Schichten zwei Kategorien von Schreiberlingen ausmachen. Die eine, meist von der Männerwelt abgesetzt, war lediglich mit einer *Schöne-Grüße-aus*-Floskel bedacht, während die andere, die von den Frauen, meist bis zum letzten Millimeter ausgefüllt war. Dort wurden ganze Romane auf wenige Quadratzentimeter zusammengequetscht. Doch ganz egal ob Mann oder Frau, ob Floskel oder Roman, beide Kategorien einte eine Botschaft: die Freude darüber, gerade jetzt in diesen fernen Städten und Ländern zu sein. Und bei Esther reifte der Gedanke, es ihnen nachzutun.

Heute früh erst hatte Herta Schiller aus dem Mühlenbachweg eine Postkarte von den Malediven erhalten. Sie war länglicher als die anderen und die Vorderseite viergeteilt. Das Bild links oben zeigte einen weißen, nicht enden wollenden paradiesischen Sandstrand, das zweite erstrahlte mit türkisfarbenem Wasser, das dritte, links unten, zeigte die atemberaubende Unterwasserwelt aus Korallen und bunten Fischen sowie, auf dem vierten, rechts unten, ein mit einheimischen Obstsorten dekorierten Bambustisch. Beim Anblick lief Esther das Wasser im Mund zusammen. Sie kam ins Träumen und merkte gleichzeitig, wie ihr die Zeit wegrannte. Nicht die der heutigen Frühschicht. Den Niederweilerern war es ziemlich egal, ob ein Gruß um halb elf oder um kurz nach zwölf zugestellt wurde. Nein. Esthers Zeit lief davon. Nächsten Monat würde sie 21 Jahre alt werden. »Aus dieser Idylle kommst du nicht lebend raus, es sei denn, du machst dich direkt nach der Schule vom Acker«, hatte Opa Walter immer zu ihr gesagt und sie befürchtete, dass er damit recht hatte.

Ein Studium kam für sie nicht in Frage. Nach 13 Jahren Schule wollte sie nicht weitere vier oder fünf Jahre mit Vorlesungen, Hausarbeiten und Klausuren verbringen. Es musste etwas Praktisches her. Doch das Angebot bei *Hans Schminker*, von schräg gegenüber, als Bürokauffrau-Azubine anzufangen, war nicht das richtige. Genauso wenig wie der Bürojob bei *Import-Export-Bernd* oder in der Beratung des ansässigen *Technologieunternehmens*, das Lösungen rund ums Trinkwasser in Form von hochwertigen Stahlarmaturen herstellte. *Strahlregler, Mengenregler, Rückflussverhinderer samt passender Schläuche*. Puh! Bitte nicht! Das konnte unmöglich ihre Zukunft sein. Sie liebte zwar ihr Heimatdorf, doch die brodelnde Unruhe in ihr durfte nicht länger ignoriert werden. Und das trotz ihres Freundes Dieter, mit dem sie seit fünf Jahren zusammen war. Dieter arbeitete seit dreieinhalb Jahren bei Import-Export-Bernd, und das sehr glücklich, wie er betonte. Doch Dieter war nicht mehr der alles entscheidende Faktor in Esthers Plänen.

Auch ein Umzug nach Freiburg, die nächstgrößere Stadt etwa 45 Kilometer entfernt, hätte an dieser Ruhelosigkeit nichts geändert. Freiburg hatte ohnehin nicht viel mehr zu bieten als eine Uni, ein von kleinen Bächen durchzogenes, wiederaufgebautes mittelalterliches Stadtzentrum und … nun ja … das war's eigentlich auch schon. Sie musste weiter weg, viel weiter und dachte an die längliche Postkarte für die Schiller. Vielleicht war die Karibik ja die Antwort? Dort von Insel zu Insel hüpfen und in den schönsten Hotelanlagen für gut gelaunte Urlauber arbeiten. Das hatte doch was! Sie musste endlich zu Potte kommen und jeder neue Weg begann mit dem ersten Schritt. Noch heute würde sie zum Arbeitsamt gehen und sich informieren.

***

»Karibik? Wir sind doch kein Reisebüro!«, erwiderte die Dame hinter der Glasscheibe kopfschüttelnd und verwies Esther, die am Nachmittag mit einer grauen Mappe unterm Arm die kleine unscheinbare Behörde in Müllheim betrat, an einen Kollegen. »Ich möchte Sie bitten, junges Fräulein, sich bezüglich ihrer koketten Anfrage an Herrn Krohn zu wenden. Drei Türen weiter rechts.«

Esther fühlte eine gewisse Hitze aufkommen und ging angespannt den Flur entlang. Sie klopfte an besagter dritter Tür und betrat den Raum:

»Guten Tag! Sind Sie Herr Krohn?«

»Solange dieser Name noch an der Tür steht, bin ich es. Ja«, erwiderte ein leicht untersetzter, freundlich dreinblickender Endfünfziger. »Was kann ich denn für Sie tun, junge Dame?«

»Mein Name ist Esther Lindemann, ich habe gerade mein Abitur gemacht und möchte eine Hotelfachausbildung machen. Am besten im Ausland. Wissen Sie, so ein typischer Bürojob kommt für mich nicht in Frage. Ist irgendwie nach der ganzen Schulzeit nicht so meins. Was ich brauche, ist Action. Jeder Tag muss anders sein. Deshalb dachte ich an eine Hotelfachausbildung im sonnigen Süden. Je weiter weg, desto besser …«

»Das gibt's doch nicht. Du musst die kleine Lindemann sein?«, brach es aus dem Sachbearbeiter heraus, der sich gerade frischen Kaffee aufgebrüht hatte. Er deutete auf einen leeren Stuhl vor dem Schreibtisch. »Die Lütte von Kurt und … und … wie hieß sie noch … dunkle Haare?«

»Christine. Meine Mutter heißt Christine«, ergänzte Esther, setzte sich und konnte sich nicht daran erinnern, das Gegenüber schon mal zu Hause erblickt zu haben. Ihre Augen schwenkten auf das Namensschild neben der Schreibmaschine. Herbert Krohn. Auch der Vorname brachte nicht die erhoffte Erleuchtung. Ein *Herbert* war nie Thema gewesen.

»Richtig. Kurt und Christine Lindemann«, setzte der Sachbearbeiter fort und schien aus dem Staunen nicht mehr rauszukommen. »Mensch, bist du groß geworden!«

Bitte nicht auch das noch, dachte Esther und lächelte angestrengt. Sie hasste solche Bemerkungen. Und nicht nur, weil sie mit 1,58 Metern Körperlänge weiß Gott nicht besonders *groß* geworden war.

»Daheim, alles gut? Alle zufrieden, alle gesund?«

»Ja, allen geht es gut, alle sind zufrieden, alle sind gesund«, bestätigte Esther, zog ihr Abiturzeugnis aus der Mappe und präsentierte es auf dem überfüllten Tisch. »Also, was haben Sie Schönes für mich?«

Krohns Blick verharrte noch einen Moment auf Esthers Gesicht, bis er schließlich in Richtung der mitgebrachten Unterlagen schwenkte.

»Du meinst eine feine Hotelfachausbildung im Süden?«

Esther nickte.

»In Spanien, Italien oder der Karibik? Meinst du sowas?«

Esthers Augen begannen zu leuchten. Von diesem Krohn fühlte sie sich verstanden. Warum nur hatte sie den Besuch beim Arbeitsamt immer hinausgezögert? Sich stattdessen mit *Import-Export-Bernd* und *Hans Schminker* beschäftigt? Alles Zeitverschwendung! Hier zu sitzen, mit einem unbekannten Bekannten über die Karibik zu sprechen, das war es, worauf es ankam. Nägel mit Köpfen machen. Das war das wahre Leben. Und sie konnte es kaum abwarten, endlich zuzuschlagen.

»Das klingt wundervoll, Herr Krohn«, antwortete Esther euphorisch und hätte auch umgehend gebucht, wenn der Sachbearbeiter nicht mit seiner Antwort eine Vollbremsung gemacht hätte.

»Das wird aber nix, Esther«, antwortete er entgegen aller Erwartungen trocken und goss sich eine Tasse Kaffee ein. »Keine Chance.«

»Nicht?«, dröppelte es aus Esther heraus. Es hatte etwas von harter Bruchlandung.

»Nee. Wirklich nicht.«

»Aber, aber warum denn nicht?«

»Wir sind ja nicht bei ›*Wünsch dir was*‹. Was meinst du wohl, warum das ZDF die Sendung nach nur drei Jahren eingestellt hat?«

Esther hatte keine Ahnung, zuckte nichtsahnend mit den Schultern und fühlte sich irgendwie missverstanden.

»Es hatte sich überholt.«

»Häh?«, fragte Esther verunsichert.

»Na, die Sendung. Keiner wollte sie mehr sehen. Sie war auserzählt. Langweilig geworden.«

Esther hatte die Show nie gesehen und sie war ihr auch piepegal. Nicht egal war hingegen, was mit der Karibik war, wie es mit ihr weitergehen sollte. Sie dachte an Dieter, an ihre Eltern und fühlte ein bedrückendes Gefühl in der Magengegend aufkommen, es begann wieder zu brodeln.

»Haben Sie dann etwa gar nichts für mich?«

»Du sagtest doch was von *Action*? Von *Jeder Tag soll anders sein*? Bloß keine *Neun-bis-fünf-Uhr-Tätigkeit*?«

Esther nickte erneut, strahlte leicht, wenn auch dieses Mal vorsichtiger.

»Ich glaube, ich habe da was für dich. Die Polizei, weißt du«, setzte der angebliche Freund der Familie verheißungsvoll fort, während er mit den Fingerspitzen aus einem Stapel ein Stück Papier herausfischte und dieses überflog. Dann trank er weitere Schlucke aus der Tasse und sprach davon, dass West-Berlin und Hamburg als erste Bundesländer überhaupt Frauen in der Schutzpolizei einsetzen wollten. Gleiche Tätigkeit, gleiche Uniform, gleiches Gehalt wie die Männer. Eine Art Modellversuch. Die gesamte Ausbildung sei von Anfang an nahezu identisch mit jener der männlichen Kollegen. Schießausbildung an Pistole und MP, Geländetraining, Lernfächer. Im Anschluss gehe es sofort in den Streifendienst auf die Straße.

»Wenn man die Prüfung erfolgreich bestanden hat?!«

»Und den Einstellungstest davor, aber ja.«

Krohn reichte ihr den Zettel rüber.

»Ist 'ne Kopie. Dort steht alles drauf. Inklusive Ansprechpartner in West-Berlin und Hamburg. – Na, wie klingt das?«

Doch Esther sagte kein einziges Wort mehr, zu tief war sie in den Buchstaben versunken. Das, was Krohn ihr in die Finger gab, war die Antwort. Sie vereinte alles, was sie wollte, was sie brauchte. Action und jede Menge Überraschungen. Und dann noch in einer Großstadt. Sie packte das Informationsblatt in die Mappe und stand auf. Die Karibik musste warten.

HAMBURG

Die Bewerbung war schnell geschrieben. Nicht nur Esthers Abschlusszeugnis war vorzeigenswert, auch die sportlichen Fähigkeiten waren überdurchschnittlich. Kurzstrecke, Langstrecke, Kraft, Ausdauer, Schnelligkeit, Beweglichkeit und Koordination, alles vorhanden. Da Berlin als auch Hamburg ihren Reiz hatten, bewarb sie sich kurzerhand in beiden Metropolen. Ihren Freund Dieter hatte sie von Anfang an in ihre Überlegungen miteinbezogen und freute sich, dass er ihre Entscheidung mittrug. Ob ganz freiwillig oder in der Hoffnung, die Bewerbungen würden im Nichts versanden, war nicht ganz klar. Auf jeden Fall hatte er gute Miene zum bösen Spiel gemacht und sie damit sehr unterstützt. Auch bei den zahllosen Gesprächen mit ihren Eltern. Denn auch Kurt und Christine Lindemann, die sich gegenüber Neuem stets als sehr aufgeschlossen präsentierten, hatten, was die Großstadt anging, eine ausgeprägte Skepsis und wollten ihre Kleine nicht ziehen lassen. Und dann noch in einem Männerberuf gefährliche Verbrecher jagen … Immer wieder verwiesen sie auf die Vorteile eines beschaulichen Lebens in Niederweiler, auf eine sorgenfreie Zukunft mit Dieter. Der Vater hätte gerne gesehen, wenn sie eine Ausbildung bei der Post gemacht hätte. Doch dies alles bewirkte nur das Gegenteil. Als Esther nach drei Wochen Wartezeit tatsächlich eine Einladung zu einer zweitägigen Eignungsprüfung in der fernen Hansestadt Hamburg erhielt, gab's kein Halten mehr. Allein die Tatsache, dass eine Großstadt Interesse an ihrer Person und an ihren Fähigkeiten zeigte, machte etwas mit ihr. Ließ sie augenblicklich wachsen. Und ganz gleich wie der Test im hohen Norden ausgehen mochte, ihre Tage im Südschwarzwald waren gezählt. Wenn nicht Hamburg, dann Berlin. Und wenn nicht Berlin, dann irgendwas anderes. Nur raus hier, der Enge des Dorfes entkommen. Sie nahm erneut das Antwortschreiben zur Hand und las:

FREIE UND HANSESTADT HAMBURG

Behörde für Inneres

Polizei | Hamburg, den 22.10.79

Landespolizeischule 0132

Einstellungstelle

Betr.: Ihre Bewerbung bei der Polizei Hamburg

Sehr geehrte Frau Lindemann!

Aufgrund Ihrer Bewerbung darf ich Sie bitten,
am Montag, den 26. November 1979, um 07.30 Uhr,
zur Eignungsprüfung in die Landespolizeischule
-Einstellungstelle-
Carl-Cohn-Straße 39
Hörsaalpavillion V
2000 Hamburg 60 (Alsterdorf)
zu kommen.

Die Auswahlvorstellung besteht aus einem geistigen und körperlichen Eignungstest sowie einem Abschlussgespräch und dauert einen Tag.
Bringen Sie hierfür bitte Schreibgerät, Sportkleidung und Ihren Personalausweis mit; außerdem bitte einen gynäkologischen Facharztbefund.

Wird Ihre Eignung für den Polizeiberuf festgestellt, erfolgt am nächsten Tag von 07.30 Uhr bis ca. 15.00 Uhr eine ärztliche Tauglichkeitsuntersuchung. Füllen Sie bitte den beiliegenden Vordruck auf der ersten Seite (Personalien und Ziff. 1. - 1.12) aus und bringen Sie ihn zur Untersuchung mit.

Ich darf noch darauf hinweisen, daß die Landespolizeischule am günstigsten mit der U-Bahn (Station Alsterdorf) zu erreichen ist. Selbstverständlich werden Sie an beiden Tagen bei uns mittags bekostigt, während wir entstehende Kosten (Fahrgeld, Verdienstausfall usw.) nicht ersetzen können. Außerhalb Hamburg wohnende Bewerber können unentgeltlich bei uns übernachten (auch wenn ihre Anreise nach Hamburg schon am Vortage erforderlich sein sollte). Melden Sie sich bitte in der Unterkunftswache der Landespolizeischule.

Mit freundlichen Grüßen
- Einstellungsstelle -
Sydow

Vier Wochen später war es so weit. Mit unbändiger Vorfreude, Neugier und gleichzeitig großem Respekt bestieg Esther am Sonntag, den 25. November, kurz vor zwölf, die Fernbahn nach Hamburg. Würde sie den ersten Prüfungstag überstehen, der die Voraussetzung für den zweiten, den körperlichen Eignungstest, war? Oder säße sie bereits morgen Abend im Zug zurück? Sie schickte ein Stoßgebet gen Himmel und flehte um göttlichen Beistand. Sie versprach, dass sie täglich, zumindest aber wöchentlich, einen Brief aus Hamburg an die Eltern schreiben würde, wenn alles gut ausginge. Sie wollte allen beweisen, was sie drauf hatte. Sie wollte es sich selbst beweisen, dass auch sie, aus einem Kuhdorf kommend, in der Großstadt nicht nur überleben, sondern auch reüssieren konnte. Dementsprechend schwer fiel es ihr, beim Abschied Dieter eine gewisse Gleichgültigkeit vorzutäuschen. Hätte sie alles gesagt, was ihr in den Tagen vor der Abfahrt durch den Kopf gegangen war, er hätte keinen Heller mehr auf eine gemeinsame Zukunft gegeben. Doch so überraschte er sie mit einer langstieligen roten Rose, nahm sie in den Arm und gab ihr einen innigen Kuss. Es war das erste Mal in der fünfjährigen Beziehung, dass er Tränen in den Augen hatte. Für ihn glich der Abschied einem Alptraum, aus dem er am liebsten sofort aufgewacht wäre. Und wenn es schon kein Traum war, hätte er alles dafür gegeben, jetzt mit ihr gemeinsam in die Bahn zu steigen. Einfach *seine* Esther nach Hamburg zu begleiten und in zwei Tagen, wenn das ganze Tamtam vorbei gewesen wäre, wieder sicher nach Hause, nach Niederweiler zu bringen. Doch er blieb zurück, wurde auch gar nicht erst gefragt. Aber vielleicht sollte er sie mal fragen, ihr nach der Rückkehr einen Antrag machen? Dann, im nächsten Schritt, eine gemeinsame Wohnung und den Job bei *Import-Export-Bernd* klarmachen. Dieters Glück wäre perfekt. Die Vorstellung daran ließ ihn schließlich verschmitzt lächeln. »Zurückbleiben, bitte«, ertönte es plötzlich gefolgt von einem langgezogenen Pfiff des Bahnvorstehers, der mit ernstem Blick seinen Bahnsteig bedachte, während sich die Türen schlossen. Es war so weit, der Zug setzte sich in Bewegung und Esther auf den reservierten Platz.

* * *

Am nächsten Morgen, Punkt halb acht, begann der erste Prüfungstag der Polizeianwärter. Aufgeregt wie vor der Motorradprüfung, die Esther vor zwei Jahren mit Bravour gemeistert hatte, hatte sie nur wenig geschlafen. Immer wieder musste sie aufstehen und hatte aus dem Fenster der Polizeikaserne auf den von den Laternen gelblich gefärbten Beton des Innenhofes geschaut und sich dabei vorgestellt, wie sich der Platz für einen anstehenden Großeinsatz innerhalb kürzester Zeit mit Polizeifahrzeugen füllte. Mit PKWs, Kombis, grünen Minnas, Motorrädern, einfach mit allem, was die *Hamburger Polizei* aufzubieten hatte. Ganz beseelt von dieser *Parade* schwenkte sie den Kopf zu ihrer Zimmergenossin, einer Claudia aus Saarbrücken, die völlig unbeeindruckt von Parade und Prüfung friedlich vor sich hin schlummerte. Beneidenswert! Doch jetzt standen beide im großen Prüfungssaal und jeder der dreiundzwanzig Bewerber hatte sich vorzustellen. Es waren zwölf Jungs und neben Claudia, einer gelernten Schaufensterdekorateurin, und Esther neun weitere Mädchen. Die meisten der Kandidaten kamen aus Hamburg und der näheren Umgebung wie Lübeck, Stade, Celle, Buchholz, Mölln und der Lüneburger Heide. Dagmar war mit 29 Jahren und 8 Monaten die Älteste, Jörg, mit gerade mal 17 Jahren und 5 Monaten, das Nesthäkchen der Runde. Dann wurde es ernst.

»Danke! Und nun sucht sich bitte jeder einen Platz. Pro Tisch nur eine Person«, erklang es nach der Aufwärmrunde vom Ausbilder, der sich als Helmut Müller vorgestellt hatte. »Wir beginnen mit einem *Diktat*, es folgt eine *Nacherzählung* und zum Ende des Vormittags *Mathematik*. Wenn ihr das überlebt, setzen wir den Nachmittag, nach einer einstündigen Mittagspause, in der Sporthalle fort. Dort warten *Zirkeltraining*, *Hürdenlauf* sowie *Seilklettern auf Zeit*.« Müller kramte seine Brille aus der Jackentasche und setzte sich ebenfalls. »Morgen dann, am zweiten Tag der Eignungsprüfung zum Polizeidienst, findet die ärztliche Untersuchung statt. Vorausgesetzt, ihr seid noch dabei.«

Müller schaute auf die große Wanduhr. Viertel vor acht. Er gab der Gruppe ein Zeichen und begann mit der ersten Prüfung. In dem *Diktat* ging es um einen Streit zwischen zwei Jugendlichen, bei dem der 16-jährige Simon Schmidt seinen ein Jahr älteren Kollegen Matthäus Fritzenkötter vom sechs Quadratmeter großen Balkon stoßen wollte, nachdem eine anfangs harmlose verbale Auseinandersetzung wegen einer gewissen Manuela Lotti im Laufe des Abends eskaliert war und erst durch die Polizei, die von dem Nachbarn Andreas Herfurth gerufen wurde, geschlichtet werden konnte. Nun stand Simon vor dem Jugendgericht und musste sich erklären. Und ja, zu viel Alkohol war auch im Spiel gewesen.

Die *Nacherzählung*, von Viertel vor neun bis elf, handelte von dem Fall Fritz Honka, einer gescheiterten Existenz, die zwischen 1970 und 1975 vier Prostituierte aus dem Umfeld des *Goldenen Handschuhs*, einer versifften Absturz-Kneipe auf St. Pauli, kennengelernt und diese später getötet und zerstückelt hatte. Die Leichenteile wurden wie nicht gebrauchtes Inventar in der Abseite seiner Dachgeschosswohnung verstaut, gegen den aufkommenden Verwesungsgeruch *Fichtennadel-Duftsteine* aufgehängt. Überführt wurde der ehemalige Hilfsarbeiter letztlich durch einen Zufall, als ein Feuer in dem Mietshaus in Hamburg-Altona ausbrach. Die Feuerwehr fand bei den Löscharbeiten Leichenreste. Der anschließende Prozess im Jahre 1976 war einer der Tiefpunkte der Frauenverachtung. »Mit der Zerstückelung der Leichen habe es sich«, so der damalige Richter, »um eine totale Eliminierung des Ärgernisses gehandelt.« Honka wurde wegen Mordes in einem Fall und Totschlags in drei Fällen, begangen im Zustand verminderter Schuldfähigkeit, zu 15 Jahren Freiheitsentzug in einer psychiatrischen Unterbringung verurteilt.

Es folgte die *Matheprüfung*, bei der Esther entspannt auf ihr Schulwissen zurückgreifen konnte. Und überhaupt, der Vormittag lief trotz Übermüdung und Herzklopfen entspannter als erwartet.

»Wollen wir zusammen in die Kantine gehen?«, fragte Claudia nach Abgabe mit glühenden Wangen, »ich sterbe vor Hunger.«

Aber unbedingt, dachte Esther, nickte und beide folgten dem Ausbilder zur Mensa. Direkt nach der Honka-Geschichte wäre ihr wohl der Hunger vergangen, aber nun war sie erleichtert, dass die schriftliche Prüfung hinter ihr lag.

»Wow! Guck dir bitteschön das mal an!«, entfuhr es Claudia völlig verdutzt, als sie die Kantine betraten. »Siehst du auch, was ich sehe?«

Esther schaute sich um und staunte ebenfalls nicht schlecht, ihr ganzes Dorf hätte hier reingepasst. Doch das war es sicherlich nicht, was Claudia meinte. Ansonsten fiel ihr weder an der Einrichtung, noch an essenden Menschen zur Mittagszeit irgendwas Besonderes auf. Sie schaute zurück zu Claudia und fragte achselzuckend.

»Nee, was denn?«

»Guck doch mal, schau dich doch mal genau um. Hier sitzen nur Männer. Überall … nur … Männer!«

Und von einer Sekunde zur nächsten wurde Esther vor Augen geführt, was sie im Begriff war umzusetzen. Sie würde, sollte sie die beiden Tage meistern, tatsächlich zu den ersten elf Schutzpolizistinnen im Großraum Hamburg gehören.

ZURÜCK IN NIEDERWEILER

»Jetzt erzähl schon«, forderte Dieter aufgeregt, als Esther ihn nach dem Hamburg-Trip am Mittwochabend bei *Import-Export-Bernd* abholte. »Wie lief es? Konntest du alles beantworten? Wann bekommst du das Ergebnis?«

Doch Esther war nicht in der Lage etwas zu sagen. Sie hatte, als sie Dieters liebgewonnenes Lächeln erblickte, alle Mühe, ihr Gefühlschaos unter Kontrolle zu bekommen und hätte am liebsten lauthals losgeschrien. Und wie immer, wenn sie aufgeregt war, spielte sie mit dem Anhänger an ihrer Silberkette. Sie dachte an die letzten 48 Stunden, an die Prüfung, an den schriftlichen Teil am Vormittag und den sportlichen Teil am Nachmittag sowie das Abschlussgespräch des ersten Tages. Beim Balkon-Diktat war sie mit einem Fehler sogar die beste aller 23 Polizeianwärter gewesen und hatte ein dickes Lob eingeheimst. Anders sah es bei dem körperlichen Eignungstest am zweiten Tage aus. Das Mindestmaß für eine Schutzpolizistin lag bei stolzen 1,60 Meter. Es fehlten zwei Zentimeter. Natürlich kam diese Erkenntnis für sie nicht überraschend, aber wie sagte man so schön: Wer nicht wagt, der nicht gewinnt. Und sie spürte, wie der bloße Gedanke daran, als der Arzt sie zur *Vermessung* vor die orangefarbene Wand mit Messlatte platziert hatte, ihr erneut eine Gänsehaut bescherte. Was hatte sie sich in diesen Sekunden gestreckt und versucht jeden Millimeter aus dem Körper herauszuziehen, um dann im Anschluss im Gesicht des Arztes eine Deutung abzulesen, als er das Ergebnis in die Akte übertrug.

Hatte er ein Nachsehen gehabt und die Zahl großzügig aufgerundet? Oder war sie bereits gestern Vormittag durchgefallen und die Personalabteilung der Polizei kritzelte bereits an der freundlichen, aber letztlich abgestumpften und niederschmetternden Absage? Andererseits, und das nährte ihre Hoffnung, hatte der Arzt die Untersuchung fortgesetzt: Es wurde wild geklopft, gehustet und abgehorcht. Später noch das Sehvermögen und Gehör begutachtet sowie um eine Urinprobe gebeten. Musste er das, wenn sie bereits eine Maßgabe nicht erfüllte? Warum nur hatte sie ihn nicht einfach gefragt? Stattdessen marterte sie sich seitdem selbst, ob diese zwei Zentimeter das Ende bedeuteten. Das Ende, ohne je einen Anfang gehabt zu haben?

»Es - ther?«, brachte sich Dieter in Erinnerung und rüttelte an ihrer Schulter. »Erzähl schon!«

Esther schaute aufgeschreckt zu ihrem Freund und war augenblicklich zurück im Jetzt. Sie erzählte auf dem Weg von den Prüfungen, dem Vermessen und von Claudia aus Saarbrücken, mit der sie sich ein Zimmer in der Kaserne geteilt hatte. Sie versuchte alles so neutral wie möglich zu halten, um sich selbst vor einer möglichen Enttäuschung zu schützen und nicht weiter Öl in Dieters Bedenken zu gießen.

»Und du meinst wirklich, dass du wegen zwei Zentimetern den Laufpass bekommst?«

»Also, von Laufpass kann keine Rede sein«, antwortete Esther gereizt, die das Wort in diesem Zusammenhang für schlicht falsch hielt. »Es ist eher so, dass es im Ermessen des Arztes liegt, ob eine Person mit 158 Zentimetern ebenfalls Straftaten, Ordnungswidrigkeiten aufklären sowie den Erhalt der öffentlichen Sicherheit und Ordnung gewährleisten kann.«

Dieter nickte einfühlsam und wähnte plötzlich die Möglichkeit einer finalen Hamburg-Absage in greifbarer Nähe. Wer sonst sollte die eigenen Vorgaben strikt einhalten, wenn nicht die Polizei? Alles andere wäre geradezu stümperhaft. Und wenn zwei Zentimeter den Ausschlag gaben, dann war auch das Thema für West-Berlin erledigt. Diese Schmach würde sich Esther nicht nochmals geben. Das wusste er.

»Dafür habe ich eine gute Nachricht für dich. Also natürlich nur, wenn es mit Hamburg dann doch nicht klappen sollte«, grätschte Dieter irgendwann dazwischen.

»Was denn?«, fragte Esther, die gute Nachrichten brauchte wie ein Fisch das Wasser.

»Klaus, also mein Chef, hat mich heute nochmals gefragt, ob du nicht bei ihm anfangen möchtest. Er würde sich wirklich freuen. Und ich mich selbstverständlich auch. Du kannst jederzeit anfangen, hat er gemeint.«

»Aber Dieter …«

»Denk einfach mal in Ruhe darüber nach. Ich mein' ja auch nur, wenn es mit Hamburg nichts wird. Wir hätten dann genügend Geld und könnten uns endlich eine große Wohnung suchen.«

Esther nahm Dieters Hand und gemeinsam bogen sie rechts ab, als sie ein Gefühl von nie gekannter Melancholie ergriff. Ein wohliges Gefühl der Geborgenheit, gepaart mit einem süßlichen Schmerz der Sehnsucht, des Fernwehs. Ja! Sie wollte diesen Polizeijob. Sie wollte, trotz Familie, trotz Dieter, trotz allem raus hier. *Denk nicht so viel nach. Und analysiere nicht jede Kleinigkeit,* dachte sie und war heilfroh, als sie Minuten später in Dieters Anderthalb-Zimmer-Wohnung ankamen. Dort verdrückte sie sich in die kleine Küche, stellte das Radio an, wo gerade *A Walk In The Park* von der Nick Straker Band lief. Sie drehte auf, klopfte mit den Füßen im Takt und begann damit, das Abendessen vorzubereiten.

DER GRÜNE BRIEF

Die nächsten Tage und Wochen vergingen trotz allerlei Ablenkung nur schleppend. Die Urlaubsgrüße im gelben Postwägelchen waren mittlerweile wieder durch schwere Weihnachtspäckchen ersetzt worden und Esther hoffte noch vor dem 24. Dezember auf eine positive Antwort aus Hamburg. Mittlerweile hatte sich auch West-Berlin bei ihr gemeldet und ebenfalls zur Eignungsprüfung eingeladen. Doch Esther wollte abwarten. Schließlich hatte sich Hamburg zuerst gemeldet und genoss deshalb Priorität. Und dann einige Zeit später, der Weihnachtsmann war bereits zurück in Lappland und die Silvesterraketen längst verhallt, war es so weit. Am 3. Januar 1980, einem Donnerstag, lag nach der Frühschicht ein grüner Brief im Briefkasten. Adressiert an Frau Esther Lindemann, Absender die *Hamburger Landespolizeischule*. Das Herz pochte wie ein Schmiedehammer auf sie ein. Tadamm – Tadamm – Tadamm. Sie griff sich den Umschlag und rannte in ihr Kinderzimmer. Dort legte sie ihn auf das Kopfkissen, sich selbst, fast ehrfürchtig, daneben. Sie konnte nicht aufhören, ihn anzustarren. Das Adressfeld. Den Absender. Den kreisrunden Stempel am Rand der leicht verrutschten Briefmarke in der oberen rechten Ecke: FREIE UND HANSESTADT HAMBURG – 27.12.1979.

Sollte das das Datum sein, das ihr Leben in eine neue Bahn steuerte? Lag in diesem Umschlag die Eintrittskarte für ihren Traum? Oder würde sich alles mit einem Schlag in Luft auflösen und sie müsste sich doch mit dem Angebot von *Import-Export-Bernd* auseinandersetzen? Und mit Dieter? Sie setzte sich aufrecht ins Bett, strich sich eine blonde Strähne aus dem Gesicht und atmete zweimal tief ein und aus. Dann griff sie zum Brief, riss mit einem Ruck am oberen Ende den Umschlag auf und nahm das Schreiben heraus. Nervös flogen die Augen über das Papier, scannten nach einem Wort der Erlösung – bis sie es endlich fand:

E i n s t e l l u n g s b e s c h e i d

Einstellungsbescheid stand dort in fetten Lettern, der Rest des Schreibens verschwamm vor ihrem Gesicht, während ihr Herzschlag auf 200 stieg, um ihr wenige Schläge später die daraus resultierende Wahrheit ebenso heftig ins Gesicht zu schlagen:

A b s c h i e d .

Diese Zusage bedeutete Abschied. Abschied von der Familie. Abschied vom Heimatdorf, in dem sie aufgewachsen und zur Schule gegangen war, in dem sie jeder kannte und in dem sie jeden kannte. Abschied von ihren Schulfreunden und dem Musikverein, in dem sie viele Jahre mit der Querflöte, die sie von Opa Walter zum 10. Geburtstag bekommen hatte, gespielt hatte. Abschied von den Weinbergen, den Wiesen, dem Wald, dem Markgräflerland und dem angrenzenden wunderschönen Südschwarzwald. Nicht zuletzt bedeutete dieser Einstellungsbescheid auch einen Abschied von Dieter, Esthers ersten großen Liebe. Wie würde sie ihn nur enttäuschen! Ihn, der sie liebte und ihr nie Böses wollte. Ihre Gedanken rasten. Sie musste sich zwingen einen klaren Gedanken zu fassen, den Atem und Herzschlag zu beruhigen. Alles in ihr purzelte durcheinander. Stopp mal! Wollte sie das wirklich? Wirklich nach Hamburg? Umziehen? Arbeiten fernab von zu Hause? Was wusste sie schon von der Großstadt? Alles, was sie wusste, hatte sie sich mühsam angelesen, im Vorbeigehen aufgeschnappt. Weltstadt, Hansestadt, Hafen, Reeperbahn, Elbe, Alster, Michel, Nieselregen. Mmmhhh? War das jetzt die Lösung? Oder war sie nur gefrustet gewesen, wollte sehen, ob die Großstadt sie überhaupt wollte? Und nun, wo die Zusage vorlag, reichte das? Schließlich hatte sie es in diesem Moment allen und vor allem sich selbst gezeigt. Die Großstadt wollte sie! Warum jetzt nicht einfach den Bescheid zerreißen und weitermachen wie bisher? Niemand müsste davon erfahren und sie könnte mit

Dieter in eine gemeinsame Wohnung ziehen. Alles würde, wie die Eltern sagten, in sicheren und gewohnten Bahnen sein. Sie würde niemandem wehtun müssen.

Esther schüttelte den Kopf. Erst langsam, dann immer heftiger. »Nein!«, sagte sie fast tonlos und nahm das Schreiben. Sie rannte aus dem Haus, die Straße hinunter, in der ihre Mutter Christine ihr mit vollen Einkaufstüten entgegenkam.

»Ich darf nach Hamburg!«, schrie Esther ihr von Weitem entgegen. »Mami, sie haben mich wirklich genommen. Am 1. April geht's los.«

Mutter Christine legte den Einkauf ab, drückte ihre Tochter und sich ein paar Tränen weg. Dann, mit belegter Stimme, erwiderte sie:

»Kind, wirklich? Wie schön.«

POLIZEIAKADEMIE I.

31. März 1980 – 30. August 1981

Überall irrten Menschenmassen auf dem Weg zum Anschlusszug, als Esther am 31. März mit zehnminütiger Verspätung um 16:12 Uhr am Hamburger Hauptbahnhof auf Gleis 7 einfuhr. Doch für sie war Endstation. Sie packte die Sachen im Abteil zusammen und begab sich zur Tür, als sich die Augen mit Flüssigkeit füllten. Die Vorfreude, die Emotionen waren einfach zu groß, überkamen sie mit voller Wucht. Sie konnte nichts daran ändern und Sekunden später wollte sie auch gar nichts mehr daran ändern. Sie stieg aus der Bahn. Sie war da! Der Enge des Dorfes entkommen! Endlich! Sie wischte sich mit dem Handrücken die Tränen weg und stand einfach nur da, mit Koffer und Tasche um die Schulter im großen Bahnhof einer noch größeren Stadt. Sie schaute hinauf, zu der 35 Meter hohen Glas-Stahl-Konstruktion, wie sie sich eindrucksvoll über den Hauptbahnhof spannte und dachte plötzlich wieder an Zuhause. Der heutige Abschied von Dieter hatte ihr mehr zugesetzt, als sie sich die letzten Monate hatte eingestehen wollen. Doch nächste Woche war bereits Ostern und sie könnte für ein verlängertes Wochenende nach Hause fahren. Dann sah sie sich weiter um, dieses Mal auf der Suche nach einem blauen U-Bahn-Schild. Da hinten! Sie schob sich samt Gepäck über den Bahnsteig und fuhr mit der Rolltreppe zwei Etagen tiefer zur U1-Linie Richtung Kaserne. Über Jungfernstieg, Stephansplatz, Kellinghusenstraße und Lattenkamp erreichte sie nach 17 Minuten Fahrtzeit die Station Alsterdorf. Das Abenteuer Hamburg konnte beginnen.

Und es begann holprig, zumindest was den weiblichen Part der Klasse 123 des 309. PAW-Lehrgangs betraf. Bereits am ersten Tag der Polizeiausbildung, am 1. April 1980, offenbarte sich die fehlende organisatorische Vorbereitung der Hamburger Innenbehörde auf weibliche Auszubildende. Jedem der 23 Nachwuchsbeamten wurde eine Männeruniform ausgehändigt, so auch Esther, die eine Männeruniform in Größe 40 erhielt.

»Was ist das?«, fragte sie belustigt am Tresen der Herausgabestelle und schaute demonstrativ an sich herunter. Noch hielt sie es für einen Aprilscherz. »Vielleicht etwas zu groß, zu weit für mich?«

»Das ist die kleinste Größe, die wir da haben.«

Dass die Dame dabei nicht im Ansatz die Mundwinkel verzog, machte die Sache nicht einfacher. Esther nahm den Holzbügel entgegen und hielt sich die Uniform an.

»Aber schauen Sie doch selbst. Die passt ja hinten und vorne nicht. Die Schultern, der Hosenbund, die Beine. Ich kann darin Verstecken spielen.«

Die Tresenfrau verglich, begriff und handelte umgehend. Sie verschwand für einen Moment und kam mit einem Paar Hosenträgern zurück.

»Damit Sie das Staatseigentum nicht verlieren und es Sie bei der Ausübung der Arbeit nicht behindert.«

Eindeutig kein Aprilscherz!, resümierte Esther gedanklich, griff nach den Trägern und strich über die beige Polizeihose. Der Stoff war so kratzig und fest, dass die Hose von alleine stehen konnte. Das hatte sie jetzt nicht erwartet. Kopfschüttelnd verließ sie das Zimmer. Dass sie einige Tage später, nachdem auch die anderen Kolleginnen bei der Stelle ähnlich verwundert reagiert hatten, zwei neue, umgenähte Männeruniformen von der Stelle erhielt, änderte am Körpergefühl eines dummen August in Clownhose nur wenig. Doch schlussendlich nahmen es alle elf Nachwuchskräfte mit Galgenhumor.

Lustig anzuschauen, also wieder für die männlichen Kameraden, waren auch die Exerzierübungen im Innenhof. Ausbilder Hans Carstens machte sich einen Feix daraus, die 23 nach Körpergröße aufstellen zu lassen, sodass Esther, mit großem Abstand, immer als Letzte in der Reihe stand und die Orgelpfeifen, wie Carstens pflegte sich auszudrücken, komplettierte.

Doch der *Floh,* wie sie alsbald respektvoll von der Klasse genannt wurde, hatte sich durch Leistung durchzusetzen gewusst. Sowohl bei den theoretischen als auch bei den praktischen Fächern sowie beim Sport. Irgendwann lief sie aufgrund herausragender Zeiten die 800 Meter nur noch mit den Jungs und ließ dabei Kollegen wie Christian, Holger und Ingo regelmäßig hinter sich.

Ein anderer Ausbilder, verantwortlich für die Schießübungen an Pistole und MG, blähte sich vor jeder Einheit regelrecht vor der Klasse 123 auf und begann mit den Worten:

»Meine Herren, es kann durchaus sein, dass Sie eines Tages Ihre Mutter und Ihren Vater vergessen werden. Mich aber, Ausbilder Christian Zlomke, niemals!«

Dass er dabei ignorierte, dass auch elf weibliche Polizeianwärterinnen sämtliche Eignungsprüfungen und Qualifikationen bestanden hatten und ebenfalls zu Recht zugegen waren, interessierte ihn nicht die Bohne. Doch weder Zlomke, Carstens noch leichtere Sportverletzungen wie Zerrungen oder Überdehnungen ließen Esther ihr Ziel aus den Augen verlieren, die Ausbildung mit Bravour zu meistern. Der Amtsarzt hatte es seinerseits gut gemeint und als Vorschuss die fehlenden zwei Zentimeter draufgelegt. Und sie würde jeden Millimeter davon mit Zinseszins zurückzahlen. Nie hatte sie gejammert, nie hatte sie sich beschwert, zumindest nicht nach außen. Lediglich in vereinzelten Briefen an die Eltern deutete sie etwas an. Stets nur vage, um ihnen keine Munition zu liefern, »dass sie das Kind ja schon immer vor der bösen Großstadt gewarnt hatten«.

Die ersten anderthalb Jahre der Ausbildung vergingen schneller als gedacht. Aus dem anfänglich buntgemischten Haufen war in kürzester Zeit eine eingeschworene Truppe geworden, auf die man sich, da war sich Esther sicher, auch später verlassen konnte, wenn sie auf verschiedenen Dienststellen im Großraum Hamburg verteilt waren. Keiner der 23 Anwärter hatte hingeworfen, alle hatten oder wurden von den anderen 22 mit durchgezogen. Auch das Nesthäkchen Jörg aus Stade, das in den ersten Monaten der Ausbildung immer wieder für nervtötende Kopfschmerzen bei den anderen gesorgt hatte, wenn es von der Polizei Hamburg als »nicht reflektierendes Organ und verlängerten Arm des linken Regierungsapparates um Bürgermeister Hans-Ulrich Klose« sprach. Auf die Gegenfrage, warum er dann ausgerechnet zur Polizei wollte, blieb es bei diffusen Phrasen à la »Woher willst du wissen, dass ich nicht genau deswegen hier bin?« oder »Wenn ich erst mal Polizeipräsident bin, oder Bürgermeister, ist das das Erste, was ich zu ändern weiß.«

Als der aktuelle Bürgermeister Klose ein Jahr später wegen der strikten Haltung des Innensenators Werner Staak in Sachen Kernkraftwerk Brokdorf zum Rücktritt gezwungen wurde, war des Nesthäkchens Welt wieder in Ordnung. Gerade noch rechtzeitig, um die Kurve zu bekommen und das Praxispraktikum starten zu können. Ausbildungsinhalte wie Verwaltungsrecht, Beamtenrecht, Kriminalistik, Strafrecht, Verkehrskunde, Ordnungswidrigkeitenrecht, Strafprozessordnung, Humanbiologie, Deutsch, Englisch, Politik, Mathematik, Sport, Selbstverteidigung, Schießausbildung, Geländeausbildung waren abgenommen und verinnerlicht. Alle Polizeianwärter der Klasse 123 des 309. PAW-Lehrgangs konnten auf die Hamburger Bezirke verteilt werden und sich auf der Liste für das »Wunsch-Revier« anmelden. Besonderes Augenmerk dabei lag auf den elf weiblichen Auszubildenden. Wo würde es sie hinziehen? Randgebiet oder direkt ins Geschehen?

Und die Überraschung der Ausbilder war groß, als sie lediglich ein einziges Kreuzchen beim Revier 15, der sagenumwobenen Davidwache, feststellen konnten. Nur einer von 23 wollte direkt ins Leben, nur einen von ihnen zog es in den Stadtteil der Aussätzigen und fragwürdigen Existenzen, in das Milieu der Luden, Huren und Freier.

Als Esther davon erfuhr, war sie selbst verblüfft, aber total erleichtert. Bedeutete das doch, dass sie auf St. Pauli anfangen durfte. Sie konnte es kaum abwarten, sich nun auch auf der Straße zu beweisen. Außerdem war sie neugierig und bemerkte, seitdem sie in Hamburg wohnte, dass irgendetwas in ihr sie danach drängte, mit der *Sünde* auf Tuchfühlung zu gehen. Von den Vorurteilen und der Missgunst, die Esther nach erfolgreich abgeschlossener Ausbildung als Schutzpolizistin in einem männerdominierten Polizeirevier, wie der Davidwache, in einem Bezirk der gelebten Männlichkeit erwarten würde, war hier, im geschützten Raum der Polizeiakademie in Hamburg-Alsterdorf, noch wenig zu ahnen.

Und Dieter? Nun ja, trotz zahlreicher Heimatbesuche in den weit entfernten Schwarzwald, gerade im ersten Semester, konnte die Beziehung nicht gerettet werden. Sie hatte ihm, als er eines Tages eine finale Antwort einforderte, »Hamburg oder ich?«, den Laufpass gegeben, was nicht nur an einem gewissen Sönke lag, der sich eines verregneten Tages in der Polizeikantine mit dem Mittagessen, bestehend aus Kartoffelklößchen, Bohnen und einem Stück Fleisch, ungefragt an ihren Tisch gesellte – was ihr imponierte. Auch nicht, dass dieser Sönke, als ein *Kollege* aus dem Bereitschaftsdienst nicht nur die Leidenschaft zur Polizeiarbeit mit ihr teilte, sondern auch die des Motorradfahrens und wenige Monate später seine schicke Wohnung in Harburg-Hausbruch. Es hatte sich mit Dieter einfach auseinandergelebt. Alles war gesagt. Alles, was sie in der Vergangenheit verbunden hatte, war durch die Distanz ausgelöscht. Es gab keine Sonne, keine Luft, kein gemeinsames Lachen mehr. Es war nichts mehr, worum es sich zu kämpfen lohnte.

DAVIDWACHE-PRAKTIKUM

31. August 1981 – 28. Februar 1982

Nach drei Semestern Polizeiakademie, die Esther jeweils mit einer guten Zwei hinter sich gebracht hatte, begann heute Vormittag um 11 Uhr das sechsmonatige Praktikum im Polizeirevier 15 am Spielbudenplatz auf der Reeperbahn. Sie war glücklich und aufgeregt zugleich. Stundenlang hatte sie gestern Nacht wachgelegen, bis sie schließlich gegen halb sechs aufgestanden war. Als sie beim Fertigmachen im Badezimmer den Radiosprecher von NDR 2 sagen hörte, dass am frühen Morgen auf dem Kasernengelände der US-Airbase in Rammstein zwei Attentäter unbemerkt eine Bombe deponiert hatten, die kurze Zeit später detonierte, bekam der ohnehin schon riesige Respekt vor der Arbeit auf der Straße einen unliebsamen Beigeschmack. Sie drehte den Radioknopf lauter. »Nach Augenzeugenberichten«, hieß es dort weiter, »wurden im Umkreis von 100 Metern Menschen von der Detonationswelle umgeworfen und zum Teil erheblich verletzt.« Im Anschluss kamen erste Experten zu Wort, die unisono einen Akt der RAF vermuteten, der noch am gleichen Tag durch ein Bekennerschreiben traurige Gewissheit wurde …

Esther war geschockt. Sie dachte an die Zielsetzung der Polizei, der *Durchsetzung des Gewaltmonopols des Staates,* und nahm sich vor, noch aufmerksamer zu sein und auf jede Kleinigkeit, sei sie noch so unscheinbar, zu achten. Sie stieg mit einem etwas mulmigen Gefühl in die U-Bahn und fuhr über Kellinghusenstraße, Schlump, Sternschanze und Feldstraße zur Station St. Pauli, am östlichen Ende der Reeperbahn. Von dort waren es noch gut 500 Meter zum Revier 15. Den Weg kannte sie aus dem Effeff. Zig Mal war sie seit dem Umzug nach Hamburg mit Sönke, Claudia und den anderen Lehrgangskollegen zum Tanzen auf dem Kiez gelandet und hatte dabei jedes Mal sehnsüchtig zur Davidwache mit der schweren braunen Holztür rübergeschaut und den Wunsch, dort eingesetzt zu werden, gen Himmel geschickt. Doch heute hieß es zum ersten Mal, diese Tür auch aufzustoßen, sie zu durchschreiten.

Dann, wenige Meter später, erblickte sie den dunkelroten Bau mit den Keramikverzierungen, wie er sich streng und majestätisch vor ihr aufbaute, inmitten einer Umgebung, die Lust, Porno und Laster versprach. Sie griff mit der Hand an die Türklinke, umfasste sie, hielt kurz inne und sendete erneut eine Botschaft nach oben: »Danke, danke, danke!«

* * *

Die Geschichte der altehrwürdigen Davidwache war lang und ereignisreich und ging auf das Jahr 1840 zurück. In diesem Jahr hatte der Hamburger Senat eine Polizeiwache für das vor den Toren der Stadt gelegene Landgebiet St. Pauli bewilligt, welches selbst seit 1833 unter städtischer Verwaltung stand und in dessen Gebiet sich Theater und Varietés angesiedelt hatten. So entstand an der Ecke Kastanienallee und Davidstraße das erste kleine Wachhäuschen auf dem heutigen Kiez. Als das Hamburger Bürgermilitär 28 Jahre später, am 30. Juli 1868, aufgelöst wurde, übersiedelte die Polizeiwache in das ehemalige Militär-Gebäude. Es war der Standort, den sie noch heute innehat und auf deren Weg sich Esther gerade machte: Spielbudenplatz 31. Durch die wachsende Beliebtheit und der einhergehenden Ausbreitung des Vergnügungsviertels um die Jahrhundertwende bedurfte es einer ständigen Erhöhung der Polizeipräsenz vor Ort, sodass sich der Senat für einen Neubau entschied, dessen Auftrag der seit 1909 in Hamburg agierende Oberbaudirektor Fritz Schumacher erhielt. Der in Bremen geborene Schumacher war nicht nur Mitbegründer des Deutschen Werkbundes, sondern auch ein großer Förderer der neuzeitlichen Backstein-Bauweise in Norddeutschland. Nach seinen Entwürfen entstanden neben der Davidwache viele weitere öffentliche Bauten wie die Finanzbehörde am Gänsemarkt, das Museum für Hamburgische Geschichte am Holstenwall, das Krematorium auf dem Friedhof Ohlsdorf, das Planetarium im Stadtpark sowie das Bernhard-Nocht-Institut für Tropenmedizin. Nur wohin mit dem Neubau?

Die Betreiber des Amüsierviertels forderten eine Rückverlegung der Polizeiwache zur Kastanienallee und begründeten, dass die unmittelbare Präsenz am Spielbudenplatz nicht gut fürs Geschäft sei. Nachvollziehbar, aber umsonst. Der alte Bauplatz war schlicht zu klein. Und so konnte nach anderthalbjähriger Bauzeit am 10. Dezember 1914 der Neubau am Spielbudenplatz im Rahmen großer Feierlichkeiten der Polizei übergeben werden. Doch die eigentliche Krönung erfolgte Ende 1970 durch den Hamburger Innensenator Heinz Ruhnau, der dem Revier 15 das Recht übergab, sich auch offiziell *Davidwache* zu schimpfen. Von nun an gab's die Davidwache auch im Dienstsiegel mit dem Segen von oben.

* * *

Von all dem hatte Esther keine Ahnung, als sie den dreifachen *Dankesgruß* sendete. Sie war fokussiert und freute sich, trotz Rammstein, auf den ersten Tag in der Praxis. Sie atmete tief durch, zog die Schultern zurück und drückte die schwere Holztür auf. Dann betrat sie die Wache, in der sie nur Momente später mit einem Blumenstrauß von Revierleiter Ludwig Rielandt und der Frühschicht willkommen geheißen wurde. Rielandt, ein schlanker Mann Mitte 50, dessen blank gewienerte Schuhe und messerscharfe Bügelfalte wohl auch nach der härtesten Nachtschicht perfekt aussehen würden, redete nicht lange um den heißen Brei. Er wusste, was er brauchte, und kam ohne Umschweife auf den Punkt:

»Liebe Kollegin Lindemann, ich, wir von Revier 15 freuen uns über Ihre tatkräftige Verstärkung in den nächsten sechs Monaten. Wir benötigen durchsetzungsstarke und zu einhundertzehn Prozent verlässliche Streifenpolizisten. Und mir ist zu Ohren gekommen, dass es sich bei Ihnen um genau solch ein Exemplar handelt. Gut so.« Er schaute in die Männerrunde und ergänzte augenzwinkernd: »Darüber hinaus verfügen Sie als Frau sicherlich über ein weitaus ausgeprägteres Einfühlungsvermögen als alle Kerle hier zusammen, mich eingeschlossen. Also genau das, was uns fehlt und auf der Straße gebraucht wird, denn die auf dem Kiez tätigen Gestalten agieren und reagieren nicht immer nach den bürgerlichen Maßstäben. – Von daher nochmals herzlich willkommen und gutes Gelingen!«

Esther nickte und lächelte zaghaft, während sie sich krampfhaft an den Blumen festhielt. Die Autorität, die der oberste Hüter im heiklen Milieu ausstrahlte, wirkte geradezu einschüchternd auf sie.

»Und wenn es Probleme geben sollte«, setzte der Erste Polizeihauptkommissar fort, »können Sie jederzeit zu mir kommen. Meine Tür steht immer offen. Doch es wäre auch in Ordnung, wenn dies nie der Fall ist.«

Rielandts Blicke schienen sie beim Gesagten zu durchbohren, auch wenn er es mit einem freundlich dreinblickenden Gesicht garnierte. Dann wurde es still. Mucksmäuschenstill. Alle Augen waren auf Esther gerichtet und die Anwesenden erwarteten, dass sie etwas zum Besten gab. Esther errötete. Sie hasste Aufmerksamkeit, war aber vorbereitet. Sie hatte sich in der Bahn überlegt, was sie sagen wollte. Sie wollte erwähnen, dass sie aus dem Schwarzwald komme und sich freue, nach anderthalb Jahren Polizeiakademie genau in diesem Polizeirevier im Herzen von Hamburg das Praktikum machen zu können und alles geben werde, dass das Verbrechen keine Chance mehr habe. Und noch vieles mehr. Doch alles, was sie herausbrachte, war:

»Äh, ja. Vielen Dank, Herr Rielandt. Und vielen Dank auch für den schönen Strauß.«

Ihr war augenblicklich klar geworden, dass sie bei den Großen mitspielte und keinerlei Sonderbehandlung zu erwarten hatte.

Dann übergab Rielandt an Claus Herzog, der für die nächsten sechs Monate Esthers *Bärenführer* sein würde, wie die Ausbilder genannt wurden, und verschwand. Herzog, der bereits eine Vase besorgt hatte, nahm ihr das bunte Gewächs aus den Händen und stellte die anwesende Frühschicht vor. »Das sind Uwe, Hansi, Rudi, Harry, Holger …«, begann er aufzuzählen. Doch Esther war nicht in der Lage, sich irgendwelche Kollegennamen zu merken. Sie war froh, wenn sie nicht gleich wieder den Namen des Bärenführers vergessen würde. Ihre Aufregung war auf dem Siedepunkt angelangt. Es folgte eine Führung von A, wie Aufenthaltsraum, bis Z, die sechs Zellen im Untergeschoss. Dann ging es für Esther, uniformiert in schwarzer Lederjacke mit dem Hamburger Wappen am Ärmel und der Einsatzmütze auf den ersten Rundgang per Fußmarsch durch das größte Freudenplanquadrat der Bundesrepublik, während sie langsam realisierte, dass sie keine einzige Frau im gesamten Gebäude gesehen hatte.

Claus, der ihr wie die anderen Kollegen das »Du« angeboten hatte, war Mitte 40, breit gebaut und mit 1,80 Metern deutlich größer als sie. Er unterstrich die Worte vom Chef, dass sich das »Auf-den-Partner-blind-verlassen-können« das Allerwichtigste der täglichen Arbeit sei, und ergänzte, dass Rielandts größte Sorge den St. Pauli-Touristen gelte. »So wie die Besucher uns, also die Polizei, auf der Straße erleben, so beurteilen sie die gesamte *Hamburger Polizei.* Es beginnt schon damit, dass nirgends in ganz Hamburg die Polizei nach einem Notruf so schnell zur Stelle ist wie hier auf St. Pauli«, sagte der Bärenführer und startete die Kiezerkundungstour, flankiert von feucht-fröhlichen Anekdoten über *Urgesteine* und *Originale*, die in diesem Schmelztiegel der Vielfältigkeit lebten. Den RAF-Anschlag erwähnte er mit keinem Wort. Zu sehr war er auf St. Pauli konzentriert und meinte lediglich, von Esther darauf angesprochen, dass man auf dem Hamburger Kiez vor solchen Anschlägen keine Angst haben bräuchte. Terroristen, ganz gleich welcher Couleur, würden im Viertel nicht lange überleben, denn das Milieu wollte nur eins: in Ruhe den Geschäften nachgehen.

Ruhe brauchte auch Esther nach Feierabend. Vollgepackt mit Eindrücken fuhr sie mit Bahn und Bus zurück in Sönkes Wohnung nach Harburg-

Hausbruch. Dort angekommen setzte sie sich an den kleinen Küchentisch, trank etwas und schrieb ein paar Zeilen an ihre Eltern.

Hamburg, 31.08.1981

Hallo, Ihr Lieben,

heute will ich euch schnell wieder ein paar Zeilen schreiben, heute ist auch wieder mal ein Glückstag für mich, denn wieder einmal ist ein Wunsch in Erfüllung gegangen.

Heute war ich das erste Mal auf der Wache, habe meinen Schrank eingeräumt und hatte die Gelegenheit, den Revierführer kurz kennenzulernen, meinen zukünftigen Chef, und Claus, meinen Ausbilder. Dabei konnte ich glücklicherweise regeln, dass ich in die gleiche Schicht komme, in der auch Sönke ist, durch Zufälle und eben wieder mit mehr Glück als Verstand hat es geklappt, auch wenn ich schon in einer anderen Schicht eingeteilt war. Claus hat mir ein bisschen von meinem Aufgabenbereich erzählt, der sich von Prostituierten, Homos, Transvestiten, Pennern, vom Glücksspiel über Betrug bis zu Diebstahl und Körperverletzung erstreckt. Ich hörte mit gespitzten Ohren zu und es scheint also wirklich so interessant zu werden, wie ich es mir vorstelle. Morgen geht es also richtig los und ausgerechnet mit einer Frühschicht. Aber da wir in der gleichen Schicht sind, Sönke hat sich auch riesig darüber gefreut, können wir jetzt immer zusammen frühstücken und zusammen zur Arbeit gehen, erst in der Stadt trennen sich dann unsere Wege wieder, bis zum gemeinsamen Feierabend. Ach, ich freue mich ja so darauf. Ich hoffe, dass ich euch dann auch spannende Geschichten erzählen kann.

Am Samstag habe ich mir eine schicke Khakihose gekauft, die unten enge Hosenbeine hat mit kurzen Reißverschlüssen, ganz modern, im Kinderladen, im Sonderangebot für ganze 12,- DM. Und heute habe ich mir noch eine schöne blaue Regenjacke mit weißen Zierstreifen, Reißverschluss und Kapuze gekauft, auch im Kinderladen, für 9,90 DM. Tja, Kindergröße muss man haben!?!!

Ab September, also ab morgen, müssen wir zur Uniform die gleich*en weißen flachen Mützen tragen wie die Männer und nicht mehr unsere grünen Reitermützen. Auch kriegen wir neue Blusen mit Schulterklappen, bin gespannt, wie das aussehen wird.*

Ach ja, Mami, es ist jetzt 20.45 Uhr, Sönke hat eben die Miete bezahlt und kommt mit einem riesigen Neckermann-Paket wieder hoch, das die Hausvermieterin für uns angenommen hat. Wenn du jetzt hier wärst, Mami, würde ich dir beide Ohren so lange ziehen, bis sie länger als du sein würden. Sag mal, was ist Dir denn da wieder eingefallen? Das ist ja ein herrlicher Kuschelsack, aber ich will nicht, dass Du immer so viel Geld ausgibst für mich, hörst Du? Ich will das wirklich nicht, ihr braucht das Geld doch auch. Außerdem kosten wir doch genug Geld, wenn wir wieder mal ein paar Tage bei euch sind.

Trotzdem vielen Dank und 1000 Küsse dafür. Es ist sehr lieb von Dir, ich freue mich auch schon aufs Reinkuscheln.

Eure Esther

Auch Esther hatte den RAF-Anschlag mit keinem Wort erwähnt. Nach nur wenigen Stunden auf St. Pauli war sie bereits in den Kosmos der sündigen Vergnügungsmeile gezogen worden.

* * *

Die Nacht war viel zu kurz gewesen. Die gestrigen Eindrücke hielten Esther noch immer umklammert, als sie am nächsten Morgen gegen halb sechs das Revier betrat. Kaum hatte sie sich umgezogen, kam der erste Notruf rein. In der rückliegenden Friedrichstraße hatte sich ein Nachbar über einen ekelerregenden Gestank aus der Nebenwohnung beschwert. Er habe, wie er dem Kollegen am Telefon mitteilte, seinen Nachbarn auch schon des Längeren nicht mehr gesehen und ihm schwane Böses. Und ja, natürlich habe er bereits dort geklingelt und lautstark gegen die Tür gehämmert. Ohne Reaktion. Der Nachbar sei ihm, sowie der Anrufer mit

Namen Carsten Vollmer betonte, zwar ziemlich scheißegal, aber er schuldete ihm noch 10 Mark. Und der *Honka-Gestank* geht gar nicht.

»Notruf?«, fragte Esther. Ihr Blick war hellwach. »Gefahr in Verzug?«

»Eher schlimmer«, befürchtete Claus, der sich Jacke und Mütze griff und mit Thomas, dem heutigen Schichtkollegen, zum Funkstreifenwagen rannte. Auf halber Strecke drehte er bei und blickte auffordernd zu Esther: »Kommst du?«

Ein kurzes Lächeln huschte über Esthers Gesicht, während ihr Herz in die Hose rutschte.

»Ich? Mitkommen? Jetzt?«

»Wenn ich bitten dürfte!«

Nervös folgte sie den beiden die neun Steinstufen runter auf die Straße und stieg auf die Rückbank, um die 600 Meter zum angegebenen Tatort zurückzulegen. Sie sagte kein Wort, musste die Gedanken ordnen und den Herzschlag beruhigen. Sie war auf dem Weg zu einem Tatort, einem echten Tatort. Keine hypothetischer, wie in der Polizeiakademie zig Mal durchgekaut. Nein! Dieser war real. Und ein echter Tatort konnte Gefahr bedeuten. Wahrscheinlich nicht vergleichbar mit Rammstein, doch wer weiß? Sie fasste an den Anhänger ihrer Silberkette, ließ ihn nervös durch die Finger gleiten, während ihr Herz weiter bis zum Hals schlug. Schon bremste der Wagen ab und kam quer über der Fahrbahn zum Stehen. Alle drei sprangen heraus und Claus klingelte im Haus 36 bei Vollmer. Der Summer ertönte und sie stiefelten hinein. Dem Verwesungsgeruch entgegen, wie Claus und Thomas ihn von Tatorten kannten, wo Leichen eine geraume Zeit unentdeckt geblieben waren. Niemals würde man sich daran gewöhnen. Entsprechend resigniert liefen sie die Treppe hinauf, bis sie im ersten Stockwerk auf einen Mann trafen, der hektisch mit den Armen kreiste und losknurrte:

»Da seid ihr ja endlich. Wird auch Zeit, muss zur Maloche.«

»Sind Sie Herr Vollmer? Carsten Vollmer, der uns telefonisch informiert hat?«, wollte Thomas wissen und deutete eine Begrüßung an. »Ich bin Polizeihauptmeister Schlagloch.«

»Jo, wer denn sonst? Und nu?« Vollmer zeigte auf die verschlossene Tür des Nachbarn. »Der macht nicht auf und es stinkt.« Der Nachbar drückte sich die Nase zu. »Und was ist eigentlich mit meinem Zehner? Bekomm ich den jetzt von euch? Bin ja nicht die verdammte Heilsarmee.«

»Er schuldet Ihnen Geld?«

»Ja, 'nen Zehner. Seit vier Monaten. Was für 'ne Flachpfeife!«

»Da sind wir die falschen Ansprechpartner, aber ich werde Ihr Gesuch weitergeben.«

»Wat denn für'n Gesuch? Schieb sie mir doch einfach rüber.«

»So einfach ist das nicht, aber wie gesagt, ich werde Ihren Wunsch auf Herausgabe weiterleiten.«

»An wen? An wen willst du das weiterleiten? An deinen Chef, und der leitet es dann an seinen Chef weiter und so weiter? Das dauert doch ewig. Dann aber mit neun Prozent Zinsen zurück.«

Thomas Schlagloch kam in Erklärungsnöte, während sich der Hausflur füllte. Es sprach sich immer schnell herum, wenn die *Schmiere* im Haus war.

»Nun ja, ich werde es in meinem Bericht aufnehmen und dann ...«

»Lass ma stecken!«, antwortete Vollmer. »Lass uns in seinen Keller gehen. Dort steht ein alter Ofen. Den kannste mir geben und wir sind quitt. Also Schulze und ich.«

Esther, die immer noch kein Wort gesagt hatte, blieb auf der vorletzten Stufe stehen und schaute rüber zu Claus, der mit einem gezielten Fußtritt die Tür aufbrach. Er signalisierte ihr, ihm in die Wohnung zu folgen, während der Kollege Schlagloch genau dieses bei Vollmer und den neugierigen Nachbarn zu verhindern versuchte.

»Es gibt hier nichts zu sehen! Gehen Sie bitte zurück in Ihre Wohnungen und behindern Sie nicht unsere Arbeit. Wir kommen auf Sie zu«, versuchte er zu beruhigen.

Dann verschwand auch er in der Verwesungskammer und lehnte die Tür beziehungsweise das, was von ihr noch übrig geblieben war, an die Zarge.

Die Zwei-Zimmer-Wohnung mit Klo auf dem Gang war dunkel, die Gardinen zugezogen und der Sauerstoff verbraucht. Längst hatte sich der bestialische Geruch mit süßlicher Note in den Tapeten und Möbelstücken festgesetzt und nur Momente später in Esthers Haaren, Nase und Mund. Im Flur lag ein toter Wellensittich. In der Küche stapelten sich Teller und Essensreste, allesamt von Schmeißfliegen und weiterem Ungeziefer umlagert. Im Schlafzimmer, welches von der Küche abging, lag schließlich die Ursache. Ein zugedeckter männlicher Leichnam, von dem lediglich das schwarze Gesicht und die dunklen Hände zu sehen waren. Vorsichtig lupfte Claus die Decke und schaute drunter, bis er sie umgehend zurückfallen ließ. Der Leichengeruch wurde schlagartig beißender. Esther musste würgen, sich beherrschen und an irgendetwas Schönes, gut Riechendes denken. Auf keinen Fall wollte sie hier und jetzt den Kollegen vor die Füße kotzen.

»Schau mal, ob du irgendwo einen Personalausweis oder Führerschein findest«, bat Claus und öffnete das Fenster.

Esther nickte und zog sich Handschuhe über. Im Unterricht hatte man den Anwärtern eingetrichtert, dass es für den ersten Eindruck keine zweite Chance gab, das galt auch für einen Tatort. Sie eilte zur Garderobe neben der ausgehobenen Haustür, fuhr ihre fünf Sinne hoch und durchwühlte die dort hängenden versifften Jacken. Sie tastete sorgfältig die Außentaschen ab, öffnete den Reißverschluss der Jacken und begutachtete jede noch so kleine Innentasche. Doch fündig wurde sie nicht. Sie schaute sich um, entdeckte eine blaue Umhängetasche auf dem Boden, neben abgelaufenen Straßenschuhen. Sie nahm die Tasche hoch, durchsuchte auch diese gewissenhaft. Dann hatte sie was. Mit den Fingerspitzen zog sie ein Portemonnaie hervor, in dem sich neben einem vielgefalteten Hundertmarkschein ein grauer Personalausweis befand. Zufrieden schlug sie ihn auf und ließ die Tasche zu Boden fallen. Michael Schulze. Treffer! Geboren am 28.03.1951 in Hamburg-Wandsbek, wohnhaft Friedrichstraße 36. Wobei … Moment mal! Der Schulze im Ausweispapier war kein Farbiger.

»Du, Claus«, rief sie dem Bärenführer entgegen, als sie zurück in das Schlafzimmer kam und den Perso hochhielt. »Der Leichnam muss ein Freund oder Mitbewohner gewesen sein! Michael Schulze, der Mieter dieser Wohnung, ist nämlich ein Weißer.«

Claus suchte kurz Blickkontakt zu Thomas. Dann streckte er die Hand aus. Er wollte den Ausweis zum Abgleich und fragte:

»Was tun wir als Nächstes, Esther? Was würdest du machen, wenn es dein Einsatz wäre?«

»Nun ja«, antwortete sie durch den ersten Ermittlungserfolg beflügelt. »Ich würde per Funk die Kollegen informieren.«

»Um was zu sagen?«

»Sie sollen einen Arzt holen lassen, der den Tod des Farbigen feststellt, also ganz offiziell, meine ich. Dass er tot ist, sehen wir ja, aber wir benötigen einen Totenschein. Auch die Kollegen der Spurensicherung müssen informiert werden. Später noch einen Bestatter. Und dann muss dringend die Identität des Toten sowie die Todesursache festgestellt werden. Fremdverschulden oder nicht? Das übergeben wir den Kollegen der Kriminalpolizei. Die sollen dann den Vollmer, die Nachbarn sowie den Freundes- und Bekanntenkreis befragen, da hier, so vermute ich, aller Voraussicht nach ein Verbrechen geschehen ist. Ein Verbrechen zum Nachteil von dieser Person.« Esther zeigte aufs Bett und war mit der Konklusion fertig.

Doch Claus, der den Kopf zwischen Esther und Thomas hin- und herwandern ließ, nicht. Er bohrte weiter:

»Was noch?«

»Was noch? – Mmmmmhh …«

»Ja. Oder ist das alles?«

Esther schaute sich im Schlafzimmer um und versuchte nachzudenken, was bei diesem Geruch, trotz geöffnetem Fenster und herumfliegendem Ungeziefer, wirklich nicht einfach war. Doch sie wollte ihren guten Eindruck nicht auf den letzten Metern verspielen und war überglücklich, als ihr noch was einfiel. Etwas Wichtiges.

»Natürlich«, antwortete sie sichtlich erleichtert. »Wo befindet sich eigentlich der Mieter? Wo ist Michael Schulze?«

Nun konnte Claus trotz aller Kraftanstrengung nicht mehr an sich halten. Je mehr er versuchte, seinem Gesicht einen ernsten, der Situation angemessenen Ausdruck zu verleihen, desto heftiger prustend brachen kleine Gluckser aus ihm heraus wie aus einem Topf Spinat, kurz vorm Verkochen. Seine Gesichtsmuskeln machten sich selbstständig und er konnte nur hoffen, der engagierte Nachwuchs würde es ihm nachsehen. Er lachte auf und hatte Tränen in den Augen. Doch er hatte sich schnell wieder unter Kontrolle, holte tief Luft und antwortete in ein erschrockenes Gesicht einer erstarrten Polizeibeamtin:

»Entschuldige, Esther. Aber fangen wir doch erstmal mit der letzten Frage an. Und ich wäre dir dankbar, wenn du erst danach die Kollegen rufst.« Er signalisierte ihr, zu ihm rüberzukommen, sich neben ihn ans Bett zu stellen, den Leichnam, das Gesicht, anzuschauen. Dann reichte er ihr den Ausweis und bat erneut einen Blick dort reinzuwerfen.

»Fällt dir etwas auf? Eine gewisse Ähnlichkeit vielleicht?«

Doch Esther war verstummt. Wie ein Aal in der Elbe. Sie ging leicht in die Knie und war der Leiche so nah, dass sie den Atem anhielt.

»Schau mal die breit auseinanderstehenden Augen, die hohe Stirn und die fast nicht vorhandenen Lippen.«

Esthers Blicke zuckten verunsichert zwischen Totem und Passfoto.

»Wenn eine Person stirbt«, setzte Claus ungeachtet dessen weiter fort, »und über einen längeren Zeitraum dahinvegetiert und verwest, dann … nun, dann verfärbt sich mit der Zeit der Körper. Er verändert sich Richtung gelblich-bräunlicher, sozusagen dunkler Verfärbung.«

Esther klappte den blöden Personalausweis zu. Natürlich handelte es sich um ein und dieselbe Person. Wie blöd konnte man nur sein? Sie wäre am liebsten vom ersten Stockwerk direkt ins Untergeschoss, ach was, direkt gleich zum Mittelpunkt der Erde verschwunden und nie wieder aufgetaucht. Ausgerechnet ihr musste so was passieren, ausgerechnet heute und gleich würde es das ganze Revier wissen. Ihr wurde hundeelend und der Bauch begann zu schmerzen. War das peinlich. Was sollte der Bärenführer nur von ihr denken? Was Rielandt? Und die anderen? Alle würden über sie lachen und keiner mehr mit ihr zusammenarbeiten wollen. Vielleicht hatten ihre Eltern, hatte Dieter doch recht gehabt und die Großstadt war einfach nichts für sie. Sie dachte an das Angebot von *Import-Export-Bernd*. Dort hätte sie alles im Griff gehabt. Gleich vom ersten Tage an. Auch roch es dort besser!

»Esther?«, fragte Claus »Bist du noch bei uns?«

»Ja, natürlich«, antwortete sie verzögert und spielte mit ihrem Anhänger.

Claus blinzelte ihr zu und erzählte weiter, wie nach dem Ableben die Fäulnisprozesse erst im Darm starteten, da die dort ansässigen Bakterien auch nach dem Tod weiter aktiv blieben. Wie mit der Zeit die Austrocknung des Körpers und die Eintrübung der Haut beginnt, wenn die Zellen schließlich nicht mehr mit genügend Sauerstoff versorgt werden. All dies startete genau an den Punkten, die bei diesem Leichnam nicht von der Decke verdeckt waren: am Kopf und an den Extremitäten. Dann, endlich, wurde sie vom Bärenführer erlöst. Er resümierte:

»Alles gut, Esther. Das hätte Thomas und mir auch passieren können. Ist dein erster Tag im Einsatz. Und es bleibt unter uns.« Er schaute zu Thomas, der ebenfalls mit einem Kopfnicken bestätigte, und bat Esther:

»Ich würde sagen, dass du jetzt, wie vorgeschlagen, die Kollegen per Funk informierst. Sie sollen einen Notarzt ordern und den Kollegen von der Kripo und Spusi Bescheid geben. Alles klar?«

* * *

Zurück im Revier drückte Claus Esther einen Stapel Formulare in die Hand und führte sie in eines von vier Schreibbüros.

»Fang doch bitte schon mal mit dem Bericht an«, bat er sie, wies auf die Schreibmaschine sowie eine Ablage im Schrank. »Durchschlagpapier sowie Papier findest du im Regal. Schreibmaschine, Zehn-Finger-System kannst du ja sicherlich, oder?«

Esther, die von zehn Fingern acht entfernt war, wollte nach dem Malheur von eben nicht weiteren Kredit verspielen und bejahte übereifrig.

»Kein Problem, Claus«, versprach sie und war erleichtert, als er das Büro endlich verließ.

Esther nahm sich, was sie brauchte, setzte sich und sah sich die Formulare an. Vier Seiten, die allesamt mit Durchschlagpapieren bestückt werden mussten. Sie versuchte sich zu erinnern, worauf es beim Berichteschreiben ankam. In der Polizeiakademie hatten sie gesagt: Fakten, Tathergang, keinerlei Emotionen und Beantwortung möglichst vieler der sieben W-Fragen: Was? Wann? Wie? Wo? Warum? Wem? Und Wer? In Gedanken ging Esther den Einsatz nochmals durch, erst dann begann sie mit den beiden Zeigefingern das Erlebte niederzutippen. Mit der Zeit gewöhnte sich Esther an das Geklapper und sie kam schneller voran als gedacht. Als sie fertig war, las sie in Ruhe noch mal alles durch und war recht zufrieden über das Ergebnis. Hoffentlich sahen das Claus und Thomas, die auf der letzten Seite unterschreiben mussten, ähnlich. Sie stand auf und legte ihr Werk in Claus' Fach, als sie im Gang auf den Kollegen Moritz traf, der sie beobachtet hatte und nun fragte:

»Alles fertig bekommen?«

Esther lächelte und antwortete stolz:

»Ja, Moritz. Das war soeben mein erster Bericht.«

»Und auch fehlerfrei?«

»Das hoffe ich doch.«

»Na prima, Kleines. Und sonst? Wie läuft's? Kann mir vorstellen, dass das ganz schön viele neue Eindrücke sind, die da von allen Seiten auf dich einprasseln?«

»Auf jeden Fall«, bestätigte Esther und dachte an die letzten Einsätze, »aber genauso habe ich mir das auch vorgestellt. Überall Action, überall ist was zu tun, überall kann man helfen. Das ist genau das, was ich brauche, was ich möchte.«

»Und der Claus ist auch schön nett zu dir?«

»Ja, klar. Natürlich. Er ist ein ziemlich guter Ausbilder. Warum fragst du?«

»Ich frage mich nur, ob er dir auch schon gezeigt hat, wo das Putzzeug liegt!?« Moritz wandte den Kopf leicht in Richtung Aufenthaltsraum und setzte in weihevollem Ton nach. »Weißt du, dahinten sieht es wirklich schlimm aus. Da könntest du dich mal nützlich machen und den Boden schrubben. Ganz zu schweigen vom Kühlschrank. Da sind Sachen drin, die sind seit Ewigkeiten abgelaufen. Die führen schon ein Eigenleben.« Er schaute sie mit sorgenvoller Miene an, wie ein Pastor, der salbungsvoll von der Kanzel herab zu seinen Schäfchen sprach. Dann drehte er sich um und zog weiter. Die heutige Messe war gelesen.

* * *

Der Bärenführer hatte Wort gehalten. Sowohl er als auch Thomas hatten an den nächsten Tagen nichts von Esthers Fauxpas an die Kollegen weitergetragen, was sie beiden hoch anrechnete. Auch dass sie sich nach dem Einsatz, noch in der Friedrichstraße, die Seele aus dem Leib gekotzt hatte, wurde charmant übersehen und hatte in dem von Esther verfassten Bericht ebenso wenig Erwähnung gefunden. Erwähnt, unter vier Augen, wurden im Nachgang nur die fehlenden Kommata. Nicht ein Komma hatte sie im gesamten Bericht gesetzt, was den Lesefluss, so der Bärenführer, unnötig erschwerte.

»Muss ich jetzt alles nochmal abtippen?«, fragte Esther mit runzelnder Stirn und sah sich bereits mit einer Überstunde hinter der alten Adler-Schreibmaschine sitzen.

»Ach, iwo. Dafür haben wir keine Zeit«, antwortete Claus postwendend und zeigte ihr den unterschriebenen Bericht. »Hab' ich alle mit 'nem Kulli nachgezogen. Muss auch mal so gehen.«

Was für ein entspannter Typ!, dachte Esther. Im Gegensatz zum idiotischen Rest. Allen voran der Döskopp Moritz mit seinem Putzfimmel. Nicht auszudenken, wenn der Typ ihr Bärenführer geworden wäre. Aber Schwamm drüber. Jetzt ging es erstmal mit Claus auf Fußstreife. Und überhaupt. Esther hätte sich keinen besseren Bärenführer wünschen können. Er arbeitete nicht nur auf dem Kiez, er wohnte auch seit Ewigkeiten dort. Immer wenn sie in der Erichstraße vorbeikamen, blieb er stehen und grüßte Richtung Balkon im vierten Stock, von dem irgendein Efeu-ähnliches Grünzeug herunterbaumelte.

Das Mehrfamilienhaus, das um die Mitte des 19. Jahrhunderts erbaut worden war, hätte noch heute ein optisches Schmuckstück sein können, wenn der Vermieter vor zehn oder fünfzehn Jahren mal angefangen hätte, es zu erhalten. Doch so fügte es sich nahtlos ein in das Bild der brüchigen Gründerzeit-Fassaden, an denen der Verputz großflächig abgeplatzt war. »In der Wohnung ist aber«, wie Claus meinte, »alles in bester Ordnung, zumindest, was Küche, Klo und Nachbarn betrifft.« Und mit 145 Mark Miete war er mehr als zufrieden. Nur bei der Damenwelt war er's nicht. Dort ruckelte es immer nach kürzester Zeit. Es mangelte nicht an Freiwilligen, doch das gemeinsame Zeitfenster war selten über zwei, zweieinhalb Monate geöffnet. Also für ihn geöffnet. Spätestens dann wurde es wieder verriegelt und die Damen schmissen den Schlüssel in die Elbe, während er zurückblieb und sich fragte, ob es an seinem Beruf lag. Umso größer war seine Überraschung, als er beim heutigen Gang durchs Viertel sein aktuelles Zeitfenster vor der *David-Quelle* vorfand, einer alten Pinte, die nicht nur durch den rustikalen Charme und billigem Fusel zu überzeugen wusste, sondern auch durch eine ausladende Bedienung in Brünett. Monika, besagte Frau und Claus' Aktuelle, saß an beiden Knien blutend vor der Kaschemme und fluchte, was das Zeug hielt.

»Was machst du denn hier?«, fragte Claus besorgt und schaute auf die lädierten Beine. »Was ist denn passiert, Süße?«

»Was passiert ist?«, fragte sie genervt zurück, ohne dabei den Kopf anzuheben. »Ich suche meine Handtasche. Sieht man das nicht?«

Claus schaute kurz zu Esther und hockte sich zu Monika.

»Hallo! Ich bin es. Der Claus! Claus von der Davidwache«, sprach er im sanften Ton.

»Ich brauche keinen Claus, und die Davidwache schon mal gar nicht. Alles, was ich brauche ist meine scheiß Handtasche und den Kajal«, zeterte sie weiter, während ihre gläsernen Augen Claus' Antlitz streiften und sich umgehend zurück auf die Suche nach Tasche und Stift begaben. Sie schüttelte den Kopf und setzte fort: »Statt mir die ganze Zeit in den Ohren zu liegen, kannst du besser meine Handtasche suchen gehen. Petrol-blaue Kalbslederhandtasche mit zwei Innenfächern, einem herausnehmbaren Spiegel sowie einem Riemen. Vielleicht war sie auch rot, so ein Kirschrot, weißt du? Auf jeden Fall elegant und jetzt ist sie weg. Portemonnaie und Kajalstift, alles weg.«

»Komm Monika, wir bringen dich zu den Kollegen aufs Polizeirevier, dort kannst du den Vorgang melden und wir nehmen eine Anzeige auf. Danach bringen wir dich ins Krankenhaus zur Untersuchung«, sprach Claus weiter auf seine nunmehr offensichtliche Ex-Eroberung ein und bat Esther ihr beim Aufstehen zu helfen. Doch Monika dachte nicht daran, sich vom Fleck zu bewegen und begann um sich zu schlagen.

»Verpisst euch! Beide! Und lasst mich in Ruhe. Sucht lieber meine Handtasche!«

»Aber das können wir nur, wenn du auf der Wache eine Anzeige aufgibst, Monika.«

Doch der Demolierten wurde es allmählich zu bunt, sie giftete weiter, bis die beiden Beamten verschwanden. Sie hatte nicht grundlos seit jeher einen Bogen um die Wache gemacht und war damit gut gefahren. Sollten die Idioten doch glücklich werden mit der Tasche. Das Portemonnaie war nach der langen Nacht ohnehin trockengelegt. Um den Kajalstift war es natürlich schade.

DER PATE DER PATEN

Esther war nun mittendrin. St. Pauli. Ungeliebtes Schmuddelkind der stolzen Freien und Hansestadt Hamburg und gleichzeitig Gelddruckmaschine. Glitzernde Kehrseite der Elbmetropole und Sammelbecken für Ausgestoßene, Gestrandete und Glücksritter, die sich der Illusion hingaben, ihrem Schicksal entkommen zu können. Doch leider floss vom Hamburger Senat nur wenig von den hier sprudelnden Steuereinnahmen zurück, was den Anblick tagsüber nur schwer erträglich machte. Nachts hingegen, wenn statt Mondlicht das Rotlicht schien, war von den verdreckten Spielplätzen, den zugemüllten Hauseingängen, den versifften Grünflächen, wo gebrauchte Präservative und Spritzen rumlagen, nichts mehr zu sehen. Dann funkelte und leuchtete es an jeder Ecke und das Verruchte, das Verbotene zog Tausende St.-Pauli-Besucher an.

Nichts zu tun haben mit diesem Stadtteil wollte laut Esthers Polizeikollegen die ehrenwerte Gesellschaft und deren Brut. Jugendliche aus den vornehmen Elbvororten von Blankenese bis Nienstedten verliefen sich nur selten hierher. Auch ein Grund, warum die großen Kiez-Nummern ihr privates Heimchen genau dort, im beschaulichen Hamburger Westen, suchten. Der größte unter ihnen war bis vor Kurzem noch Wilfrid Schulz, genannt *Frida*. Er war der Pate der Paten, der Oberlude, der sich selbst schlicht als Unternehmer bezeichnete. Immer wenn der Bärenführer bei den Rundgängen auf ihn zu sprechen kam, geriet er fast ins Schwärmen, wie heute, als sie beim Eros-Center vorbeischlenderten.

»Weißt du, *Frida* Schulz war eine Ausnahmeerscheinung. Der konnte nicht nur hinlangen, sondern wusste auch mit Köpfchen zu überzeugen. Er strahlte mit jeder Pore die Macht aus, die er für seinen Aufstieg benötigt hatte, bei den Frauen, die für ihn anschafften, als auch bei den Zuhältern, die für ihn, nun ja, im Endeffekt auch anschafften.«

Esther hörte gebannt seinen Erzählungen zu, die sämtliche Saiten in ihr zum Schwingen brachten.

»Hast du ihn mal getroffen?«

»Ja, vier oder fünf Mal«, erwiderte der Bärenführer. »Er war stets höflich, geradezu zuvorkommend und immer wie aus dem Ei gepellt. Maßanzüge, maßangefertigte Schuhe, dazu ein Scheitel, wie mit dem Lineal gezogen. Wobei …«

»Wobei was?«, hakte Esther ungeduldig nach.

»Wobei, wenn ich es mir recht überlege, fand ich irgendwie, dass seine Anzüge etwas zu breite Streifen hatten. Also für meinen hanseatischen Geschmack jedenfalls.«

»Die ihm aber ja nicht geschadet haben, oder?«, fragte Esther und lachte.

»Auf keinen Fall. Sein Wort war Gesetz. Und um das abzusichern, hatte er im Milieu eine Parallelgesellschaft mit eigener Gesetzgebung geschaffen.«

»Häh? Was meinst du?«

Esther verstand nicht und der Bärenführer blieb stehen.

»Kam es zu Auseinandersetzungen auf dem Kiez, berief *Frida* Schulz ein Gericht ein, in dem er als Richter fungierte. Höchststrafe bei diesen *Gerichtsverhandlungen* war das St.-Pauli-Verbot. Sprich: Bei einer *Verurteilung* durfte der Betroffene nie wieder einen Fuß in diesen, von Schulz regierten Bezirk setzen, geschweige denn Geschäfte machen.«

»Und was habt ihr gemacht? Ich meine, die Polizei, die Gerichte und so? Ihr habt doch sicherlich nicht tatenlos von draußen zugeschaut?«

»Wir haben doch davon nichts mitbekommen, und wenn, war es zu spät.«

Der Bärenführer zog die Schultern hoch, ging langsam weiter und erzählte Esther noch davon, wie Schulz auf St. Pauli groß geworden war, sich erst als Bananenpacker, Nachtportier, Kellner, Pächter und Eigentümer diverser Nachtklubs hochgearbeitet hatte und schließlich in die Elbvororte, in eine herrschaftliche Villa in Siebenbuchen in Hamburg-Sülldorf, an der Grenze zu Blankenese, zog. Mit seinem sich abzeichnenden Machtverlust hatte er vor einigen Jahren langsam von St. Pauli abgelassen und war nach St. Georg gewechselt, wo er am Steindamm 7 am Hamburger Hauptbahnhof ein *Heim für gefällige Mädchen* betrieb – den Edelpuff *Café Chérie.* Auch seine rechte und meist auch linke Hand Uwe Carstensen, besser bekannt als *Dakota-Uwe*, war mit Frau und Kind in den Hamburger Westen gezogen. Dort versuchten sie sich nicht nur einen bürgerlichen Anstrich zu geben, sondern die langersehnten Eintrittskarten in die feine Gesellschaft zu erhalten.

Esther hingegen hatte ihre Karte längst gelöst. Sie fühlte sich seit dem Umzug nach Hamburg gut und der in ihr schlummernde Wunsch nach Veränderung und Action hatte sich mehr als erfüllt. Auch die Schmach mit dem farbigen Verwesten war vergessen und zu den Akten gelegt. Es war genauso, wie sie es sich bei Herbert Krohn vom Arbeitsamt Müllheim erhofft hatte. Kein Tag glich dem anderen. Und am nächsten Tag wartete bereits der Frühdienst.

SCHMUCKSTRASSE

Der Name klang nach Verheißung: *S-c-h-m-u-c-k-s-t-r-a-ß-e.* Ähnlich der nur einen Steinwurf entfernten Elbchaussee, der Wall Street in New York oder der Schlossallee bei Monopoly. Doch sie hatten nichts gemein. Diese von der Großen Freiheit auf der Höhe der St.-Joseph-Kirche abgehende Seitenstraße, wo einst das dänische Altona ans preußische St. Pauli grenzte, war verdreckt, stank nach Erbrochenem und Pisse und beherbergte den Transvestiten- und Transsexuellen-Strich, der sich seit Jahren steigender Beliebtheit erfreute. Die Transen liebten die Anonymität und Toleranz des Hamburger Kiezes und die männlichen Freier das Spiel mit dem Unbekannten, zumindest meistens. Und für die Fußstreife des Revier 15 war sie fester Bestandteil der täglichen Patrouille.

»Schau dir Berta an«, sagte der Bärenführer beim ersten Rundgang der heutigen Schicht, als er zusammen mit Esther durch die Schmuckstraße ging und auf einen entgegenkommenden Transsexuellen mit aufgestecktem Haar, ausladendem Dekolleté, dunklem Rock und hohen Absätzen zeigte, der bei dem Versuch der Fortbewegung die gesamte Breite des Bürgersteigs für sich in Anspruch nahm und dabei mehr an einen Leichtmatrosen bei Windstärke 9 erinnerte, als an eine Prostituierte beim Auswerfen eines Köders. Nichts war mehr übrig von der Eleganz, mit der Berta sonst diese Seitenstraße zum Catwalk verwandelte, wenn die rechte Hand die Hüfte durchdrückte und die linke unschuldig mit den dunklen Haaren spielte.

Berta, wie sich der vor 26 Jahren in der Nähe von São Paulo geborene Junge namens Rafael seit seiner Ankunft in Hamburg nannte, war eine durch und durch liebenswürdige Person. Er schickte einen Großteil der Einnahmen monatlich in die südamerikanische Heimat und verhalf seinen

Geschwistern und seiner Mutter zu einem gewissen Wohlstand. Für die Familie war Berta im fernen Hamburg eine Heldin. Hier, auf dem Kiez, nur eine von knapp 80 Transvestiten und Transsexuellen, der nicht nur Gutes von den Freiern widerfuhr. Vor einem Jahr war sie wegen eines Kieferbruchs drei Monate außer Gefecht gesetzt, nachdem ein Kunde zu spät erkannt hatte, dass Berta noch einen Schwanz zwischen den Beinen trug. Ein anderes Mal war es eine Bierflasche eines betrunkenen Autohändlers gewesen, die eine tiefe Schnittwunde am Hinterkopf hinterlassen hatte, nachdem er, ebenfalls zu spät, bemerkt hatte, dass sich unter dem Rock etwas aufrichtete. Doch Berta hatte sich nie ihrer Lebenslust berauben lassen. Unzählige Male hatte sich Claus mit ihr über Gott, den Kiez und Brasilien ausgetauscht und stets ihren Optimismus bewundert. Doch heute hatte sie eindeutig zu tief ins Glas oder wo auch immer hineingeschaut. So konnte sie keinem Freier mehr eine Freude machen.

»Hallo, du Schöne. Wo wollen wir denn noch hin? Du wohnst doch dahinten«, begrüßte sie der Bärenführer, als sich ihre Wege kreuzten, und zeigte auf ein Mehrfamilienhaus in entgegengesetzter Richtung.

»Claus, meu amor!«, antwortete sie und freute sich in ein vertrautes Gesicht zu schauen. »Gut, du das sagst. Ich mir schon nicht so sicher, wo ich hin will, meu amor.« Dann schaute sie zu Esther und erkundigte sich mit einem Schimmern in den Augenwinkeln:

»E você, wer bist denn duuhuuu?«

Esther, die völlig fasziniert in Bertas Gesicht starrte und im Leben nicht darauf gekommen wäre, dass es sich bei ihr um einen Mann handelte, lächelte verlegen und antwortete wie ferngesteuert:

»Ich bin Esther Lindemann und mache ein Praktikum zur Schutzpolizistin auf St. Pauli. Ein sechsmonatiges Praktikum, um ganz genau zu sein.«

»Na dann, Kleines, will ich dir mal anschauen«, antwortete Berta, um Haltung bemüht und ließ ihren Zeigefinger in der Luft kreisen. »Zeig mal her, dreh dich mal, damit ich alles sehen kann, você entende?«

Esther war verunsichert und wusste nicht genau, wie sie reagieren sollte. Es war sicherlich nett gemeint, so von *Frau zu Frau* eben, fühlte sich aber nicht so an. Sie schaute zu Claus und antwortete:

»Kommen Sie, wir bringen Sie jetzt besser nach Hause.«

»Aber ich nicht will gehen nach Hause, es wird doch gerade hell«, gab Berta zu bedenken und wollte weiterziehen, weiterfeiern. Von der Stille in den Lärm einer Bar. Runterkommen. »Wollt ihr Süßen mit? Ich schmeiß' einen Kreis!«

»Einen Kreis?«

»Eine Runde, naturalmente. Eine große Runde. Für Estherlein, für Clausi und für mir.«

»Du weißt, dass das nicht geht, Berta. Wir würden dich jetzt lieber nach Hause begleiten.«

Berta kräuselte die Lippen.

»Aber ich nicht.«

Sie deutete einen Knicks an und hob zum Abschied die Hand.

»War schön mit euch, até breve!«

Esther und Claus wichen zur Seite, überließen ihr erneut die gesamte Breite des Gehwegs und hofften, der Wind hatte nachgelassen. Sie sahen ihr nach.

»Wenn sie sich bis zur Ecke Große Freiheit noch einmal umdreht, uns zuwinkt, dann ist alles okay, ansonsten bringen wir sie doch nach Hause, ob sie will oder nicht«, legte Claus fest und wartete gespannt ab.

Dann, an der Ecke Schmuckstraße und Große Freiheit, blieb Berta stehen, bekreuzigte sich vor der katholischen Kirche und drehte sich um.

EROS-CENTER, HAUS F, ZIMMER 207

In den nächsten Tagen und Wochen tauchte Esther tiefer und tiefer in die für sie unbekannte Welt, für sie neue Wirklichkeit, ein. Großbordelle wie das *Eros-Center* und *Palais d'Amour*, gewerbliche Einzelzimmervermietungen entlang des Hans-Albers-Platzes und Saunaclubs, die nichts anderes waren als Sexclubs, sowie die Prostitution in der edlen Herbertstraße ab 50 Mark aufwärts und, meist als Verlängerung der von Gott gegebenen Arbeitszeit für betagte Alt-Huren gedacht, der hintere Teil des Straßenstrichs am Hamburger Fischmarkt, ab 20 Mark. Nicht zu vergessen Bertas Kollegen in der Schmuckstraße sowie die Schwulen und Lesben in der Talstraße und die nicht immer so gut aufgelegten Prostituierten rund um den *Wienerwald*, in unmittelbarer Sichtweite zur Davidwache, der Erichstraße und am Hans-Albers-Platz.

Doch eine besondere Faszination übten die schillernden Paradiesvögel, die schweren Jungs und die gestrauchelten Gestalten auf Esther aus, die sich überall auftaten. Sie alle hatten es ihr angetan und langsam legte sie ihre anfängliche Scheu ab. Sie wollte helfen. Den Bewohnern des Bezirks, den Leuten, die dort arbeiteten, und den Feierwütigen, die von Donnerstagabend bis Sonntagmittag die Meile fluteten und sich in den zahllosen Nepp-Absteigen ausnehmen ließen, in denen sie plötzlich für ein *Herren-Gedeck* 120 Mark abdrücken mussten, weil sie nicht aufs Kleingedruckte geschaut hatten. Ähnlich wie in dieser Spätschicht.

Claus und Esther gingen auf ihren Rundgang über den Spielbudenplatz und trafen auf Gerda, die vorm *Western Store Hundertmark* am Spielbudenplatz Nummer 9 eine Zigarette rauchte. In dem Laden mit den großen Schaufenstern gab es schier alles. Neben den obligatorischen Western-Klamotten auch sämtliches Utensil für das horizontale Gewerbe, das Esther bei ihrem ersten Besuch eine ziemliche Schamesröte ins Gesicht getrieben hatte. Sie entdeckte dort Sachen, die es eigentlich gar nicht geben konnte, zumindest nicht im Schwarzwald. Und das Kuriose war, umso weniger Stoff ein Teil hatte, desto teurer wurde es. St. Pauli war einfach ein eigenes Universum, ein eigenes in sich geschlossenes System.

»Wo sind deine Stiefel, Cowgirl?«, fragte sie lächelnd, als sie Esther mit dem Polizeihauptmeister erspähte und auf die schwarzen Polizeitreter zeigte. »Mit dem richtigen Schuhwerk hat das Verbrechen keine Chance mehr! Dann würdet ihr sie alle kriegen. Da könnt ihr einen drauf lassen. Und wenn ihr Cowboystiefel gleich für die gesamte Davidwache bestellt, gibt's noch 'nen schönen Cowboyhut für den Rielandt obendrauf. Gratis, versteht sich!«

»Nur für den? Was ist mit uns?«, antwortete Esther, zeigte auf den Bärenführer und reichte zur Begrüßung die Hand. »Was machen die Geschäfte?«

Claus hatte sie zwar mehrfach darauf hingewiesen, dass niemand auf die Frage eine ehrliche Antwort gebe, aber Esther hatte einen ganz bestimmten Film im Kopf, wo der Cop auf Streife in New York genau diese Frage gestellt hatte, und fand das in diesem Moment irgendwie verwegen.

Doch bevor Gerda antworten konnte, schallte es aus Claus' Funkgerät:

»Peter 15/12 von Peter 15, bitte kommen!«

Claus griff zum Gerät und drückte die Sprechtaste:

»Peter 15/12 hört.«

»Ärger im *Eros-Center*. Haus F, Etage zwei, Zimmer 207. Freier ist stinksauer und will sein Geld zurück.«

»Peter 15/12 hat verstanden!«

Die beiden Beamten machten auf dem Absatz kehrt und rannten die 150 Meter zur Wache, wo bereits Hansi, ein Kollege, im abfahrbereiten Peterwagen wartete. Mit Blaulicht fuhren sie die 800 Meter über die Hein-Hoyer-Straße und Simon-von-Utrecht-Straße zur Schmuckstraße, um von dort über den Hinterhof in die Tiefgarage des *Eros-Centers* zu gelangen. Sie hasteten durchs Treppenhaus zur Tür 207 und rissen sie ohne anzuklopfen auf:

»Moin«, begann der Bärenführer und wandte sich an den Freier, der vom Wirtschafter Dirk, einem Fels von einem Kerl, in Schach gehalten wurde. »Ich bin Polizeihauptmeister Herzog und mir ist zu Ohren gekommen, dass Sie nach erfolgtem Spaß nun Gesprächsbedarf haben.« Claus schaute zu dem Fels und gab ihm einen Wink, sich von dem Freier zu entfernen. Der schmächtige Mann mit schwarzem Hornbrillengestell atmete erleichtert auf und begann mit piepsiger Stimme:

»Ich möchte meine 160 Mark zurück!«

»Weil?«

»Weil mir meine versprochene Dienstleistung verweigert wurde.«

»Das ist doch Quatsch«, mischte sich Anja, die Mieterin aus 207 mit üppiger Oberweite unter der fransigen Ponyfrisur, ein und fischte ein gebrauchtes Präservativ aus dem Papierkorb. »Herr Polizeihauptmeister, glauben Sie der Brillenschlange kein einziges Wort. Der feine Herr ist gekommen und zwar ziemlich schnell. Ist doch nicht mein Problem, oder? Spricht doch eher für mich und meine Dienstleistung, oder? – Und davor hatte er noch mit großem Tamtam unsere Hausmarke bestellt.«

Herzog schaute zur Champagnerflasche, dann zum zottigen Pony und zurück zum Freier.

»Die da gewesen wäre?«

»Was?«

»Welche Dienstleistung wurde Ihnen nach Ihrer Meinung versprochen und nicht gehalten?«

»Bumsen natürlich.«

»Doch stattdessen passierte was?«

»Sie hat die Beine nicht auseinandergekriegt, nur so getan und es mir stattdessen mit der Hand besorgt.«

»Mit der Hand also?! Verstehe«, wiederholte sie und verschränkte die Arme, wodurch ihre Brüste besonders gut zur Geltung kamen.

»Ja, irgendwie hat sie ihre Hand unter den Oberschenkel gewurschtelt und dann losgelegt.« Der Freier deutete eine Handbewegung an. »Das ist

Betrug. Ich will mein Geld zurück. Und zwar sofort. Und dann will ich raus hier.«

Der Bärenführer verzichtete darauf, sich nun Anjas Version schildern zu lassen, da er bereits eine Vorahnung davon hatte. Das, was der Freier berichtete, war ein im Fachjargon bezeichneter *Fall machen*. Also dem Freier durch geschickten Handeinsatz Geschlechtsverkehr vortäuschen. Das kam tausend Mal vor, nur die wenigsten bemerkten es. Stattdessen bat er Esther, die Personalien von dem unzufriedenen Kunden aufzunehmen. Esther kam aus dem Staunen gar nicht mehr heraus. Zunächst hatte sie sich gefragt, warum Hansi zum Hinterhof des *Eros-Centers* gefahren war, wo doch der Eingang viel schneller erreichbar war. Und nun wunderte sie sich, warum der Freier zur Aufnahme der Personalien nicht aufs Revier mitgenommen wurde. Doch sie war im Praktikum, lag mit ihren Vermutungen nicht immer ganz richtig und tat, was ihr aufgetragen wurde:

»Darf ich bitte Ihren Personalausweis haben?«

»Warum?«, fragte das Brillengestell bissig zurück. Von der piepsigen Stimme war nichts mehr zu hören.

»Sie wollen doch die 160 Mark zurückbekommen?«

Der Schmächtige nickte.

»Deshalb müssen wir eine Anzeige aufnehmen und dafür benötigen wir Ihre Personalien.«

»Alles? Ich meine, Namen, Vornamen, Adresse und so?«

»Ja, in der Regel schon. Plus Geburtsdatum, Geburtsort sowie einen ausführlichen Bericht des Tathergangs.«

»Und dann bekomme ich Post von Ihnen?«

»Aber selbstverständlich! Von uns und später noch vom Gericht, ja.«

Der namenlose Freier setzte sich auf den Stuhl vor dem pinken Bett, das von einer Lichterkette umrahmt war, und drehte den Kopf im Zimmer umher. Er nahm die Brille ab und kratzte sich damit am Kinn. Plötzlich erhob er sich und antwortete:

»Wissen Sie was, Frau …?«

»Wachtmeisterin Lindemann.«

»Wissen Sie was, Frau Wachtmeisterin Lindemann, ich glaube, ich habe da vorhin etwas missinterpretiert. Ich denke, ich war einfach … wie soll ich das beschreiben … nun ja, ich war wohl einfach etwas zu ungestüm und habe zu schnell … und zu emotional agiert, ich meine reagiert. Wenn die Dame zu meiner Rechten sagt, dass es zu einem Geschlechtsakt gekommen ist, dann habe ich keinen Grund, das anzuzweifeln. Ich denke, für mich ist die Sache damit erledigt.«

Allmählich verstand Esther Claus' Herangehensweise und fragte:

»Sie wollen auf eine Anzeige verzichten?«

»Ja, unbedingt«, antworte der Freier und griff vorsichtig nach seiner Jacke. Er hoffte nun den Raum der Erlösung verlassen zu können. Flehend schaute er zum Polizeihauptmeister, dann zu Hansi, zu Esther, zu Anja und zum Felsen, die sich allesamt grienend auf die Lippen bissen.

Dann öffnete der Bärenführer die Tür von Zimmer 207 und ließ ihn ziehen.

CHINESEN-FRITZ

28. September 1981

Drei Tage später, Sönke hatte gerade das Frühstück vorbereitet, das aus Zeitmangel mal wieder nur aus zwei Tassen Kaffee bestand, hatte Esther immer noch keine Antwort auf ihre Frage gefunden. Sie schätzte den Bärenführer Claus, doch letztlich vertraute sie nur ihrem Freund, der nach einem dreitägigen Führungslehrgang an der Ostsee gestern Abend wieder zu Hause war.

»Und? Was meinst du nun dazu?«, fragte sie mit dieser für Fragen Esther-typischen Stimmfarbe im hohem Dur.

»Meinen, wozu?«

»Mensch, Sönke. Was ich dir gestern Abend im Bett erzählt habe. Warum Hansi trotz Notruf den Umweg über die Schmuckstraße ins *Eros-Center* genommen hat, statt den Eingang über die Reeperbahn zu nutzen? Immerhin wurde eine Straftat gemeldet und wertvolle Zeit vergeudet.«

»Was war das für ein Notruf?«, fragte Sönke und trank aus der Kaffeetasse. Es war bereits kurz vor eins und sie mussten dringend zur Spätschicht aufbrechen.

Esther holte tief Luft.

»Willst du mich ärgern? Das habe ich dir doch gestern Abend alles ganz ausführlich, lang und breit erzählt!«

Sönke begann zu lächeln und legte den Kopf zur Seite.

»Da muss ich wohl schon eingeschlafen sein, Liebes. Der Lehrgang war anstrengend. Superschön, aber echt kräftezehrend. Bitte nicht böse sein.«

Esther verdrehte die Augen und erzählte die Geschichte von dem schmächtigen Freier mit Hornbrillengestell und der üppigen Anja, wie er anfangs sein Geld zurückhaben wollte und schließlich darauf verzichtete.

»Das wundert mich nicht«, stellte Sönke lachend fest und stand auf, um seine Tasche zu holen.

»Was wundert dich nicht?«

»Na, dass er keine Anzeige hat aufnehmen lassen.«

»Aber das meine ich doch gar nicht, Sönke. Ich meinte, warum Hansi den Umweg über den Hinterhof genutzt hat.«

»In welchem Haus war der Einsatz?«

»Haus C war das. Ist das wichtig? Ich habe gesehen, dass das Haus C vom Haupteingang nicht wirklich weiter entfernt ist als vom Hintereingang. Warum also?«

»Nee, das meine ich nicht.«

»Was denn dann?«

»In Haus C sind, glaube ich, die Bordelleinheiten der *GMBH*. Einer liebenswerten *Gesellschaft*, die allerdings nie den Weg ins Handelsregister finden wird und nicht gerade die Schwiegersöhne vereint, die sich Mutti für das Töchterchen wünscht. Wenn du verstehst?«

»Du meinst also nicht so ein tolles Prachtexemplar, wie du es bist?«

Sönke fühlte sich verstanden, lächelte breit und fuhr fort:

»Außerdem gibt es ungeschriebene Regeln auf'm Kiez.«

»Was denn für ungeschriebene Regeln?«

Sönke kam mit der Tasche zurück, warf einen Apfel und zwei Bananen hinein. Dann setzte er sich zu seiner Freundin, die sich mittlerweile fragte, ob sie überhaupt nochmal eine Antwort bekommen würde.

»Die Staatsgewalt, also wir, versucht bei den Einsätzen nicht allzu viel Aufsehen zu erregen. Nicht um die Luden zu schützen, die offiziell ohnehin keinen Zugang zu den Großbordellen haben, auch wenn sie längst von eurem gestrigen Einsatz Bescheid wissen werden. Sondern wir versuchen alles, um nicht unnötig in der Presse zu stehen. Vor allem, wenn es um Nepp-Geschichten geht, wie in eurem Fall wegen einer vermeintlich verweigerten Dienstleistung. Erstens ist das für den Freier natürlich peinlich, auch wenn letztlich Aussage gegen Aussage steht und das Gericht in solchen Fällen wohl einen Vergleich vorschlagen würde. Aber zweitens, und das ist das eigentliche Problem, die Boulevardreporter lieben solche Geschichten. Doch genau solch ein Scheiß verscheucht die Touristen.« Sönke hob die Hände und zog eine imaginäre Schlagzeile in die Luft. **»ST. PAULI, DAS ELDORADO DES HOCHGESCHÄTZTEN NEPPS.«** Er schüttelte den Kopf. »Nee, das braucht nun wirklich niemand. Ist weder fürs Geschäft noch für uns gut. Und aus diesem Grund bevorzugen die Kollegen, solange keine wirkliche Gefahr in Verzug ist, den Weg über den Hinterhof. Ich hätte es nicht anders gemacht. Wir brauchen die Touristen. Und die Luden auch.«

Esther kam aus dem Staunen gar nicht mehr heraus. Sie hatte keine Ahnung davon gehabt, dass die Polizei mit den Zuhältern zusammenarbeitete. Also nicht wirklich, aber irgendwie ja schon.

»Und im gestrigen Fall«, setzte Sönke erneut an, »hat sich ja ohnehin alles in Wohlgefallen aufgelöst. Der Freier ist um 160 Mark erleichtert nach Hause gegangen. Und es würde mich nicht wundern, wenn er weitere fünf bis acht Mark in einen schönen Blumenstrauß für die Ehefrau gesteckt hat.«

Nun lächelte auch Esther, befüllte ihre Tasche mit einem Apfel und beide machten sich auf den Weg zum Dienst.

Gerade noch rechtzeitig betrat Esther um fünf vor zwei die Wache und hatte keine Ahnung davon, dass in den Abendstunden dieses stark bewölkten mit etwas Regen behafteten Herbsttages, nur wenige Hundert Meter entfernt der Anfang vom Ende des alten Rotlichtmilieus eingeläutet werden würde. Noch war im Revier, wie im Bus und in der S-Bahn zuvor, der 7:0 Kantersieg des HSV gegen Duisburg *das* Gesprächsthema. Die Kollegen analysierten die Tore der fünf Torschützen Kaltz, Magath, Milewski, Bastrup und von Heesen und lobten ausdrücklich die Defensivarbeit rund um den Torhüter Uli Stein. Vereinzelt wurde bereits, trotz des erst achten Spieltages, von der nächsten Deutschen Meisterschaft gesprochen. »Was bitteschön sollte diese

Jahrhundertmannschaft aufhalten?«, fragte Hansi in die Runde und erhielt von der Spätschicht breite Zustimmung. Doch die gute Laune hinter dem Wachtresen sollte nur noch wenige Stunden halten. Genau genommen noch sechs. Dann würde dieser letzte Montag im September seine wahre Fratze zeigen, das den schrittweisen Beginn in ein neues Zeitalter und für Esther ihren ganz persönlichen »Rammstein-Moment« bedeutete, den der Bärenführer vor genau vier Wochen, an Esthers erstem Arbeitstag, noch kategorisch ausschloss. »So etwas«, hatte er gemeint, »würde es hier auf dem Hamburger Kiez nicht geben. Wir brauchen vor Anschlägen keine Angst haben, denn das Milieu will nur eins: in Ruhe den vielfältigen Geschäften nachgehen.« Doch er hatte sich geirrt, wie so viele. Dann, um kurz nach 20 Uhr, kam die Meldung rein, die alles ändern sollte:

»Peter 15 von Michel 1, bitte kommen!«

»Peter 15 hört.«

»Schießerei in der *Ritze*. Ein Opfer. Der Verdächtige ist durch den Hintereingang flüchtig.«

»Peter 15 hat verstanden!«

In der *Ritze*, eine kleine Hinterhofspelunke und Treffpunkt für Partygänger, Porno und Prominenz, deren Eingangstür die Gäste mit zwei gespreizten Frauenbeinen in High Heels empfing, hatte ein Unbekannter mit drei Schüssen Fritz Schroer, der wegen seiner Augenschlitze nur *Chinesen-Fritz* genannt wurde, von einem Barhocker gepustet. Alle verfügbaren Einsatzkräfte, auch die der Nachbarreviere, wie der Wache an der Budapester Straße, rückten mit Mannschaftsbussen zum Tatort. Hinzu kamen die Kollegen der Mordkommission und der Spurensicherung sowie Notärzte in Rettungswagen. Esther nahm ihre Jacke und rannte ebenfalls mit Claus zur Reeperbahn 140 und half dabei, den Tatort vor neugierigen Blicken und Reportern abzusichern, während andere Streifenpolizisten ganze Teile der Reeperbahn absperrten, auf der Suche nach einem Killer. Im Inneren der Kneipe offenbarte sich den Kollegen ein Bild des Entsetzens. In einer riesigen Blutlache neben den gepolsterten Barhockern aus Kunstleder lag der durchlöcherte Leichnam: blaue Jeans, weiße Cowboystiefel und beide Arme weit von sich gestreckt.

Und Esther? Sie dachte an letzte Woche. Es muss Mittwoch oder Donnerstag gewesen sein, als sie beim Rundgang mit dem Bärenführer in der *Ritze* vorbeigeschaut hatten und erstmals auf Hanne Kleine traf. Er hatte im hinteren Teil des Lokals gesessen, der den wahren Schwergewichten des Hamburger Nachtlebens vorbehalten war und durch einen dicken roten Vorhang vom vorderen Bereich, in dem rund um die Uhr Sexfilme für die St.-Pauli-Touristen abgespielt wurden, abgetrennt war.

Kleine, der wie so viele Kiez-Größen aus dem Boxermilieu stammte, hatte das ehemalige Pissoir des *Palais d'Amour* 1974 übernommen, um den hinteren Teil erweitert und als *Ritze* eröffnet. Später hatte er noch aus der Tiefgarage einen Boxring entstehen lassen. Er war eine stattliche und charmante Erscheinung. Der Bärenführer hatte ihm Esther als eine aufstrebende Nachwuchskraft aus dem Schwarzwald vorgestellt, worauf Hanne Kleine ihr sofort die Hand gereicht hatte und sie willkommen hieß. »Auf ein Begrüßungsgetränk verzichten wir aber jetzt besser«, hatte er noch gesagt und meinte damit nicht, dass sie im Dienst sei. Das war ihm ziemlich egal. Nein! Das Milieu sah es nicht gerne, wenn Gastronomen bestimmter Etablissements zu eng mit der Polizei gesehen wurden, geschweige denn zusammen einen hoben. Dies konnte nur zu Missverständnissen und Fehlinterpretationen führen. Selbst der getätigte Handschlag zwischen Kleine und Esther Lindemann hätte längst zu viel des Guten sein können. Sie erinnerte sich auch, dass er sie noch gefragt hatte, ob sie ihre idyllische Heimat vermissen würde. Esther hatte das letzte Woche verneint und verneinte das auch heute. Denn sie war nach Hamburg gekommen, um etwas zu erleben und das Verbrechen zu bekämpfen. Deswegen stand sie an diesem Abend erneut hier und wollte helfen.

Dennoch war Esthers Leichtigkeit der vergangenen Tage mit diesem Ereignis einer bedrückenden Stimmung gewichen, als sie in den frühen Morgenstunden mit der ersten Bahn zurück in die Wohnung fuhr. Die Eindrücke der Nacht ließen sie nicht los. Der niedergeschossene Schroer, die Gewissheit, dass ein skrupelloser Killer auf St. Pauli sein Unwesen trieb, die Bestatter, die die Leiche in einem Sarg an ihr vorbei abtransportierten. Unruhig warf sie sich im Bett hin und her, während sich die Szenen immer wieder vor ihren Augen abspielten, bis irgendwann die selbigen schließlich doch zur Ruhe kamen.

* * *

Am nächsten Tag trommelte Revierleiter Ludwig Rielandt beim Übergang von Spät- auf Nachtschicht seine Truppen zusammen, denen der Schrecken noch in den Adern steckte. Er ging durch den Besprechungsraum und schaute jedem der Kollegen für ein paar Sekunden ins Gesicht, auch der Auszubildenden im Praktikum. Es war geradezu eine gespenstische Atmosphäre, die durch die unnatürliche Stille der sonst geräuschvollen Wache noch unheimlicher anmutete.

»Leute!«, begann Rielandt im leisen Ton und ließ dabei den Blick aus dem Fenster in Richtung Straße wandern. »Ich will nicht lang drumrum reden. Der jahrzehntealte Ehrenkodex, der durch Wilfrid Schulz noch an Gewicht gewonnen hat, keine Waffen auf St. Pauli anzuwenden ist mit dem gestrigen Tage hinfällig geworden. Das ist vorbei! Ein für alle Mal. Unser Bezirk ist seit gestern Abend gefährlicher geworden. Gefährlicher für die Luden, gefährlicher für die Bewohner, gefährlicher für die Besucher und letztlich für uns.«

Esther bemerkte, wie sich eine Gänsehaut auf ihren Unterarmen ausbreitete, wie sich die kleinen Härchen wie aus dem Boden schießende Erdmännchen Reih um Reih aufstellten. Keiner im Raum schien zu atmen.

Alle schauten gebannt zu Rielandt, der davon sprach, dass Abschreckung durch einfache Präsenz nicht mehr ausreichte. Er drehte sich vom Fenster weg und blickte erneut in die Gesichter seines Teams, ja, irgendwie auch in die Gesichter seiner *Familie*. So jedenfalls fühlte es sich an. Er sagte:

»*Entweder sie erwischen dich oder du sie. Eine Pausentaste dazwischen gibt es nicht*, besagt ein altes St.-Pauli-Gesetz. – Für uns bedeutet das, dass wir der Straße besser zuhören müssen. Besser verstehen müssen, was die Menschen von sich geben. Und zwar von der Putzfrau über den Wirt, der Prostituierten bis zum Zuhälter. Wir müssen anfangen zu lernen, wie die Menschen im Milieu zu denken. Kurzum: Wir müssen besser werden, jeder von uns muss besser werden, um bestmöglichen Schutz für jedermann gewährleisten zu können.«

Natürlich wusste auch Rielandt, dass die Davidwache dadurch die Ermordung von *Chinesen-Fritz* nicht hätte verhindern können, aber es war die emotionale Rede eines Dienststellenleiters, der sichtlich schwer an seiner Verantwortung trug und seinem Frust freien Lauf ließ. Es waren Worte, die besonders Esther berührten und nachhaltig verändern sollten.

Zum Leidwesen aller beschäftigten sich nun auch die Medien aus Funk, Fernsehen und Presse wieder vermehrt mit der sündigen Meile, machten am nächsten Tag mit *Chinesen-Fritz* auf und fragten, was diese Hinrichtung für den Hamburger Kiez bedeutete. Zahlreiche Prominente kamen zu Wort. Auffällig war nur, dass sich die Hamburger Politik in ihrer Bewertung eher bedeckt hielt. Die wollten von Auftragsmord, bezahltem Killerkommando, gar von *Organisierter Kriminalität* offiziell nichts wissen. Auch wenn der Hamburger Innensenator Alfons Pawelczyk als erster Vertreter der SPD-geführten Regierung solche Strukturen zaghaft andeutete.

Doch was die Davidwache und das Rotlichtmilieu gleichermaßen mit diesen drei Schüssen erschütterte, war nicht nur die Brutalität durch den Einsatz einer Schusswaffe, sondern die Tatsache, dass *Chinesen-Fritz* Schroer ein eher kleines Licht am Luden-Firmament gewesen war, ein Zuhälter zweiter Klasse, der erst vor zwei Jahren aus Neustadt an der Weinstraße nach Hamburg gekommen war. Der zusammen mit *Wiener-Peter*, wie der Österreicher Josef Peter Nusser im Milieu genannt wurde, ein paar Frauen laufen hatte. Schroer war weit davon entfernt, eine große Nummer zu sein oder überhaupt zu werden. Warum also diese Hinrichtung? Der Druck auf Polizei und Politik stieg und die Telefonleitungen zwischen der Mordkommission im Polizeipräsidium am Berliner Tor, die die Ermittlungen übernommen hatte, und der Davidwache einerseits sowie der Innenbehörde andererseits glühten. Doch damit hatte Esther nichts mehr zu tun. Sie erfuhr nur über den Bärenführer und aus der Zeitung, dass die Polizei zunächst drei Spuren verfolgte:

> Hypothese eins: Es war ein Racheakt gewesen, da Schroer am 11. Juli in Wiesbaden die Diskothek *Orchilodge* für angebliche 18.000 Mark Honorar kurz und klein geschlagen und dabei den Besitzer schwer verletzt hatte.

> Hypothese zwei: *Chinesen-Fritz* war in den Rauschgifthandel verwickelt, da Polizeikollegen in seinem Mercedes 450 SLC Spuren von Drogen gefunden hatten.

> Hypothese drei: *Chinesen-Fritz* war durch eine unbedachte Äußerung, durch eine gedankenlose Handlung, zwischen die Fronten der *GMBH* und der *Nutella-Bande* geraten.

Esther erblickte im Aufenthaltsraum, der erbärmlich nach Zigaretten, Pizza und Männerschweiß roch, die heutige Ausgabe des Hamburger Abendblattes, die ebenfalls auf SEITE EINS mit zwei Fotos über die Ermordung aufmachte. Sie schaute sich das obere Foto an, das drei Männer dabei zeigte, wie sie mit einem von einer dunklen Decke verhüllten Sarg die *Ritze* verließen. Darunter ein Foto des 35-jährigen Fritz Schroer. Sie setzte sich und las:

MORD AUF DER REEPERBAHN

St.-Pauli-Unternehmer mit Trommelrevolver erschossen

to/hb. **Hamburg**, 29. September

Der Hamburger Bordell-Besitzer Fritz Schroer ist gestern Abend auf St. Pauli erschossen worden. Ein bisher unbekannter Täter streckte ihn in dem Reeperbahn-Lokal »Zur Ritze« am Palais d'Amour mit drei Kugeln aus einem amerikanischen Revolver (Kaliber 38 Special) nieder und entkam über einen Hinterhof. Die Fahndung der Polizei blieb erfolglos.

Schroer ist zusammen mit Peter N., der auf dem Kiez »Wiener-Peter« genannt wird, Inhaber einer Etage im »Palais d'Amour« sowie einer weiteren über der Diskothek »Chikago« am Hans-Albers-Platz.

Gestern Abend gegen 20 Uhr saß er beim Bier im Hinterzimmer des Lokals »Zur Ritze«, in dem einschlägige Kundschaft aus ganz Deutschland verkehrt. Außer Fritz Schroer waren sein Partner Peter N., zwei Bardamen und ein weiterer Mann anwesend. Dieser Unbekannte stand nach Zeugenaussagen genau um 20.03 Uhr auf und ging zum Hinterausgang. Als er sich in der Tür plötzlich umdrehte, hatte er die Waffe in der Hand und feuerte drei Schüsse auf Schroer ab.

Alle drei Kugeln trafen den 35-jährigen St. Paulianer mitten in die Brust. Er brach blutüberströmt zusammen. Der Täter flüchtete auf den Hinterhof und warf den Revolver weg, der auf einem Maschenzaun neben einem abgebrannten Feuerwerkskörper hängenblieb. Nach Aussagen der Zeugen wirkte er wie ein Ausländer, war etwa 35 Jahre alt, 1,65 bis 1,70 Meter groß und ganz in Schwarz gekleidet.

»Kommst du?«, fragte der Bärenführer, als er die Küche betrat und Esther aus der Lektüre riss. »Wir müssen los.«

»Glaubst du, dass die Kripokollegen den Mörder bald dingfest machen?«, fragte Esther und zeigte auf das Abendblatt.

»Davon gehe ich aus, ja.«

»Hast du den Artikel schon gelesen?«

Claus nickte.

»An welche Erklärung glaubst du?«

»An keine der drei, die die Medien da gerade aufmachen.«

»Nicht?«

Claus nahm die Dienstmütze ab und fuhr sich mit der Hand durchs Haar.

»Schau' dir doch nur mal die Konstellation in der *Ritze* an. Drei Leute sitzen am Tresen.«

»Plus die zwei Bardamen.«

»Ja, klar. Aber vergiss die mal. Also, was haben wir dann?«

»Ähhh … drei Männer.«

»Genau.«

Esther wusste nicht, worauf der Bärenführer hinauswollte, und schaute ihn weiter fragend an.

»Drei Männer«, wiederholte Claus und fügte hinzu: »Einer schießt, einer stirbt, zwei überleben.«

Stille.

»Verstehst du?«, wollte sich Claus vergewissern.

Dann fiel der Groschen.

»Du meinst also …?«

Doch Claus drehte nur achselzuckend die Handflächen nach oben und ging Richtung Ausgang. Es war höchste Zeit für die heutige Fußstreife und ordentlich Präsenz im Viertel zu zeigen. Und während Esther noch dem Gedanken nachhing, stand auch sie auf und folgte ihm auf die Straße.

»Du meinst also, dass …«, begann sie erneut und stoppte abrupt. Sie wollte es gar nicht mehr aussprechen, so abenteuerlich hörte es sich für sie an. Und letztlich sollte der Bärenführer recht behalten. Denn nur wenige Wochen später fiel der Verdacht des mutmaßlichen Auftraggebers des vermeintlichen Auftragsmordes auf eine neue, eine vierte Spur. Auf Schroers Partner. Auf den aus Österreich stammenden Ex-Kellner *Wiener-Peter.* Er hatte bei der Ermordung in der *Ritze* direkt neben *Chinesen-Fritz* gesessen und blieb verschont. Auch war er der einzige Nutznießer des Ganzen. Die Puff-Einnahmen aus den Bordelletagen im *Palais d'Amour* und über dem *Chikago* mussten von diesem Montag an nicht mehr geteilt werden.

GMBH + NUTELLA

Die Aufregung um Schroers Hinrichtung hatte sich nach einigen Tagen medial wieder gelegt, auch wenn es noch keinen überführten Täter gab. Und auch Esther hatte viel mit dem Bärenführer darüber gesprochen und es bestmöglich einordnen können. Denn wie hieß es so schön? *The show must go on*. Und ganz besonders galt das im Hamburger Rotlichtvergnügen.

Am heutigen Tag war Esther sehr zeitig auf der Wache und hatte noch genügend Zeit für einen Kaffee *zum Ankommen*. Sie ging in den Aufenthaltsraum, in dem die Kollegen Moritz und Stephan, in einer Illustrierten vertieft, vor sich hin philosophierten und keine Notiz von ihr nahmen. Sie griff zur Kaffeekanne und schenkte sich einen Becher voll. Es folgten noch etwas Milch und ein Löffel, während die beiden ihr Fachgespräch fortsetzten.

»Schau dir diese beiden Titten an. Silke ist 'ne glatte sechs. Und da sagt man immer, Männer könnten sich nicht gleichzeitig auf zwei Sachen konzentrieren.«

»Aber schau dir die Frisur mal an, die passt so gar nicht zum Gesicht.«

»Entschuldige mal, Kollege. Wer guckt denn bei diesen Hupen auf die Frisur? Also ich nicht«, ging Moritz verdutzt dazwischen. »Ich hatte mal 'ne Freundin, Petra oder Manuela, naja, egal, sah jedenfalls so ähnlich aus. Also Kinder hätte ich keine von der gewollt, aber 'ne Granate im Bett. Da kannst du mal von ausgehen.«

Stephan nickte müde und blätterte weiter. Er war eher der Po-Typ und wurde vier Seiten später, bei einer Sabrina aus Elmshorn, fündig. Er tippte auf das große Foto, das sie nackig-freudig im heimischen Badezimmer zeigte.

»Das ist sie! Oh mein Gott, das ist sie! Hast du solch einen Hintern schon mal gesehen? Schau dir bitte diesen Hintern einmal ganz genau an. Was für eine perfekte Form. Ne glatte zehn. Eine zehn mit Sternchen. Fast wie bei der Neuen. Die hat auch ’nen geilen Arsch.« Er schob das Blatt zu dem Kollegen rüber und wollte gerade vorführen, was er in Elmshorn alles anstellen würde, als er Esther in seinem Rücken bemerkte.

»Was machst du denn hier?«

»Ich?«, fragte Esther leicht geschockt zurück, holte tief Luft und zeigte auf den Becher. »Ich habe mir gerade einen Kaffee geholt, mit Milch und jetzt ziehe ich mich um. Gleich beginnt die Schicht.«

Dann ging sie, ohne ein weiteres Wort zu wechseln, aus dem Aufenthaltsraum. Sie stiefelte zur Umkleide in den dritten Stock, ließ sich dort auf die Bank sinken und das soeben Gehörte Revue passieren.

***

»Wie sind eigentlich Stephan und Moritz? Ich meine so als Kollegen?«, platzte es gleich zu Beginn der gemeinsamen Streife keine halbe Stunde später aus Esther heraus.

»Stephan und Moritz?«, fragte der Bärenführer.

»Ja.«

»Warum? Haben die was gesagt? Du musst wissen, die gehören jetzt nicht zu den charmantesten Zeitgenossen der Wache, was auf der Straße ganz gut sein kann, aber intern schon öfter zu Ärger geführt hat. – Und, haben die was gemacht?«

Esther überlegte, ob sie ihm von vorhin oder der Putzzeug-Geschichte erzählen sollte, und entschied sich erneut dagegen. Die männlichen Kollegen hätten sich doch nur gefreut und in ihrer Meinung bestärkt gefühlt, wenn sie sich als arme, schwache und nicht belastbare Frau beim Chef oder Bärenführer ausgeheult hätte. Pah! Diesen Gefallen würde sie ihnen nicht tun. Zumindest nicht jetzt schon.

»Nö, alles gut. Habe die eben nur im Aufenthaltsraum angetroffen und bin halt neu hier. Wollte nur mal fragen.«

Der Bärenführer lächelte erleichtert und überquerte die Straße.

»Sage mal, warum bist *du* eigentlich hier hängen geblieben?«, fragte Esther und wechselte das Thema.

»Warum?«

»Ja, sag schon. Bin neugierig. Möcht' euch doch kennenlernen.«

»Du, ich bin da ganz einfach gestrickt, Esther. Mir langt 'ne frische Brise Luft, mit 'nem bisschen Meer drinnen und das Tuten von den Schleppern«, antwortete er geradezu poetisch und hob den Finger, als just in diesem Moment ein lautes Schiffsdröhnen vom Hafen her nach oben schallte. »Merkste auch, oder?«

Esther lauschte und staunte. Doch das konnte nicht alles gewesen sein. Sie blieb dran und fragte:

»Nun sag schon. Was macht der Kiez für dich aus?«

»Na schau dich doch mal um. Spürst du nicht die Verbundenheit? Diese Einheit? Alle wachsen mit demselben Lebensgefühl auf. Alle haben ihr Päckchen zu tragen, aber letztlich steht jeder für jeden ein, alle respektieren sich.« Er zeigte auf Gisela und Harry, die auf'm Hocker vor'm Haus saßen und 'nen Klönschnack hielten und ihm freundlich zuwinkten. »Hier fühlt sich jeder gleich zu Hause. Der Geschäftsmann ebenso wie der Student in der WG. Die Prostituierte wie der Hilfsarbeiter, der Taxifahrer wie Tante Emma. Oder wie du, Esther, richtig oder richtig?«

Esther spürte tatsächlich diese wahnsinnige Freiheit und nahm eine Prise Meer.

»Du findest alle Nationalitäten friedlich nebeneinander koexistieren, zumindest meistens, zumindest tagsüber. Und wenn nicht, sind wir ja noch doch da«, setzte Claus fort und entdeckte ein weiteres bekanntes Gesicht, das in genieteter hellblauen Jeansweste und Jeanshose am Zeitungskiosk bei Henri 'ne Schachtel Marlboro kaufte.

»Tach, Orlando.«

»Mensch, Claus, du hier«, antwortete der Mann, packte die Schachtel Zigaretten weg und schaute zu Esther. »Seid wann seid ihr denn als Pärchen unterwegs?«

»Seit jetzt«, witzelte Claus. »Schaut doch gut aus, oder?«

»Aber klar doch. Ich konnt' schon immer gut mit den Frauen, ne?«

Orlando richtete seine Mütze, wischte die Hand am Hosenbein ab und reichte sie Esther entgegen.

»Guten Tag, Lady, ich bin der Orlando!«

Esther zögerte eine Sekunde, dann streckte auch sie ihre Hand entgegen und erhielt einen Händedruck, der auch rohe Kartoffeln mit Leichtigkeit zermalmt hätte.

»Orlando«, mischte sich Claus wieder ein, »erzähl doch mal der Kollegin, warum du so gerne auf St. Pauli bist.«

Esther schaute irritiert zu Claus, ihr war nicht ganz wohl bei dem Gedanken, dass ihre Frage einfach so mir nichts, dir nichts an Fremde weitergeleitet wurde. Doch Claus besänftigte sie gleichsam mit einem Augenzwinkern.

»Ich? Warum ich so gerne hier bin?«, fragte die genietete Weste mit dunklem Vollbart.

Claus nickte.

»Also, Lady«, begann Orlando und schaute erneut zu Esther. »Irgendwann bin ich von der Schule geflogen und wollte dann Wasserinstallateur werden, ne? Weil mein Alter auch Wasserinstallateur war und ist, glaub' ich zumindest. Weiß das aber nicht genau. Hab' kein Kontakt mehr, ne? Naja, das hat dann nicht geklappt und ich bin Sattler geworden und habe danach lange auf dem Bau gearbeitet. Immer viel Zement und so'n Zeug geschleppt. Nach oben, nach unten und wieder nach oben. Nicht gut für den Rücken, ne? Und dann, irgendwann hatte ich mehr Bock auf 'nen Job im *Kolibri*, in der Großen Freiheit. Bin dann dahin, hab' meine Hosen runtergelassen und acht Jahre lang sieben Tage die Woche auf der Bühne gebumst. Fünf Stunden, manchmal sechs. Ficken, blasen, ficken. Dann habe ich mich verliebt, in die Anja, bildhübsch, so mit Sommersprossen und so, und von einem Tag zum nächsten damit aufgehört. Jetzt beniete ich Lederjacken da drüben und will mich damit selbstständig machen.

Suche nur noch einen Laden.« Er drehte sich im Kreis und zeigte umher. »Wenn ihr also mal was hört, wo was frei wird, so vielleicht 40 bis 50 Quadratmeter. Dann sagt Orlando Bescheid. Zum Dank gibt's 'ne genietete Uniform. – Fühlt den Kiez einfach als langen Laufsteg, und da, finde ich, fehlt euch noch das gewisse Etwas am Revers, ne?«

Plötzlich unterbrach ein lautes Knattern das Gespräch. Der Sound eines Motors heulte auf und schon brauste ein schwarzer Lamborghini Countach mit Regenbogen-Schweif die Reeperbahn Richtung Millerntor entlang und verschob die Aufmerksamkeit der Beamten zur Straße.

»Nichts für ungut«, sagte Orlando und verschwand, während Claus dem Geschoss nachblickte und abwartete, ob er an der Kreuzung drehen würde und es einen Nachschlag des Spektakels gab. Doch die Zugabe blieb aus.

»War das nicht eben der *Schöne Klaus*?«, fragte Esther neugierig, die längst einiges über den Frauenhelden im dauergewellten Blond gehört hatte.

»Doch, doch. Genau der war es. Aber auch für ihn gilt die Hamburger Straßenverkehrsordnung«, antwortete Claus unaufgeregt und setzte den Rundgang fort.

Doch Esthers Neugier war noch nicht gestillt, sie wollte mehr über Klaus und seine Bande erfahren.

»Kann ich dich noch was fragen?«

»Aber sicher, deshalb bist du ja schließlich bei uns. Fragen, lernen, umsetzen.«

Esther musste grinsen.

»Was hat das eigentlich mit der *GMBH* und der *Nutella-Bande* auf sich? Klar, das sind Luden und Schläger und so, aber wer oder was sind die genau? Woher kommen die?«

Claus schaute zu Esther und dachte, dass sie wohl die Einzige hier im Viertel war, die diese Frage noch nicht für sich beantwortet bekommen hatte, und antwortete:

»Das sind brutale Zuhälterringe, beide, die erst durch das Machtvakuum durch Schulz' Abgang entstanden sind. Erst die *GMBH*, dann die *Nutella-Bande*. – *Frida* Schulz ist dir aber noch ein Begriff, oder?«

»Ja, na klar. Das war der Pate der Paten, der ungekrönte König vom Kiez«, antwortete Esther, die den Namen nicht vergessen hatte. »Und *GMBH* steht für ... *Gesellschaft Mit Bereitwilligen Huren*?«

Claus schmunzelte, das wiederum hatte er noch nicht gehört. Doch er musste insistieren:

»Nee, die *GMBH* ist nach den Vornamen der Mitglieder benannt: **G**erd Glissmann, Ex-Postbote und Karatekämpfer, zuständig für die Finanzen. **M**ichael Luchting, der *Schöne Mischa*, kümmert sich als Poussierer für die Anwerbung und Betreuung der Mädels. Walter ***Beatle*** Vogeler, Frisurenfanatiker und Boss ist verantwortlich für Zucht und Ordnung. Und zum Schluss noch **H**arry Voerthmann, der *Hundertjährige* genannt. Er kümmert sich um die Immobilien. Den Spitznamen der *Hundertjährige* trägt er wegen der immer neuen Storys, die er tagtäglich zum Besten gibt und in der Summe nur ein Hundertjähriger hätte erleben können. Es ist der erste große Zuhälterzusammenschluss der Meile. Wir gehen von etwa 120 Zuhältern aus. Ihr Vereinslokal, die Zentrale sozusagen, befindet sich in der Silbersackstraße 3.«

Claus überquerte die Straße Richtung Große Freiheit, als ihnen Doris, die etwas übergewichtige, aber stets gut gelaunte Postbotin entgegenkam.

»Heute aber spät dran«, begrüßte Claus und salutierte spaßeshalber dazu. Als sie außer Hörweite war, ergänzte er zu Esther:

»Unsere süße Doris hier, die ist 'ne Marke. Was meinst du, was die immer in der Jackentasche mit sich rumträgt?«

Esther hatte nicht den Hauch einer Ahnung und schüttelte den Kopf.

»Hundefutter!«

»Hundefutter? Echt? – Warum?«

»Die ist eben etwas verschroben und durchgeknallt. Sie hat wohl zu viel Liebe zu verteilen, drei oder vier von den Viechern hat sie bereits zu Hause, doch das reicht ihr nicht. Sie muss auch noch den ganzen Kiez damit versorgen. Schon von Weitem kommen die Vierbeiner zu ihr angelaufen.« Er zuckte die Schulter. »Naja, was willste machen, ist ja nicht verboten.«

Esther drehte sich um und schaute ihr einen Moment nach, wie sie am Kiosk gerade die Post herausgab. In ihrer Zeit als Postbotin hatte sie nie etwas zum Verteilen in der Tasche gehabt, außer einem Schokoriegel vielleicht. Und der war für sie. Sie wandte sich wieder dem Bärenführer zu.

»Und die *Nutella-Bande*?«

»Was?«

»Die *Nutella-Bande*. Was war mit denen?«

»Du willst es aber genau wissen, was?«

»Nun ja, sind doch alles, irgendwie, unsere Kunden, oder?«

Claus lächelte und sagte:

»Die *Nutellas* sind sozusagen die nächste Generation, das Gegenstück zur *GMBH*. Eine Truppe junger Wilder, die sich nichts sagen lässt. Hast ja eben gesehen, mit dem Lamborghini. Alle sind so zwischen 19 und 21 Jahre jung und werden deshalb im Milieu als Milchbubis verspottet, die …«

»Milchbubis?«, fragte Esther.

»Ja, Milchbubis, die erst einmal ordentlich Nutella-Brote frühstücken sollen, um groß und stark zu werden.«

Esther schmunzelte, auch sie liebte Nutella-Brote. Auch wenn sie nicht mehr beim *Wie-viele-Nutella-Brote-kann-ich-in-einer-Minute-essen*-Wettbewerb mitmachen würde.

»Und das wurden sie auch. Viel zu schnell in den Augen vieler. Sie machten den *Opas*, wie die *GMBH* von ihnen genannt wurde, ordentlich Feuer unterm Hintern und steckten ihr Hoheitsgebiet ab, kauften sich in den Großbordellen ein. Schätzungsweise vereinen sie vielleicht so um die 70 Luden und treffen sich regelmäßig am Spielbudenplatz. Den Anführer hast du ja eben gesehen beziehungsweise gehört.«

»Der *Schöne Klaus*!«

»Richtig. Der Oberpoussierer, der Anwerber, der, der die Ideen hat und, wie er sagt, den Anspruch hat, die Mädchen besser zu behandeln als die Konkurrenz.«

Dann bogen beide in die Große Freiheit ein.

»Was verdient so ein Anführer?«

»Schwer zu sagen, aber wir gehen davon aus, dass bis zu 15 Frauen für ihn gleichzeitig im *Eros-Center* und in den Seitenstraßen anschaffen … sodass er wohl … bis zu 10.000 Mark pro Tag verdienen wird. Steuerfrei. Logisch.«

KOPULATION UND STEHVERMÖGEN

Es war bereits Dezember, als Sönke und Esther nach längerer Zeit an einem freien Sonntag zum Kurztrip an die Ostsee fuhren. Sönke hatte seit dem dreitägigen Lehrgang ständig von Scharbeutz, vom Meer, von der Luft und vom Italiener in der Strandallee geschwärmt. Da die Witterung es noch zuließ, stiegen sie aufs Motorrad und brausten in 70 Minuten über die A1 zur Ostseeküste. An der Strandallee angekommen, stellten sie das Gefährt ab, gingen über Promenade und Strand zum Wasser. Esther zückte ihren Fotoapparat und machte Erinnerungsfotos. Die Luft roch frisch, aber weniger salzig als erwartet. Die Ostsee, die die beiden in einem staatstragenden Marineblau willkommen hieß, konnte beim Salzgehalt mit dem Atlantik nicht mithalten. Esther knipste was ihr vor die Linse kam, während in der Ferne Fischkutter mit hochgezogenen Fangnetzen schipperten, von zahlreichen Möwen belauert. Ein Bild, wie für eine Postkarte gemacht, und Esther nahm sich vor, später einen Kurzurlaubsgruß in den Schwarzwald zu versenden.

Doch das Schönste an dieser Jahreszeit war, dass sie den Strand für sich alleine hatten, samt Böen, die kleine Sandkörner umherwehen ließen, die dann prickelnd sanft auf ihren Gesichtern landeten. Esther genoss die himmlische Ruhe fernab der hektischen Großstadt. Mit jedem Schritt, mit jedem Foto wanderten ihre Gedanken weiter weg von den betrunkenen und grölenden Menschenmassen der Hamburger Vergnügungsmeile. Sie vergrub die Hände in den Taschen ihrer Jacke und versuchte mit Sönke Schritt zu halten, der sich mittlerweile nach kleinen flachen Steinen bückte und diese auf die heranrollenden glitzernden Wellen warf, bis sie nach der fünften oder sechsten für die Ewigkeit auf dem Meeresgrund verschwanden.

»Wir sind da!«, sagte Sönke nach einer guten Stunde und zeigte auf einen Italiener namens *Alfredo*.

Das schicke Restaurant mit den kleinen, etwas schief anmutenden Holztischen und eingetopften Olivenbäumen verstrahlte mediterrane Wärme und Esther verstand sofort, warum er immer davon geschwärmt hatte.

Nach dem Genuss einer köstlichen *Fettuccine Alfredo,* die mit den Worten des auf Sizilien geborenen Kellners Paolo »Das Leben ist eine Mischung aus Magie und Pasta«, einem Zitat von Federico Fellini, serviert wurde, legten sie auf dem Nachhauseweg einen Boxenstopp in Lübeck ein. Dort schlenderten sie noch ein Weilchen durch die weihnachtlich dekorierte Altstadt, bevor es dann endgültig zurück nach Harburg-Hausbruch ging. Es war genau der richtige Energieschub zur rechten Zeit, den Esther für den Ausbildungsendspurt benötigt hatte. Zweieinhalb Monate Rest-Praktikum, gefolgt von sechs Monaten Rest-Schule, lagen noch vor ihr. Dann wäre auch sie vollwertige Schutzpolizistin.

***

Der Spätdienst am nächsten Tag begann, wie der Nachtdienst vor zwei Tagen geendet hatte: mit einem Einsatz im *Elbschlosskeller* am Hamburger Berg. Die Funkzentrale »Michel 1« im Hochhaus am Berliner Tor hatte einen Diebstahl gemeldet. Einem männlichen Gast sei ein gut gefülltes Portemonnaie entwendet worden. Esther, Claus und Hansi, gerade im Peterwagen 15/1 auf Streife, übernahmen. Der *Elbschlosskeller* war, wie der *Goldene Handschuh* schräg gegenüber, die allerletzte Station für so viele verlorene Seelen, und dabei 24/7 geöffnet. Seit der Eröffnung im Jahr 1952 wurde der *Keller,* wie er liebevoll genannt wurde, nicht eine einzige Stunde zugesperrt.

Kaum waren die drei Beamten mit dem Wagen auf der Fahrbahn vor der Kaschemme zum Stehen gekommen, zogen sie sich Handschuhe über, setzten sich die Dienstmützen auf und sprangen aus dem Wagen. Sie kamen die vier Stufen hinab und schoben sich durch den dicken, zweiteiligen Vorhang, der vor langer Zeit mal vermutlich dunkelrot gewesen sein musste, ins dahinsiechende Innenleben. Zur Linken ein langer Tresen, rechts einfache Holztische und Holzstühle. Dazwischen ein dunkler, versiffter, klebriger Boden, umgeben von lauter Dudelmusik. Jetzt gerade sang Heidi Kabel unnachahmlich *In Hamburg sagt man Tschüss*.

Und die Gäste? Auf den ersten Blick gewöhnungsbedürftig. Auf den zweiten Blick nicht viel besser. Überall Alkoholiker, Stadtstreicher und Altprostituierte, die für einen *Heiermann* noch mal ihre Künste auf der Toilette feilboten oder sonst wie auf der Suche nach einem Gönner waren. Der Geruch? Nicht auszumachen. Ein Todesmix aus Bier, Korn, Zigaretten, wochenlang ungewaschener Menschen, gepaart mit Stuhl und Urin. Dennoch war sich Esther sicher, dass, wenn jemand über einen hohen Grad an Toleranz verfügte oder die Hoffnungslosigkeit nur groß genug war, man sich hier pudelwohl fühlte. Hier blieb niemand lange allein. Sie steuerte den Tresen an und wandte sich an den Wirt:

»Moin. Wo befindet sich der Geschädigte?«

Der blass dreinschauende Wirt mit unterlaufenen roten Augen, der, auf sein äußeres Erscheinungsbild reduziert, auch als Stammgast hätte durchgehen können, zeigte auf eine weitere Schnapsleiche im hinteren Teil, die gerade ihren Rausch auszuschlafen versuchte. Doch die innere Nervosität, wie das nächste Gläschen ohne Geld finanziert werden konnte, hinderte ihn daran. Er rutschte vom Stuhl zu Boden und krabbelte auf allen vieren suchend das klebrige Etwas ab. Dass er selbst dabei das Gleichgewicht verlor und zur Seite abglitt, schien ihn in seiner Mission nicht weiter zu stören. Für ihn ging es ums nackte Überleben. Nachschub oder Ende. Esther, Claus und Hansi bahnten sich einen Weg zum Geschädigten.

»Moin. Uns ist zu Ohren gekommen, dass Ihnen ein Portemonnaie entwendet wurde.«

Der verklebte Krabbler stockte in seinen Bemühungen. Er stand auf, hielt sich fünf Sekunden in der Vertikalen, bevor er rücklings zu Boden fiel.

Rumms!

Doch er gab sich nicht geschlagen, kämpfte erneut gegen die Erdanziehung an und rappelte sich nochmals auf. Dieses Mal konnte er sich mithilfe der Beamten auf den nächsten Stuhl retten. Er rieb sich mit der verklebten Hand am ausgedünnten Hinterkopf über die aufkeimende Beule. Dann antwortete er triumphierend:

»Ja!«

»Wie viel Geld war noch im Portemonnaie?«

»Wie viel Geld?«, fragte er zurück, als wollte er sich rückversichern, alles richtig verstanden zu haben.

Esther nickte.

»Können Sie mir sagen, wie viel Geld sich noch in der Börse befand?«

»In der Börse befand?«, wiederholte er erneut, rieb sich immer noch am Kopf und hatte alle Mühe, nicht wieder zu Boden zu fallen.

Nun wurde es dem Bärenführer zu viel. Er nahm Esther zur Seite. Es machte keinen Sinn, in diesem Zustand die Befragung fortzusetzen. Sie mussten systematisch vorgehen, systematisch suchen, sonst würden sie nur sinnlos Zeit verstreichen lassen. Er ging zu den Toiletten, Esther folgte, während Hansi beim mittellosen Verklebten blieb.

»Die Erfahrung zeigt, dass gestohlene Geldbörsen meist im oder hinterm Spülkasten versteckt werden«, sprach Claus und zeigte auf die linke Klotür, die der Frauen. Er verschwand zu den Männern.

Und für Esther hieß es nun Augen zu und durch. Längst hatte sie lernen müssen, dass Frauenklos in St. Paulis Kaschemmen nicht besser daherkamen als die der Männer, dass sie einfach den Gästen entsprechend aussahen. Im Falle des *Kellers* hieß das, entsprechend übel. Der Boden war besiedelt von Pisse, benutztem Toilettenpapier und braunen Überresten. Hier und da lagen Tampons. Sie ging in die erste Kabine, beugte sich über die Kloschüssel und schaute dahinter sowie darunter. Nichts. Dann hob sie angeekelt Mundwinkel sowie Spülkastendeckel an und ließ die rechte Hand durchs kalte Nass nach etwas Zählbarem schwimmen. Sie drehte

Pirouetten nach rechts, nach links. Wieder nichts. Sie ging zum Nachbarklo und wiederholte die Prozedur. Ohne nennenswerten Erfolg verließ sie Minuten später den gekachelten Raum und traf auf Claus, der ein tropfendes, flaches Portemonnaie hochhielt.

»Schau mal, was wir hier haben. Das Corpus Delicti, frisch gebohnert und gewaschen.«

Doch Esther war nicht nach Scherzen zumute. Sie war erleichtert, dass Claus das Teil gefunden hatte, denn das bedeutete, Auftrag erfüllt.

»Dann können wir ja jetzt gehen!«, sagte sie zufrieden.

Der Bärenführer sah das ähnlich und verzichtete darauf, das durchnässte Beweisstück sowie den dazugehörigen verklebten Krabbler mit aufs Revier zu nehmen. Er hatte auch ohne ihn genügend Berichte zu schreiben. Sie händigten ihm die Geldbörse aus und gingen zurück zum Wagen. An Esther gerichtet sagte er:

»Es waren noch 14,43 Mark drin. Das wird den armen Schlucker noch gut durch die Nacht bringen.«

* * *

Nach der Schicht machten Hansi, Claus und Esther noch einen Zug durch die Gemeinde. Das geschah meist spontan und Esther liebte es. Es stärkte nicht nur den Zusammenhalt, sondern es war perfekt, um gemeinsam das Erlebte des Tages zu verarbeiten, um gemeinsam runterzukommen. Ein weiterer, nicht zu unterschätzender Vorteil dieser Streifzüge aus Sicht einer weiblichen Azubine war es, dass Esther Etablissements kennenlernte, die sie sonst nie im Leben von innen zu Gesicht bekommen hätte, wie beispielsweise das *Kolibri,* das *Safari* oder das *Salambo.* Läden, bei denen es nie Einsätze gab, weil sie schlicht anders geführt und vor der Polizei abgeschottet wurden. Lokalitäten, in denen Sex-Live-Shows aufgeführt wurden, hatten ihr eigenes Wachpersonal und eigene Rausschmeißer, die für Ruhe sorgten. Die brauchten die Davidwache nicht.

Doch jetzt waren die drei nicht mehr im Dienst und Hansi, das Geburtstagskind, wollte seinen 43. Geburtstag im sagenumwobenen *Salambo* verbringen. Selbst die Adresse war bereits verheißungsvoll, denn der heißeste Schuppen der Stadt, der nichts anderes war als ein französisches Bums-Theater mit grenzwertigem Sexualkundeunterricht, befand sich in der Großen Freiheit 39, dem ehemaligen Standort des legendären *Star-Clubs*, wo schon die Beatles für unvergessene Momente gesorgt hatten. Nun war es eben René Durand mit seinem Ensemble, der für unvergessliche Stunden sorgte. Der *Salambo*-Gründer, der in den Anfangsjahren noch selbst auf den Brettern seinen Mann gestanden hatte, war der Erste, der frivolen Live-Sex im Gewand eines Theaterstücks auf die Bühne brachte. Und auch wenn die freizügigen Shows, die allesamt mit einem Schuss Ironie inszeniert waren, von Spielzeit zu Spielzeit wechselten, ging es im Endeffekt nur um eins: um Kopulation und Stehvermögen. Das aktuelle Programm widmete sich König Artus' Tafelrunde: Ritter Lancelot und seine Mannen hatten festlich gespeist und freuten sich nun auf den Nachtisch in Form eines jungen Burgfräuleins.

Kaum hatten sich die drei an einen Tisch gesetzt und eine erste Bestellung aufgegeben, war es Monsieur Durand höchstpersönlich, der der Geburtstagsrunde seine Aufwartung machte. Doch es war nicht Claus, den er seit Jahren kannte, oder das Geburtstagskind, sondern dieses junge blonde etwas schüchtern dreinblickende Ding namens Esther Lindemann:

»Bonsoir, jeune femme. Je suis très heureux de vous accueillir ici aujourd'hui. Je suis *Papa Dudu*!«

Esther errötete, was in der Dunkelheit nicht weiter auffiel, und streckte zur Begrüßung die Hand entgegen. Doch Durand dachte gar nicht dran. Stattdessen gab's zwei Bisous auf die glühenden Wängchen. Dann erst folgten die Männer, ohne Küsschen hier und da.

»Weißt du eigentlich, mon Claus, ich hab wieder zwei Prozess gehabt mit deinen Kollegen von Gericht. Es ging um die Frage, wie ich meine Akteure für die Bühne aussuche«, begann Durand und setzte sich ebenfalls an den Tisch. »Das ist zwei Möglichkeiten, hab ich gesagt, entweder die kommen zu mir, oder das gehe ich ein wenig spazieren durch das Land. Doch es ist verboten, Leute anzuwerben für meine Theater. Wenn der Akteur sich bewerben, dann ist in Ordnung, d'accord? Aber umgedreht immer schwierig. Jeder Akteur, der hier ist, hat Schwierigkeiten bekommen von deinen Kollegen, n'est-ce pas? Sexuelle Probleme, Krankenprobleme oder Haschischprobleme. Ist nicht schön, musst du mal ändern. Denn ich mach das hier nur für euch. Für mein Publikum. Ich verdien damit kein Geld. Das ist ein Hobby von mir. Ich verkaufe doch nur Illusion. Ich freue mich wie ein kleines Kind, wenn ich gebracht habe euch zum Lachen, tu comprends?«

Dann ertönte Musik, irgendwas Klassisches, und der Vorhang, ein rötlich schimmernder Stoff, wurde zur Seite gezogen. Das Bühnenbild, wenn man es so nennen konnte, bestand aus einem gewaltigen Holztisch, auf dem ein Krug und zwei Obstteller standen, umgeben von sechs gelangweilt wirkenden halbnackten Frauen in weiß gerüschten Leinenschürzen, deren Träger auf dem Rücken gekreuzt waren. Als dann auch noch *Sir Lancelot* die Bühne betrat, verabschiedete sich der *Maître de Plaisir* bei den Beamten und wünschte gute Unterhaltung. Und die hatten sie. Unter der lautstarken Freude des geschichtsinteressierten Publikums ritt der edle Ritter von nun an durchs Programm und vergaß dabei nicht, sich seiner Mägde anzunehmen. Es wurde gestöhnt, gebumst und gelacht.

Gelacht hatte auch Esther. Weniger bei Artus' Tafelrunde oder der Nachspeise. Dafür mehr beim Toilettengang in den Katakomben. Die Klos im *Salambo* kamen so ganz anders als die im *Elbschlosskeller* daher. Sauber, geräumig, hell. Und sie verfügten über eine ganz besondere Eigenheit. Sobald sich der Gast hinsetzte, erklang aus den Lautsprechern die Nationalhymne Frankreichs, was vorzugsweise französische Besucher dazu verleitete, sich während des *Geschäfts* umgehend wieder zu erheben. Es gehörte nun mal zum guten Ton, zum Leidwesen der Toilettenfrau, bei der Marseillaise aufzustehen.

POLIZEIAKADEMIE II.

01. März 1982 – 31. August 1982

Waren die Temperaturen im Dezember '81 für die Jahreszeit noch relativ milde gestimmt, fielen diese in den ersten zwei Wochen des neuen Jahres mit bis zu zweistelligen Minusgraden weit unter den Gefrierpunkt, was eine besondere Herausforderung für die Stadtstreicher im Bezirk darstellte, die keine Unterkunft in der Obdachlosenunterkunft *Pik As* gefunden hatten. Einige begingen in dieser Zeit kleinere Delikte und ließen sich erwischen, um ein paar Nächte im Warmen zu erhaschen. Im Februar relativierte sich das Wettergeschehen über Hamburg wieder in den Normalbereich.

Ähnlich der heftigen Temperaturschwankungen der letzten drei Monate erging es auch Esther. Die letzten Wochen und Tage des Praktikums in der Davidwache waren ein ständiges Auf und Ab. Da waren die nie aufhörenden, heftigen Tatorte und heruntergekommenen Kneipen sowie die unfreundlichen, zum Teil übergriffigen Betrunkenen, gerade zu den Nachtschichten an den Wochenenden. Dazu der penetrante Gestank nach Urin und Erbrochenem am S-Bahnhof, in den Seitenstraßen und Grünflächen. Nicht zu vergessen den einen oder anderen Macho-Kollegen im Revier, der nicht müde wurde, Esther das Gefühl zu geben, sie sei dort falsch.

Allerdings gab es auch die andere Seite, den hellen Stern am dunklen Himmel. Die St. Paulianer selbst. Meist zeigten sie sich zuvorkommend, hilfsbereit und einfach durch und durch liebenswürdig sowie, natürlich, den Bärenführer selbst. Von Claus erhielt sie nicht nur erste Einblicke von der harten Polizeiarbeit auf Deutschlands sündigster Meile, sondern lernte auch viel über die Schönheit der Unvollkommenheit. Und das überwog. Denn für Esther war St. Pauli weit mehr als nur das Arbeiten im Rotlichtmilieu. Für sie war es auch innere Rebellion und Protest gegen gesellschaftliche und spießige Zwänge, gegen die Beengung im heimischen Schwarzwald. Sie konnte sich keinen anderen Platz zum Arbeiten mehr vorstellen und wollte wiederkommen. Doch nun erstmal endete das Praktikum und sie musste für die letzten sechs Monate zurück zur Polizeiakademie. Wie es danach weiterging, völlig offen. Auch das in der letzten Woche geführte Abschlussgespräch mit dem Revierleiter Ludwig Rielandt und dem Bärenführer brachte nicht die erhoffte Zusage. Sie hatten sich beide wohlwollend gezeigt und sich für ihren Einsatz bedankt, das klang auch so gemeint, doch keiner konnte oder wollte eine Garantie für eine mögliche Rückkehr aussprechen.

* * *

Kaum war Esther am 1. März 1982, einem Montag, zurück im Kreise der Polizeianwärter in Hamburg-Alsterdorf, war die fehlende Zusage ein Stückchen weit vergessen. Die Freude, die anderen wiederzusehen, zu erfahren, wie es bei ihnen in den Revieren gelaufen war, war in diesem Moment interessanter. Mit Ausnahme von Claudia und Nesthäkchen Jörg hatte sie in den letzten Monaten mit keinem von ihnen gesprochen. Die dauernden Wechselschichten, die ständigen, zum Teil gefährlichen Einsätze auf St. Pauli hatten ihren Tribut gezollt und nur wenig Zeit für private Treffen zugelassen. Doch jetzt waren sie wieder vereint und kamen aus dem Quatschen nicht mehr heraus. Nach dem Unterricht ging es weiter und Esther war mit der Zeit ziemlich erstaunt, wie ruhig und gemächlich, geradezu *langweilig*, es in den anderen Wachen vonstattenging. Dort, so wirkte es, glich ein Tag wirklich dem anderen. *Notruf, Einsatz, Vernehmung, Bericht schreiben, Ablage und Tschüss!* Ausnahmen davon waren Ausnahmen. Und die anderen 22 Anwärter wiederum kamen aus dem Staunen nicht mehr heraus, als sie Esthers Erzählungen lauschten. Wie sie beispielsweise von Orlando berichtete, der acht ganze Jahre jede Nacht im

Kolibri auf der Bühne gebumst hatte, bis ihn die hübsche Anja von der bittersüßen Qual erlöste und er nun am liebsten in einem eigenen kleinen Laden auf St. Pauli die Uniformen der Davidwache benieten würde. Oder von Albert, Filialleiter der Dresdner Bank am Nobistor, der einst Polsterer und Dekorateur gelernt hatte, über Umwege zur Bank kam und sich dort vom Boten hochgearbeitet hatte. Oder von den Einsätzen, wo Freier unzufrieden mit der Dienstleistung der Huren gewesen waren und ihr Geld zurückforderten, bis sie verstanden, welch' Rattenschwanz an einer Anzeige dranhing, und kleinlaut das Weite suchten.

Gern gehört war auch die Geschichte von *Rocky*, dem *Irokesen der Reeperbahn.* Der ehemalige Bautzen-Häftling und Krankenpfleger wollte eigentlich nur in Frieden leben und Mensch sein und verbarg sich dennoch hinter einer Maske von unzähligen Tätowierungen. Und auch wenn Esther ihn stets fröhlich antraf, schien er vom Leben enttäuscht, vom Schmerz gezeichnet. Als Rocky eines Tages mit der Begründung, *seine Tätowierungen würden das Betriebsklima stören*, den Krankenpfleger-Job in Hannover verlor, war das *sein* Moment der Erleuchtung. »Jetzt erst recht!«, hatte er gesagt, zog mit Sack und Pack nach St. Pauli und ließ den gesamten Körper, inklusive Gesicht, tätowieren. Er landete in Talkshows und erlangte eine gewisse Bekanntheit. Letztes Jahr brachte er seine erste Single heraus. Nun tourte er mit Udo Lindenbergs Panikorchester durch die Republik. Auf St. Pauli hatte er es geschafft, dort kannte ihn nun jeder.

Doch eine Geschichte überragte alle geschilderten Anekdoten. Die von Tante Rosa und Paul McCartney, gewissermaßen einem weiteren Musiker, der sogar eine Nacht wegen Brandstiftung in der Davidwache eingesessen hatte und im Anschluss nach Liverpool abgeschoben wurde. Aber das war eine andere Geschichte.

»Los, erzähl nochmal«, bat Jörg, dessen Vater ein großer Fan der Beatles gewesen war und der sich bis heute ärgerte, dass er sie nie live im *Star Club*, *Indira* oder *Kaiserkeller* spielen gesehen hatte.

Esther ließ sich nicht lange bitten und sprach von der 81-jährigen Tante Rosa, die 1960 als Toilettenfrau im *Top Ten* angefangen hatte zu arbeiten. »Nur einen Monat später«, so hatte sie ihr erzählt, »hatten die Beatles dort gespielt. Und der Tony Sheridan war auch dabei gewesen.« Tante Rosa war mit ihren damaligen 60 Jahren für alle so was wie die Mutti oder Oma gewesen. Sie hatte den Beatles die Bettchen gemacht, Kaffee gekocht und rundum betreut. Paul McCartney wohnte ganz oben, da, wo Rosa früher geschlafen hatte. Irgendwann hatte sich dann seine Verlobte, die er auch später geheiratet hat, angemeldet. Die Linda. Und er habe Tante Rosa gefragt: »Mama, ich weiß nicht wohin, wo ich mit meiner Linda schlafen soll?« Worauf Rosa antwortete: »Da hast du aber Glück. Mein Mann ist in Erholung, musste nach 'm Hafen in unser Hausboot.« Und da blieb er dann auch, der Paul mit seiner Linda.

* * *

Die nächsten Wochen des Abschlusssemesters in Alsterdorf waren ansonsten von der Frage geprägt, nicht zu wissen, wo Esther nach erfolgtem Abschluss von der Hamburger Innenbehörde eingesetzt werden würde. Hatte sie im Praktikum bei Rielandt, bei den Kollegen und im Bezirk überzeugen können? Hatte sie alles gegeben? Oder war die Sache mit der verwesten Leiche doch der Anfang vom Ende gewesen, hatte ihr die Tür zur *Davidwache* auf ewig verriegelt? *Vielleicht*, überlegte Esther, *sollte sie dem Revierleiter einen Brief schreiben?* Ihre Beweggründe und ihre Vorteile nochmals darlegen? Dieses Mal schriftlich? Doch dann sah sie davon ab und schwärmte besser bei den Ausbildern in der Polizeikaserne, wann immer es sich ergab, von St. Pauli, in der Hoffnung, es würde sich zu Rielandt rumsprechen. Denn anders als bei der Bewerbung zum Praktikum, wo Esther noch die Einzige war, die sich für das Revier 15 gemeldet hatte, gab es nun Konkurrenz. Konkurrenz aus den eigenen Reihen. Jörg, das Nesthäkchen der Landesklasse, hatte sein Interesse bekundet. Ob es an der Beatles-Verehrung des Vaters lag, war nicht klar. Klar war nur, sie musste besser sein und warf sich noch mehr beim Unterrichtsstoff und den Trainingseinheiten ins Zeug. Sie kannte kein Erbarmen. Weder Jörg gegenüber noch sich selbst.

Anfang Juli dann, einem sonnigen Samstag um die 26 Grad, die Erlösung. Sönke und Esther schlenderten gemütlich über einen Flohmarkt in der Schanze, wo es all die Dinge gab, die auf jedem Trödelmarkt zu finden waren: Möbel, Klamotten, Schallplatten, Spielzeug und allerlei Krimskrams. Die beiden erhofften sich eine neue, alte Stehlampe für's Wohnzimmer, irgendetwas Ausgefallenes, etwas Farbenfrohes für wenig Geld zu finden. Doch es schien kein Tag für schöne Lampen zu sein. Stattdessen trafen sie auf den Bärenführer, der mit einer Unbekannten, Monika schien es auf den ersten Blick jedenfalls nicht zu sein, hinter einem langen Tapeziertisch auf vier übereinandergestapelten leeren roten Bierkisten saß und fleißig die Sachen feilbot. Als er sie erblickte, rief er vor Freude und viel zu laut:

»Esther!«

Er zwang sich durch den kleinen Spalt zwischen der eigenen Verkaufsfläche und Nachbartisch und umarmte sie.

»Letzte Woche erst haben wir noch über dich gesprochen, der Chef und ich.«

Esther freute sich ihn zu sehen. Alles, was mit St. Pauli zu tun hatte, erfreute sie.

»Über mich? Warum denn das?«, fragte sie neugierig.

»Na, dass du bei uns anfangen kannst, natürlich.«

Zwei lange Tage später lag das dazugehörige, bereits vom Ersten Polizeihauptkommissar Rielandt unterschriebene Schreiben von der Personalstelle in der Post. Sie konnte zurück in ihr liebgewonnenes Dorf der Großstadt, wo kein Tag dem anderen glich. Die Freude darüber kannte kein Halten mehr.

2. Teil

Wer den Moment genießt, hat in Zukunft
eine wundervolle Vergangenheit.

REVIER 15, DAVIDWACHE

01. September 1982

Es war ein schöner Tag, Anfang September. Die Sonne hatte noch Kraft und zeigte sich nochmal von ihrer besten Seite, bevor sich der Herbst endgültig in der Hansestadt einnistete. Doch Esther hatte keine Notiz davon genommen, ebenso wenig wie von Alster oder Rathaus. Sie hatte heute nur Augen für die Urkunde. Die langersehnte Bestätigung der letzten zweieinhalb Jahre, die zugleich der Beginn ihrer Polizeilaufbahn bedeutete. Da stand sie nun mit den 22 anderen Anwärtern und konnte kaum sprechen vor Aufregung.

»Ich schwöre, das Grundgesetz der Bundesrepublik Deutschland, die Verfassung der Freien und Hansestadt Hamburg und alle in der Bundesrepublik Deutschland geltenden Gesetze zu wahren und meine Amtspflichten gewissenhaft zu erfüllen, so wahr mir Gott helfe.«

Esther überkam eine Gänsehaut, als sie in strammer Haltung, die Schultern nach hinten gezogen, das Kinn nach oben gereckt und die rechte Hand auf der Brust platziert aus tiefster Überzeugung den Polizeieid ablegte. Niemals würde sie ihre Dienstmarke, ihren Einfluss, ihre Integrität und das Vertrauen der Öffentlichkeit missbrauchen noch enttäuschen. Dann war der offizielle Teil beendet. Nach zweieinhalb Jahren, in denen sie jede Unterrichtsstunde, jedes Buch, jede Diensteinheit und jedes gesprochene Wort der Ausbilder in sich aufgesogen hatte, war der Abschluss in der Tasche und sie stand zusammen mit den Kollegen im Festsaal des Hamburger Rathauses. Selbst der Erste Bürgermeister Klaus von Dohnanyi war anwesend und beglückwünschte jeden einzelnen von ihnen mit Handschlag. Esther gegenüber wünschte er »Alles Gute und viel Erfolg im Revier 15 auf der Davidwache«. Sie hatte es geschafft: Sie war da, wo sie hingewollt hatte. Ob sie auch dahingehörte, sollte sich noch zeigen.

* * *

»Da is sie ja wieder. Unsere Kleene«, nuschelte Rudi Hippert, als er sie am nächsten Tag vor dem Eingang zur Davidwache traf. »Und … biste bereit? Für den Ernst des Lebens?«

Ernst des Lebens? Echt jetzt? Wie oft hatte sie das schon gehört, dachte Esther und lächelte gequält. Das erste Mal mit sechs. Es war der erste Schultag in Niederweiler. Schon damals wusste sie nicht, was das bedeuten sollte. Was sollte sie denn erwarten? Ein Monster in Lehrergestalt? Ein böses Krokodil als Sitznachbarn? Beim Wechsel auf's Gymnasium derselbe Blödsinn. Sollte sie jetzt dort auf Ungeheuer und böse Bestien stoßen? Fehlanzeige! Wieder nichts! Zum zweiten Male hatte der Ernst des Lebens begonnen und sie hatte scheinbar nichts mitbekommen. Verrückte Sache mit dem *Ernst*! Dann beim Umzug nach Hamburg und heute erneut, die sicher nett gemeinten Worte des Kollegen. Sie schüttelte zaghaft den Kopf, als würde ihr das beim Zerstreuen der Gedanken in die Vergangenheit helfen. Sie freute sich auf das Jetzt und dieses sollte auch jeder gern hören:

»Aber sicher! Ich freue mich riesig«, antwortete Esther und blieb vor der Eingangstür stehen, damit der Kollege die schwere Tür zur Wache öffnen konnte. Während des Praktikums hatte sie nicht viel mit ihm zu tun gehabt. Vielleicht drei oder vier gemeinsame Dienste, ansonsten nur das typische »Hallo, wie geht's?«.

Rudi machte kaum etwas nach den Regeln. Er rauchte ständig und überall, so auch an den Tatorten, und trug nie Handschuhe. In den Besprechungen war er wortkarg und hockte meist mit Moritz und Stephan zusammen. Alle drei kamen aus der Umgebung Bremen, Bremerhaven. So was schweißte zusammen. Komplett anders, extrovertiert, war sein Auftritt, wenn er auf Streife war. Dort, so hatte der Bärenführer mal fallen gelassen, ging er keiner Provokation aus dem Weg, was ihm die eine oder andere Ermahnung und den Spitznamen *Rammbock-Rudi* einbrachte. Doch seine Verbindungen ins Milieu waren herausragend. Wohl der

Grund, warum Rielandt an ihm festhielt. Doch statt die schwere Eingangstür zu öffnen, blieb Rudi vor dieser stehen und begann in der Jackentasche etwas zu suchen. Esther beobachtete, wie er sich eine halb zerknitterte Schachtel Marlboro aus der Innentasche rausfischte. Es war 5:53 Uhr. *Will der jetzt etwa noch 'ne Zigarette durchziehen?*, überlegte Esther, verdrehte die Augen und öffnete kurzerhand selbst die Tür.

Um nicht an ihrem ersten Tag als vollausgebildete Schutzpolizistin zu spät zum Dienst zu kommen, rannte sie durch das schmale Treppenhaus nach oben. Vorbei am ersten Stock, wo sich die Zimmer des Chefs und seines Vertreters sowie das Geschäftszimmer für Personalangelegenheiten und für Verkehrsangelegenheiten und vorbei an der zweiten Etage, wo sich die Umkleideräume für die Männer befanden. Im dritten dann, direkt unter'm Dach, die Umkleide mit Schrägen für Esther. Sie ging schnurstracks zu den beiden Schränken, öffnete den linken und erblickte die Polizeiuniform. Vorsichtig, ja fast andächtig nahm sie nacheinander jedes einzelne Teil heraus, strich mit der Hand darüber, als wollte sie es persönlich in ihrem Leben willkommen heißen. Ockerfarbenes Hemd, grüne Krawatte, beige Hose, braune Socken sowie die schwarzen Stiefeletten und die Lederjacke. Neugierig öffnete sie auch den zweiten Spind. Dort warteten, ebenfalls ordentlich aufgereiht, die Ersatzklamotten auf den Einsatz. Ihr Herz tat einen Sprung und sie zog sich um. Alles passte wie angegossen. Es folgten noch Koppel, Dienstwaffe, eine P6 der Firma SIG Sauer, 9mm, *Hamburger Acht*, wie die Handfesseln genannt wurden, sowie Reizgas und Dienstmütze. Sie ging rüber zum Wandspiegel, begutachtete sich von oben bis unten. *Wow! Kein Vergleich zum letzten Mal*, dachte sie verschmitzt und probierte verschiedene Posen, mal lässig, mal aufrecht, mal breitbeinig stehend mit der Hand an der Waffe. Sie nickte mit dem Kopf und griente ihr Spiegelbild an. Sie war bereit! So was von!

Zurück im Hochparterre war der Wachraum, der nichts anderes war als ein sehr großes Büro, bereits gut gefüllt. Auf der an der Wand befestigten Holzbank saß mal wieder, oder noch immer, der schweigende Werner, Alter siebzig aufwärts, in seiner grünen Uniform. Werner, der bis zu seinem Ausscheiden aus dem aktiven Dienst Pferdepfleger in der Polizeistaffel gewesen war, kam in regelmäßigen Abständen ins Revier, um auf alte Kollegen zu treffen, die es hier aber nicht gab. Doch er war friedlich und störte niemanden. Alles, was er tat, war, sich das Treiben anzuschauen, bevor er irgendwann, ebenso ruhig, die Wache wieder verließ.

Esther freute sich ihn zu sehen und nickte ihm zu. Neben ihm hatte heute eine nicht so schweigsame, sehr massige Stadtstreicherin Platz genommen, mit zu viel Schminke im Gesicht und Alkohol im Blut. Anfang vierzig vielleicht? Die schwarzen Haare hingen an ihr strähnig herunter, der Körper zuckte, war wohl auf Entzug. Unterhalb des zerrissenen hellblauen Rocks kamen die offenen Beine zum Vorschein. Auch ohne medizinische Expertise waren auf einen Blick die zahlreichen eitrigen und entzündeten Stellen zu diagnostizieren. Es sah wirklich schlimm aus. Esther schaute wieder auf und ihr Blick traf auf Jochen Laudon, den 1. Wachhabenden und ihren direkten Vorgesetzten der heutigen Schicht, der sie in Empfang nahm:

»Wir freuen uns, liebe Esther, dass du wieder zurück auf der Meile bist, und beglückwünschen dich zur bestandenen Prüfung. Eine Zwei soll's geworden sein, wie mir zugetragen wurde.«

Esther nickte und war erleichtert, dass nicht erneut die ganze Mannschaft Spalier stand, ihr feierlich einen Strauß Tulpen überreichte und eine blumig ausgeschmückte Dankesrede erwartete. Wobei die Worte zurecht gelegt waren. Doch anscheinend gehörte sie für die Kollegen bereits zum festen Inventar. Überall liefen sie an ihr vorbei, entweder da sie zu einem Einsatz gerufen wurden oder von einem zurückkamen. Mal alleine, mal mit bunten oder dunklen Gestalten im Schlepptau, die sich über die Verhaftung beschwerten. Die Hütte brannte und Jochen fuhr fort, während er auf die Frau mit den offenen Beinen zeigte:

»Der Rettungsdienst habe sich geweigert, wie uns Frau Schwab berichtete, sie mitzunehmen, da sie letztlich noch in der Lage sei, selbst zu gehen. Aber wie heißt es so schön: *Die Polizei, dein Freund und Helfer.* Deshalb haben wir uns erbarmt, sie mit der Streife ins Krankenhaus zu bringen, um die Beine verarzten zu lassen, bevor die ihr noch abgenommen werden müssen. Es wäre schön, wenn du das übernehmen kannst.«

»Natürlich, Jochen. Gern. Mit wem habe ich Dienst?«

»Schau bitte auf den Plan. Der liegt beim 2. Wachhabenden, aber das weißt du ja sicherlich noch«, antwortete Jochen und verschwand ebenso schnell, wie er gekommen war, im Getümmel.

Esther wollte sich gerade in Bewegung setzen, als Hansi herbeieilte und ihr mit einem Lächeln signalisierte, dass er der heutige Auserwählte sei. Zu dritt fuhren sie ins nahegelegene Hafenkrankenhaus in der Seewartenstraße 10. Ursprünglich ein reines Polizeikrankenhaus zur medizinischen Versorgung von Festgenommenen, hatte es sich mit den Jahren wegen der unmittelbaren Nähe zum Vergnügungsviertel und des Hafens zu einer städtischen Fachklinik für Unfallchirurgie und Notfallversorgung entwickelt. Nachdem Esther am Empfang den Neuankömmling gemeldet hatte, kamen auch schon zwei Schwestern nach vorne gelaufen, die als erste Amtshandlung das alkoholisierte eitrige Etwas in die längst überfällige Badewanne hievten und mit allerlei medizinischem Schnickschnack versorgten. Auch die Beine blieben da, wo sie hingehörten. Doch da waren Esther und Hansi längst zurück im Peterwagen und erhielten den nächsten Einsatz.

»Peter 15/2 von Michel 1, bitte kommen!«, ertönte es über Funk.

Esther nahm das Gerät und antwortete:

»Peter 15/2 hört.«

»Schlägerei mit mindestens drei Personen am Fischmarkt, Höhe Fischauktionshalle. Zwei Männer, eine Prostituierte. Ich schicke noch Verstärkung.«

»Peter 15/2 hat verstanden.«

Über die Bernhard-Nocht-Straße, Davidstraße und St. Pauli Hafenstraße fuhren sie zur Fischauktionshalle und sahen eine Frau, die wie ein Häufchen Elend auf einem Steinsockel saß.

»Das muss sie sein«, rief Esther und zeigte durch die Windschutzscheibe. Hansi bremste ab und Esther lief die paar Meter quer über das Kopfsteinpflaster. Sie schätzte die Prostituierte auf 18, maximal 20. Ihre langen, blonden Locken, zu einem Zopf gebändigt, wehten glanzlos im Wind. Sie war schlank und mit einem feinen, schmalen Gesicht, das sich hinter getrocknetem Blut abzeichnete, beschenkt. Von den Schlägern keine Spur.

»Wo sind die hingelaufen? Wie viele waren es? Können Sie uns eine Richtung sagen? Eine Beschreibung geben? Irgendwas?«, fragte Esther und hockte sich zu ihr.

Doch statt einer Antwort wurde sie nur aus glasigen, leeren Augen angeschaut, die sich nach wenigen Sekunden wieder orientierungslos abwendeten. Esther schauderte es. Sie hatte das Gefühl, als hätte sie soeben in eine leere Hülle geschaut. Es war wie beim *Exorzist*, als Linda Blair über dem Bett schwebte und sie in Großaufnahme durch den Fernsehbildschirm anstarrte. Sie schaute irritiert zu Hansi rüber, der gerade mit der ankommenden Bereitschaftspolizei sprach, und zuckte ratlos mit den Schultern. Ohne Beschreibung der Täter fiel eine Verfolgung schwer. Es hieß für die Kollegen vor Ort, Zeugen ausfindig zu machen, während Peter 15/2 die Jungprostituierte zur Personalermittlung mit aufs Revier nahm. Auf der kurzen Rückfahrt setzte sich Esther zum Hurennachwuchs auf die Rückbank, versuchte Nähe aufzubauen. Nicht weil es die Jobbeschreibung so vorsah, sondern weil Esther wirklich an ihrem Schicksal interessiert war, sie wollte helfen. Als sie sie wenig später um die Ausweispapiere bat, entdeckte Esther mehrere Einstichwunden am linken schmalen Unterarm. Sie musste schlucken. Dann überflog sie das graue Dokument und stellte fest, dass Karina tatsächlich drei Jahre jünger war als sie. Unfassbar! Vor drei Jahren saß sie noch brav im Südschwarzwald in der Schule und machte erste zarte Planungen, wie es nach der Schule mit ihr weitergehen könnte. Ihre Fragen kreisten damals um Themen wie Ausbildung oder Studium. Mit Dieter zusammenziehen oder besser noch eine Zeit lang zu Hause den elterlichen Kühlschrank genießen und Geld sparen? Ja, das waren die harmlosen Fragen, die ihr damals im Kopf umhergeisterten, während Karina ihren viel zu jungen Körper an den Meistbietenden verscherbelte und sich dabei selbst verloren hatte.

Auch auf der Wache wich Esther nicht von ihrer Seite. Als sie alle Daten aufgenommen hatten und Karina verabschiedeten, begleitete sie Esther noch bis zur Eingangstür. Dort sagte sie:

»Karina. Ich hoffe, es ist okay, wenn ich dich so einfach duze. Ich bin Esther und jetzt spreche ich mit dir als Freundin, nicht als Polizistin. Verstehst du?«

Karina hob ihr Gesicht und schaute sie argwöhnisch an.

»Was denn noch? Ich muss zurück. Habe jetzt schon zwei Stunden Erwerbsausfall. Weißt du eigentlich, wie blöd diese ganze Situation für mich ist?«

»Das tut mir leid, Karina. Aber …«

»Nix aber. Hast du überhaupt eine Vorstellung, wie beschissen das hier gerade für mich ist? Wie peinlich und arbeitsschädigend. Vor allen Augen von den Bullen abgeführt zu werden. Denkst du eigentlich, das bleibt jetzt ohne Folgen für mich?«

»Aber du bist doch nicht abgeführt worden. Im Gegenteil, du wurdest geschlagen, wir haben dir nur geholfen!«

»Nix habt ihr. Nur meinen Schlamassel vergrößert.«

Esther ging einen Schritt auf sie zu, griff nach ihrer Hand.

»Warum überhaupt machst du das alles? Hast du deine Ausbildung abgebrochen? Soll ich dir helfen? Soll ich mit dir zusammen zur Behörde gehen, zum Arbeitsamt? Wir können uns nachher nach Dienstschluss treffen. Sagen wir um halb drei, hier vor der Tür, dann reden wir über alles. Einverstanden?«

Doch Karina riss sich los und machte sich auf den Weg zurück zum Fischmarkt.

»Halb drei. Ich bin hier. Einverstanden?«, rief ihr Esther nach.

* * *

Als Esther gegen 17.00 Uhr zu Hause in Harburg-Hausbruch ankam, war sie immer noch aufgewühlt, stinkig und voller Selbstkritik. War sie zu ungestüm gewesen? Zu fordernd? Sie hatte zwar nicht wirklich daran geglaubt, dass Karina um halb drei vor der Wache erscheinen würde, aber sie hatte es sich so gewünscht. Eine Dreiviertelstunde noch hatte sie dort gewartet, bis sie schließlich unverrichteter Dinge zur S-Bahn geschlichen war. Vielleicht lag es ja auch am Treffpunkt, so direkt vor der Wache? Ein Treffen beim *Wienerwald* oder am *Michel* hätte es auch getan und hätte Karina vielleicht den nötigen Anstoß gegeben. Vielleicht aber wollte Karina ja doch kommen und wurde aufgehalten, von einem Freier? Sie hätte einfach länger warten müssen. Verdammt! Nun war sie zu Hause und Sönke war auch bereits da. Jetzt nochmal losfahren hätte keinen Sinn gemacht und nur unnötige Fragen aufgeworfen. Denn selbst wenn Karina genau jetzt vor der Tür stehen würde, würde *sie* wohl kaum 45 Minuten warten. Esther würde einfach morgen vor dem Dienst zum Fischmarkt fahren und versuchen mit ihr zu sprechen. Sie ging zu Sönke in die Küche.

»Wieso denn so spät heute, mein Schatz?«, fragte dieser und gab ihr einen Kuss auf die Stirn.

Doch Esther wollte nicht reden, sie wollte nur in den Arm genommen werden. Fühlen, dass ihre Welt noch in Ordnung war.

* * *

Die nächsten Tage und Wochen vergingen, ohne dass Esther Karina wiedergesehen hatte. Alle Stippvisiten zum Fischmarkt und zur Gaußstraße in Hamburg-Altona, wo Karina gemeldet war, waren erfolglos im Sand verlaufen. Sie war seit dem Besuch in der Wache wie vom Erdboden verschluckt und Esthers Vorwürfe stiegen. Auch Sönke, dem sie sich mittlerweile in der Sache anvertraut hatte, war ihr keine große Hilfe gewesen. Er hatte nur gebetsmühlenartig wiederholt, *dass sie nach Dienstschluss abzuschalten habe. Dass sie die Probleme nicht nach Hause mitnehmen dürfe und vor allen Dingen keine Freundschaftsdienste unternehmen sollte, wie Behördengänge für Jungprostituierte*. So wurde es Sönke, und natürlich Esther, in der Polizeiakademie auch eingebläut: Ein Polizist, eine Polizistin, sollte grundsätzlich keine Arbeit mit nach Hause nehmen, denn zu Hause ist privat. Daheim war der Platz im Kreise der Familie. Hier sollten die Beamten runterkommen und auf andere Gedanken kommen. Sönke konnte das in Perfektion. Er hatte dafür, wahrscheinlich von Geburt an, einen Schalter, der sich sofort umlegte, sobald er das Revier verließ oder betrat. Er konnte alles strikt voneinander trennen. Selbst wenn sie sich stritten, was nur selten vorkam, konnte er den Schalter umlegen und schaltete, je nach Lust und Laune, auf Konfrontationskurs oder auf Durchzug.

Doch zurück zu Karina: Von den Schlägern fehlte bis heute jede Spur und Esther blieben nur zwei Ansätze: zum einen Karinas Eltern, die im Treppenviertel in Blankenese wohnten, zum anderen ein gewisser Pico aus der Gerhardstraße am Hans-Albers-Platz, bei dem Karina arbeitete, bevor sie zum Fischmarkt wechselte. Esther würde ihn nach der Frühschicht – in Zivil – aufsuchen. Noch ein weißer Fleck im St.-Pauli-Bezirk, den Esther nicht kannte.

***

Voller Adrenalin drückte sie die Haustür des vierstöckigen Gebäudes auf, die, wie fast alle in dieser Ecke, unverschlossen locker im Schloss lag. Der Eingangsbereich war schmaler, als von außen erwartet, und die Holztreppe nach oben erinnerte mehr an eine Hühnerleiter: eng, steil und knarrte bei jeder Stufe. Sie nahm allen Mut zusammen und ging weiter. Plötzlich erschien am oberen Ende ein breit gebauter Mann, etwas älter als sie, etwa 1,85 Meter groß, mit einer Zigarette in der Hand.

»Suchst du 'n Job?«, fragte er knapp und lächelte sie mit seinen stahlblauen Augen an.

»Sind Sie Pico?«

»Wer will das wissen?«

»Ich. Äh … Esther. Also ich heiße Esther und bin auf der Suche nach Pico.«

»Warum denn?«

Mittlerweile war Esther oben angekommen und platzierte sich neben dem Kleiderschrank, der keinen Zentimeter zur Seite wich und dessen Zigarettenrauch sich aufmachte, sie zu umschmeicheln.

»Los, sag schon. Ich habe meine Zeit auch nicht gestohlen. Was willst du hier?«

Esther schaute zu ihm hoch und sich dann um. Im ersten Zimmer zur Linken erblickte sie ein geöffnetes Bier auf einem Holztisch, daneben eine schmuddelige Illustrierte. Im ersten Zimmer zur Rechten, das ebenfalls offen stand, war etwas mehr Bewegung. Dort räkelte sich eine knapp bekleidete, kurvenreiche Blondine mit Stirnband und schräg angesetztem Pferdeschwanz auf einem pinkfarbenen Laken. Als sie Esther sah und bemerkte, dass es sich um keinen Freier handelte, unterbrach sie augenblicklich das Schauspiel und verharrte in ihrer Lethargie. Esther hingegen wandte sich erneut dem Empfangspersonal zu:

»Sind Sie nun Pico? Würde gerne über Karina sprechen.«

»Karina Sachs?«

Esther nickte.

»Was ist mit ihr?«, fragte er und ging zurück zu seinem Bier. Er bedeutete ihr, dass sie ihm folgen sollte. »Willst auch 'n Holsten?«

Esther, die gar nicht wusste, woher sie den Mut genommen hatte, um herzukommen, brauchte ein Bier so dringend wie Dracula frisches Blut. Sie bejahte.

»Aber bitteschön gekühlt.«

Der Hüne lächelte. Die Ansage fand er gut. Er fischte 'ne Flasche aus dem Kühlschrank und öffnete diese an der Tischkante. Der Kronkorken, der eine Schramme im Holz hinterließ, landete mit einem leichten Geräusch auf dem Fußboden. Er reichte ihr die Flasche weiter.

»Na dann mal Prost. Ich bin der Pico.«

In Ermangelung eines Glases griff Esther nach der Flasche, trank und wischte sich anschließend mit dem Handrücken den Mund trocken. Die kühle Flüssigkeit beruhigte sie. Sie wusste bloß immer noch nicht, ob sie ihm verraten sollte, dass sie von der Polizei war.

»Also, was ist mit Karina? Warum suchst du nach ihr und warum suchst du bei mir?«

»Sie ist verschwunden. Habe sie das letzte Mal vor zehn Tagen gesehen.«

»Verschwunden?«

Esther nickte und trank einen weiteren Schluck. Sie hatte schon viel vom Charme der Kiezgrößen im Milieu gehört, die den Prostituierten das Gefühl gaben, sie seien die Einzigen und wunderschön. Manche der Frauen verliebten sich in ihre zweifelhaften Beschützer und rissen sich geradezu darum, nach jeder Schicht möglichst viel Geld bei ihm abzuliefern. Als Beweis dafür, was sie alles geleistet hatten, dass sie ihren Preis wert waren und dass sie es deshalb auch verdient hatten, im Team mitzuspielen. Ziemlich grotesk diese Denke, empfand Esther, und dennoch funktionierte es. Die Frage jetzt war: Hatte es so auch zwischen Karina und Pico begonnen? Hatte er ihr schöne Augen gemacht, hatte sie sich deshalb in ihn verliebt, für ihn gearbeitet, bis sie sich überwarfen?

»Bist du 'ne Freundin? Ne Kollegin?«, schleuderte Pico sie aus den Gedanken, schwang sich über den Tisch und griff nach Esthers linkem Arm, zog den Ärmel hoch. Er wiederholte die Prozedur am rechten Arm. »Drogen nimmst du schon mal keine.«

Esther erstarrte vor Schreck und zog irritiert die Ärmel wieder runter. Sie leerte die Flasche und schob sie rüber.

»Warum sollte ich Drogen nehmen? Was soll der Kram?«

»Kennst du Karina überhaupt? Ich meine näher?« Pico schaute sie misstrauisch an und bevor Esther etwas antworten konnte, fuhr er fort. »Ich glaub' nicht! Denn sonst wüsstest du ja, dass sie nicht das unschuldige Opfer war mit dem dafür typischen herzzerreißenden Lebenslauf, dass alle Mitmenschen blitzartig in ein schlechtes Gewissen verfielen.« Er hob seine rechte Hand und zählte an drei Fingern auf. »Missbrauch durch den Vater, Rauswurf aus der Schule, Prostitution als letzte Station.« Pico lächelte kalt. »Im Gegenteil, Karina kam aus guten Verhältnissen, ähnlich wie du, Schätzchen.« Er zeigte auf Esthers stichfreien Arme. »Alles, was sie tat, tat sie aus freien Stücken, weil sie es so wollte. Sie war ruhelos und experimentierfreudig. Sie kam mit Drogen in Berührung, erst Haschisch, später Heroin und landete auf dem Strich. So weit nichts Neues. Doch es gefiel ihr. Ich will damit nicht sagen, dass sie es für richtig hielt, aber es gefiel ihr. Sie genoss den Kreislauf aus harten Drogen, schmutzigem Sex und schnellem Geld.« Pico machte eine Pause, hielt kurz inne, wurde nachdenklich. »Verschwunden also, sagst du? Einfach so?«

»Nun ja, um das herauszufinden, bin ich hier.«

»Wo hast du sie das letzte Mal gesehen?«

»Am Fischmarkt«, antwortete Esther und verschwieg die Schlägerei. Hätte Pico was damit zu tun gehabt, würde er sich jetzt vielleicht durch eine unbedachte Äußerung verraten.

»Am Fischmarkt, sagst du«, wiederholte er und stand auf. Die quietschenden Holzdielen der Hühnerleiter verlangten nach ihm. »Warte einen Moment.«

Pico verließ den Raum, zog aber dieses Mal die Tür zu. Nach einer Minute war er wieder zurück und verstaute etwas in der vorderen Hosentasche. Geld, wie Esther vermutete. Er setzte sich zurück an den Holztisch, zog an der Zigarette, inhalierte kurz und blies den Rauch aus. Dann fragte er:

»Was hat sie denn gesagt? Am Fischmarkt?«

»Sie sagte, dass sie bis vor Kurzem bei dir gearbeitet hätte.«

Picos stahlblau funkelnden Augen verfinsterten sich.

»Bist du 'n Bulle oder so was? Was soll die ganze Fragerei? Ich bin doch kein scheiß Zuhälter!« Pico drückte die Zigarette in den völlig überquellenden Aschenbecher und zog die Nase hoch. »Ich vermiete Zimmer! Zimmervermietung! Nix Zuhälter! Hast du das verstanden?«

Esther dachte an die Polizeiakademie und an Sönke. Niemals der Arbeit Einlass in das Privatleben gewähren, dort sollte man abschalten. Doch hatten sie damit recht? Was ist mit Gerechtigkeit? Ihr wurde heiß und kalt zumute, während sie gebannt zu Pico blickte. Was würde er als Nächstes machen? Würde er das Gespräch beenden? Sie jetzt rausschmeißen? Oder Schlimmeres? Doch Pico kramte nur die nächste Zigarette aus der Schachtel, steckte sie zwischen die Lippen und schaute sie erwartungsvoll an. Esther musste die Karten auf den Tisch legen. Karten, von denen sie nicht ganz wusste, wie sie aussehen mussten, damit sie Pico willkommen waren.

»Ja, bin ich«, sagte sie kaum hörbar, »aber ich bin heute nicht als Bulle hier, sondern als … nun ja … als jemand, der sich ernsthaft Sorgen um Karina macht. Mehr nicht, aber auch nicht weniger.«

Schweigen, während Pico nervös mit der Zigarette spielte und überlegte, was jetzt am besten zu tun wäre. Eigentlich konnte es nicht schaden, einen direkten Draht zum Revier 15 zu haben, aber andererseits … wer war sie schon?

Dann, irgendwann, fand Esther zur alten Lautstärke zurück und fragte in die Stille rein:

»Ist das Erklärung genug? Ist das okay für dich? Kannst du damit leben?«

Pico, der ein Geräusch auf der Treppe wahrnahm, sprang erneut auf und verschwand, während Esther erst einmal durchatmete. Würde auch sie rauchen, wäre das der genau richtige Moment dafür. Doch so musste ein weiteres Bier herhalten.

»Ja, das ist völlig okay für mich«, antwortete Pico, als er einen kurzen Moment später wieder zurück war. Auch dieses Mal verstaute er etwas in die Vordertasche. »Willst du noch 'n Holsten?«

Esther nickte und fragte sich, ob er Gedanken lesen konnte.

»Verrätst du mir, wie lange Karina hier gearbeitet hat und warum sie zum Fischmarkt gewechselt ist? Ich kann mir nicht vorstellen, dass man dort mehr verdient?«

»Nun ja, wie viel jemand verdient, liegt im Endeffekt an einem selbst. Gibste viel, kriegste viel. Und Karina gab viel, bekam viel, gab nur nicht gern viel ab.«

»Häh?« Esther verstand nicht und nahm das geöffnete Bier entgegen. »Was meinst du?«

»Karina hatte Blockschulden.«

»Sie hatte Schulden?«

»Ja.«

»Bei dir?«

»Für's Zimmer.«

»Wie viel denn?«

»Tut das was zur Sache? Biste jetzt auch noch vom Finanzamt, oder was?«, warf er scharf zurück und zündete sich die nächste Zigarette an.

Esther erschrak und ihr wurde bewusst, dass sie trotz lockerer Bier- und Nikotinatmosphäre immer noch mit einem Kiezluden an einem Tisch saß, auch wenn er sich selbst nicht so schimpfte. Und zwar nicht in ihrem, sondern in seinem Revier. Sie schaltete zwei Gänge zurück.

»Natürlich … nicht, Pico.« Sie drückte ihren Rücken durch und lächelte angestrengt. »Musste Karina deshalb, also wegen der Zimmerschulden weg?«

Pico nickte und nippte an der Bierflasche.

»Ich gab ihr vier Wochen für die Begleichung, die genau ...«, Pico drehte den Kopf zum Pirelli-Kalender, der neben zahlreichen Postern mit nackten Frauen in verschiedenen Posen an der Wand hing, und zählte, »... die genau in fünf Tagen ablaufen. – Und nun kommst du um die Ecke und vertellst mir, sie sei verschwunden.«

Esther folgte Picos Blick und verfing sich an den barbusigen Bildern.

»Ist doch nicht strafbar, oder, Frau Polizistin?«

»Nein, gar nicht!«

»Und nun?«

»Was nun?«

»Wie komme ich an meine Piepen?«

»Ist das alles, was dir durch den Kopf geht? Was mit Karina ist, ist dir egal?«

»Ich bin Geschäftsmann, Frau Wachtmeisterin!«, antwortete er und machte eine wegwischende Handbewegung. Er wollte sich nicht in irgendeine Gefühlsduselei hineinziehen lassen. »Ich bin Unternehmer, verstehst du?« Dann erhob er sich, stellte die leeren Bierflaschen auf die Spüle und signalisierte damit, dass das Gespräch beendet war.

Esther verstand und erhob sich.

»Kannst du mir Bescheid geben, wenn sich Karina bei dir melden sollte?!«

»Wie erreiche ich dich denn?«, fragte Pico. »Meine Lust, bei deinen Kollegen vorbeizuschauen, ist nämlich eher so im unteren Bereich. Das gibt nur dummes Gerede, verstehst du?«

Esther nickte.

»Was hältst du davon, wenn ich einfach nochmal vorbeischaue?«

* * *

Am Wochenende war es so weit. Esther hatte Sönke vorgeschlagen einen Ausflug nach Hamburg-Blankenese zu machen. Den wahren Grund hatte sie nicht mitgeteilt, da er ohnehin wegen Esthers Helfersyndrom ziemlich angefressen war. Hätte sie ihm erzählt, dass sie bei Karinas Eltern vorbeischauen wollte, hätte das das Fass zum Überlaufen gebracht. Andererseits war es aber auch amüsant zu beobachten, dass der *ach so gelassen daherkommende Sönke* gar nicht so cool war, wie er stets vorgab. Sein On-Off-Schalter schien in dieser Sache zu klemmen. Denn als Esther am Mittwoch von Pico kommend anderthalb Stunden später als gewohnt zu Hause in Harburg-Hausbruch ankam, hatte er ihr, kaum hatte sie die Wohnung betreten, eine filmreife Szene gemacht. Jammerte davon, dass er ständig alleine in der Wohnung rumsitzen würde, warten müsste und sich langsam ernsthaft Sorgen machte. Er meinte sogar, ganz Polizeibeamter, vielleicht einen anderen Grund als *Berichte schreiben* für die Verspätung ausgemacht zu haben, einen Mann. Es war zum Piepen, zumindest für Esther. Kannte sie doch diese Seite nicht. Weniger zum Piepen war allerdings die Tatsache, dass sie ihm den wahren Grund des heutigen Ausflugs noch zu beichten hatte.

Als sie am Sonntag gegen halb zehn mit dem Motorrad losfuhren, schien die Herbstsonne bereits seit gut zwei Stunden von einem wolkenlosen Himmel herab. Die Temperaturen waren angenehm und perfekt für einen Ausflug auf zwei Rädern. Durch den Elbtunnel fuhren sie an der Ausfahrt Othmarschen links ab und über die Elbchaussee, vorbei an den herrschaftlichen Villen, direkt zum Strandweg. Sie waren angekommen.

Blankenese, Bollwerk der Bonzen und berühmt für sein pittoreskes Treppenviertel mit alten Fischerhäusern, gelegen an der Elbe, die immer in Bewegung war und der Hansestadt so unermesslichen Reichtum bescherte. Hier war die Welt noch in Ordnung, die Kulisse magisch. Die Männer fuhren morgens zur Arbeit, während die Frauen, nachdem die Kinder zur Schule gebracht worden waren, joggen gingen oder sich in der Nachbarschaft zum verspäteten Frühstück verabredeten.

Sie stellten die Motorräder ab und reihten sich nahtlos in den Strom der Herbstsonnenpilger und Hundebesitzer Richtung Westen ein. Wortlos und tief die Frische einatmend, flanierten sie händchenhaltend die etwa dreieinhalb bis vier Kilometer zum Wittenbergener Ufer, suchten sich in der Nähe des Leuchtturmes ein ruhiges Plätzchen. Dort wartete Esther auf den richtigen Moment zur Beichte, während die großen Pötte und Containerschiffe an ihnen vorbeischipperten. Die einen freudig dem Hamburger Hafen und der Reeperbahn entgegen, die anderen verabschiedend Richtung der sieben Weltmeere. Hamburg, das Tor zu Welt eben! So verging Stunde um Stunde, bis die Sonne, parallel zu Esthers eigentlichem Vorhaben, langsam unterging. Sie promenierten zurück zum Strandweg und fuhren nach Hause. Karinas Eltern mussten warten.

BLADE RUNNER

»Wollen wir mal wieder ins Kino gehen, Sönke?«, schlug Esther am nächsten Morgen auf dem Weg zur Arbeit vor. »Seit ein paar Wochen läuft *Blade Runner.*«

»Ist das nicht der Neue mit Ford?«

»Ja«, bestätigte sie, »mit Harrison Ford und Sean Young.«

Sönke, der noch nie von einer Sean Young gehört hatte, aber umso mehr *Star Wars* und *Indiana Jones* liebte, schlug sofort ein.

»Aber sicher. Heute, nach Dienstschluss?«

»Gern«, antwortete Esther. Lass uns gegen halb fünf vorm *Oase* treffen. Schaffst du das?«

Sönke wurde stutzig.

»Du meinst das Oase-Kino auf der Reeperbahn? Wieso nicht bei uns in Harburg?«

Esther legte ihren Kopf zur Seite und setzte den zur Durchsetzung der Wünsche liebevoll erprobten Dackelblick auf.

»Büüdde, büüdde, Sönke.« Sie lächelte. »Ich kann dann nach dem Frühdienst noch meinen Schreibkram in Ruhe zu Ende bringen. Da ist schon wieder so viel aufgelaufen. Okaaaay?«

Sönke, der Esther ohnehin keinen Gefallen abschlagen konnte, bejahte. Die Vorfreude auf einen neuen Streifen mit Ford überwog.

Der anschließende Frühdienst zusammen mit Thomas ging seinen gewohnten Gang und war, wie meist, der ruhigste von allen Schichten. Ein paar Übriggebliebene von letzter Nacht, die in irgendwelchen Ecken lagen, und ein paar Stadtstreicher, die es zu kontrollieren galt, ob vielleicht ein Haftbefehl gegen einen von ihnen vorlag. Meist handelte es sich um Körperverletzungsdelikte, Unterhaltspflichtverletzungen, Fahren ohne Fahrkarte in mehreren Fällen oder Diebstahldelikte. Heute erwischte es

Emil Schubert, gelernter Taumacher, der seit 38 Jahren auf dem Kiez lebte, davon die letzten 16 Jahre ohne festen Wohnsitz. Ihm wurde das Erschleichen von Leistungen in Form von 17 Schwarzfahrten vorgeworfen. Statt sich zu wehren, schien er sich bei der Verhaftung sogar zu freuen. War es die Aussicht auf warme Mahlzeiten und eine gesicherte Übernachtungsgelegenheit? Esther wusste es nicht. Was sie aber wusste, war, dass sie Emil in ein paar Monaten wiedersehen würde. Hier oder ein paar Ecken weiter. Denn auch in Zukunft würde er sich wohl keine Fahrkarte leisten können oder wollen. So ließ er sich ohne Gegenwehr die *Hamburger Acht* anlegen und wurde zur Wache in eine freie Zelle gebracht, bis die Justizkollegen ihn im Behördentaxi zur Strafvollzugsanstalt transportierten. Die restlichen Stadtstreicher wurden ermahnt und vertrieben. Der Kiez gehörte in diesen Stunden den Familien auf St. Pauli, die ihre Kinder zum Kindergarten und zur Schule zu bringen hatten. Nach der Schicht wollte Esther nach Blankenese fahren, doch ausgerechnet heute musste sie wegen eines Raubüberfalls in der Talstraße zwei Stunden dranhängen. Unzufrieden mit sich und der Welt zog sie sich um kurz nach vier im dritten Stock um und rannte zum Oase-Kino, dass sie zumindest die Nachmittagsvorstellung mit Sönke noch pünktlich erreichte.

ABTEILUNG STRESS

22. Oktober 1982

Es gab auf der Hamburger Amüsiermeile nichts, was es nicht gab. Auf dem Liebesmarkt der erotischen Sehnsüchte blieb kein Wunsch unerfüllt. Es kam nur auf den Preis an, der ordentlich variieren konnte. Der einfache Freier wurde mit 50 Mark nach oben gelockt. Dort angekommen, befand er sich jedoch noch lange nicht im erhofften siebten Himmel. Im verruchten, vorwiegend rot ausgeleuchteten Zimmer mit allerlei Lichterketten wurde erst noch ein überteuertes Fläschchen der eigenen *Hausmarke*, die nur selten die Qualität eines billigen Fusels übertraf, geordert. Und prompt war der Gast einen weiteren großen Schein los, während die Uhr bereits tickte. Nicht selten war der Freier, bevor er sich überhaupt der Hosen entledigen konnte, bereits von der Hure blank gezogen worden. Eigentlich war ja genug Geld für alle da und dennoch beäugten sich die Luden missmutig und gönnten der Konkurrenz nicht den Dreck unter den Fingernägeln. Die Sitten verrohten zunehmend und es knisterte auf dem Kiez gewaltig. Und trotzdem oder vielleicht auch deshalb fühlte sich Esther nur noch mehr dem Rotlichtviertel verpflichtet und verbunden. Ihr Wunsch verstärkte sich, auch ihre Freizeit vermehrt auf dem Kiez zu verbringen.

Und wer davon ausgegangen war, dass die Ermordung von *Chinesen-Fritz* eine unrühmliche Ausnahme gewesen war, eine Ausnahme, statt der Fäuste die Waffe einzusetzen, hatte sich geirrt. Revierleiter Ludwig Rielandt hatte schlicht damit recht gehabt, als er Ende September in großer Runde verkündet hatte, dass *»der jahrzehntealte Ehrenkodex, der durch Wilfrid Schulz noch an Gewicht gewonnen hat, keine Waffen auf St. Pauli anzuwenden, mit dem gestrigen Tage hinfällig geworden sei. Dass unser Bezirk nun gefährlicher geworden sei. Gefährlicher für die Luden, gefährlicher für die Bewohner, gefährlicher für die vielen Besucher und letztlich gefährlicher für uns.«*

Was war passiert?

Eine ganze Menge. Denn heute Nacht wurden Esthers Kollegen wegen einer weiteren Hinrichtung ins *Eros-Center* gerufen. Dieses Mal wegen Doppelmordes. Die drei mutmaßlichen Täter Wolfgang Pohndorf, Sieghardt *Siggi* Schmidt und Karl-Heinz Gebauer wurden beschuldigt, den 30-jährigen Jürgen Becker sowie den 25-jährigen Klaus Breitenreicher erschossen sowie Thomas Born, einen ehemaligen Vize-Europameister im Kickboxen, durch einen Streifschuss verletzt zu haben. Letzterer war einer der Vorstandsmitglieder der *Nutella-Bande* und dort für die *Abteilung Stress* zuständig, also für die Sicherung des Reviers und das Eintreiben von Schutzgeld. Ein sehr lukrativer Bereich, der *Karate-Tommy*, wie Born genannt wurde, zu den einflussreichsten und bestverdienenden Größen im Milieu hinaufkatapultiert hatte.

Esther las als Erstes den Bericht der Kollegen. Ausgangspunkt für die tödliche Zusammenkunft war ein Streit zwischen zwei Prostituierten im Kontakthof des *Eros-Center* neben der *Ritze* gewesen, die mit einer Backpfeife der einen, die unter dem Schutz von Jürgen Becker stand, im Gesicht der anderen und einem blauen Auge endete. Das *Blaue Auge* hatte sich daraufhin bei ihren Beschützern *dienstunfähig* gemeldet. Die beiden Männer, die der *Nutella-Bande* zugerechnet wurden, hatten sich im Anschluss auf den Weg ins *Eros-Center* gemacht und wollten Geld eintreiben.

»Ihr kennt die Regeln«, hatte der eine begonnen. »Euer Mädchen hat unser Mädchen verletzt. So wie die aussieht, kann die heute nicht mehr arbeiten. Entweder ihr zahlt jetzt 2.000 Mark Ausfallentschädigung oder es gibt was auf den Kopp!«

Doch die Miteigentümer des *Eros-Center-Salons Bel Ami* und *Mademoiselle* hatten keine Lust, für ein blaues Auge zu zahlen und hatten die *Nutellas* rausgeschmissen, die mit den Worten »Dann zieht euch mal warm an!« ihre Rückkehr androhten. Sie suchten *Karate-Tommy* auf, berichteten ihm von dem Vorfall. Born, der sich nach eigener Aussage, »lediglich auf eine mögliche Schlägerei eingestellt hatte«, begleitete die beiden zurück zum

Großbordell, wo sie gegen 1.37 Uhr das Haus C betraten, in dem sich im Parterre der Salon *Bel Ami* befand. Unglücklicherweise hatten die drei Zuhälter Pohndorf, Schmidt und Gebauer, die von den verdeckten Ermittlern der *GMBH* zugeordnet wurden, keine Lust verspürt, sich von einem ehemaligen Vizeeuropameister mit bloßen Händen nacheinander die Fressen polieren zu lassen, und hatten sich anderweitig vorbereitet. Kaum hatten die drei *Nutellas* den Salon betreten, griffen Pohndorf, Schmidt und Gebauer zu den Waffen, zwei Neun-Millimeter-Pistolen und eine vom Kaliber 7,65, und eröffneten das Feuer. Borns Kollegen mit den Spitznamen *SS-Klaus* und *Angie* fielen dem Kugelhagel chancenlos zum Opfer. Sie waren sofort tot. *Karate-Tommy* konnte sich aufgrund seiner Reflexe retten. Durch eine schnelle Drehung wurde er lediglich von einer Kugel am Bauch gestreift. Bei der nächsten, die für seinen Kopf bestimmt war, verreckte die Kugel im Lauf. Born durchbrach die Tür und konnte der geplanten Hinrichtung entkommen.

1.45 Uhr: Erfolgte der Anruf bei der Davidwache und die Kollegen rasten zum Tatort. Sekunden später traf auch der Notarztwagen der Feuerwehr ein.

1.56 Uhr: Zwei Beamte des Kriminaldauerdienstes trafen ein. Der Notarzt hatte mittlerweile den Tod der beiden Männer festgestellt.

2.15 Uhr: Die Kollegen der Davidwache sperrten das Eros-Center ab. Die Bereitschaft des Mobilen Einsatzkommandos (MEK) wurde angefordert.

2.30 Uhr: Ein hoher Führungsbeamter der Polizei übernahm die Einsatzleitung.

3.10 Uhr: Die Kollegen der Mordkommission erschienen, während das MEK schwer bewaffnet das Eros-Center durchsuchte.

4.00 Uhr: Das MEK raste mit mehreren Wagen zur Hein-Hoyer-Straße, wo die Täter gesichtet worden sein sollten. Aber zu spät – von den drei Männern fand sich keine Spur.

6.40 Uhr: Hamburgs Polizei alarmierte das Bundeskriminalamt (BKA) in Wiesbaden. Von nun an wurde im gesamten Bundesgebiet und an allen Grenzübergängen nach den drei Fluchtfahrzeugen gefahndet.

Esther merkte eine innere Anspannung aufkommen und löste für einen kurzen Moment den Blick vom Bericht. Es las sich wie ein Viertel-nach-Acht-Krimi, zeigte aber das wahre Leben. Das wahre Leben, das sich vor wenigen Stunden, nur wenige Meter von hier, abgespielt hatte. Sie las weiter, entnahm, dass die drei vermutlich mit einem schwarzen Ferrari 308 GTS, Kennzeichen HH-DD 999, einem als gestohlen gemeldeten dunkelbraunen Renault Alpine, Kennzeichen HH-SS 171, und einem dunkelblauen Honda mit dem Kennzeichen HH-MK 583 auf der Flucht waren. Die anschließende großangelegte Fahndung blieb trotz des Einsatzes des MEK, trotz des Einsatzes von Hundeführern und trotz mehrerer Dutzend uniformierter Schutzpolizisten ohne Erfolg.

»Leute! Leute, kommt mal alle her!«, hörte Esther im Hintergrund und reckte den Kopf Richtung Flur. Der 1. Wachhabende stand vorne am Tresen und wollte der Spätschicht etwas mit auf den Weg geben. Esther stand auf, lief nach vorne. »Die Situation ist arg angespannt. Alle hier im Bezirk sind nervös. Diese dauernden Schießereien gehen an keinem spurlos vorbei. Und sind auch obendrein schlecht fürs Geschäft. Ich habe für die nächsten Tage doppelte uniformierte Streife angesetzt. Das heißt für euch alle Überstunden. Klärt das mit euren Lieben zu Hause und macht es möglich.« Er schaute in die Runde, alle schienen ohne Wenn und Aber einverstanden. »Wir müssen davon ausgehen«, führte er fort, »dass die *Nutella-Bande* das nicht auf sich sitzen lassen wird und sich für einen Gegenschlag rüstet. Das muss nicht heute passieren, auch nicht morgen. Aber vielleicht übermorgen? Wer weiß das schon? Auf jeden Fall ist es unsere verdammte Aufgabe, für Ruhe auf dem Kiez zu sorgen, und deshalb muss jetzt gefühlt bis auf Weiteres an jeder Ecke ein uniformierter Polizeibeamter stehen. Wir müssen Präsenz zeigen. Noch mehr als sonst. Alles klar?«

Die Runde nickte zustimmend.

»Alles klar?«, wiederholte der 1. Wachhabende und erwartete eine lautstarke Antwort.

»Alles klar!«, rief die Schicht im Chor zurück. Sie war bereit.

»Gut so, dann an die Arbeit und passt auf euch auf!«

Esther, die heute mit Hansi Fußstreife hatte, machte sich auf den Weg Richtung Nobistor.

»Was ist nur jetzt passiert, sag mal?«, fragte sie nach einer Weile, in der beide kein einziges Wort gewechselt hatten. Die Atmosphäre auf der Amüsiermeile war erdrückend. »Letzte Woche hängt der *Schöne Mischa* an einem Baum in der Lüneburger Heide und vor zwei Wochen wird im Salon *Lolita* der Wirtschafter Hans Wenck erstochen.«

»*Jetzt*, sagst du? Machst du Witze? Vergiss bitte nicht die Morde in der Zeit aufzuzählen, wo du in der Schule warst.«

»Was meinst du?«

Hansi riss vor Verwunderung die Augen auf und machte eine ausholende Bewegung in den nicht vorhandenen Raum hinein.

»Das weißt du nicht?«

»Nein, erzähl schon«, forderte sie den Kollegen auf.

»Im April Dieter Mohr, seines Zeichens Stellvertreter vom *Schönen Mischa* und Kassierer der *GMBH*, im Mai dann, glaube ich war es, Heinz Dieter Förster, Geldverleiher mit dem Spitznamen *Wucherer von St. Pauli*, der erschlagen und in einen Teppich eingerollt in seinem Audi 80 in der Balduinstraße aufgefunden wurde, und Anfang Juni noch der Zuhälter Dieter Glocke, der zwei Tage, nachdem er auf der Reeperbahn von einem VW Variant über den Haufen gefahren wurde, starb.«

Drei Tote und Esther hatte nichts mitbekommen. Sie hatte sich in den sechs Monaten nach dem Praktikum und der Konkurrenz durch Nesthäkchen Jörg, der plötzlich auch zur Davidwache wollte, so in die Abschlussprüfung reingehängt, dass sie nichts mitbekommen hatte. Sie war mehr als geschockt.

»Nicht zu vergessen die Sache mit dem *Schönen Klaus*!«, streute Hansi noch wie beiläufig ein. »Zwar nicht tot, aber nahe dran.«

Esther blieb stehen, zog den Kollegen am Arm.

»Welche Sache denn?«

»Die Schießerei in *Charlys Nightbar* am Hamburger Berg 29 wegen angeblichen Falschspiels. Aus nächster Nähe wurde er über den Haufen geschossen. Bäm! Bäm! Überlebte wie durch ein Wunder.« Hansi hob eine Augenbraue in gespieltem Ärger. »Das, was hier gerade abläuft«, setzte er wenige Sekunden später fort und seine Stimme war nun scharf wie eine Rasierklinge, »ist ein brutales Armageddon, ein Weltuntergang auf Raten. Alles gerät aus den Fugen und fällt in sich zusammen. Ich kann dir nicht sagen woran es liegt, nur so viel, dass was … also irgendwas … ziemlich Bedenkliches auf uns zurollt. Eine magische Rebellion.«

Esther musste an *Blade Runner* denken. Das, was dort von der Zukunft gezeichnet wurde, war auch nicht gerade rosig. Eher einschüchternd. Aber der US-Streifen war Fiktion. Hier auf'm Kiez gab es kein Armageddon. Einen brutalen Bandenkrieg, einen Verteilungskampf zwischen zwei Kartellen, wo niemand zwischen die Fronten geraten wollte, ja, okay. Das schon. Aber bitteschön kein bevorstehender Weltuntergang. Sie mochte Hansi, mochte es, mit ihm gemeinsam auf Streife zu gehen, aber diese theatralische Ader ging nun doch etwas zu weit.

»Was meinst du mit, dass *irgendwas Bedenkliches auf uns zukommt*?«, fragte sie dennoch und wollte ihm damit ein Redenspartner auf Augenhöhe sein.

»Eine Welle des Bösen«, unkte er weiter. »Eine Welle, die größer ist als der Gebrauch von Schusswaffen. Mehr kann ich aber auch noch nicht sagen«, erklärte er nebulös und gestikulierte dabei hektisch mit den Händen. »Doch trotz der bösen Vorzeichen, Esther, werde ich den Glauben an die Möglichkeit einer Erlösung nicht verlieren. Verstehst du? Wir dürfen den Glauben nicht verlieren.«

Esther verstand nicht und schaute ihn bedächtig an. Hansi, so klärte sie der Bärenführer seinerzeit auf, war stets der Meinung, dass das Gehirn, und somit die Willenskraft eines Menschen, alles Leid heilen konnte. Man müsse sich nur darauf einlassen, sich fallen lassen und es zulassen, also wirklich zulassen. Eine schöne Vorstellung irgendwie, aber, nun ja, wie auch immer. Hansi brauchte das ganz offensichtlich, um den stressigen Alltag als Polizist zu bewältigen. Er lebte allein und hatte, soweit das Esther mitbekommen hatte, keinen zum Reden. Also mussten die Kollegen ran. Aber es war in Ordnung. Er war in Ordnung, hatte sich ihr gegenüber stets korrekt verhalten. Nicht so wie Rudi, Moritz und Stephan beispielsweise, die sie überhaupt nicht ernst nahmen. Während des Praktikums war es ihr egal gewesen. Damals wollte sie lernen und einen guten Eindruck hinterlassen. Doch jetzt, wo sie zurück war, wollte sie Sachen bewegen, Menschen helfen und den Bezirk zu einem besseren Ort für jedermann machen. Doch die drei hatten keine Manieren, dafür aber haufenweise schlüpfrige Sprüche für sie übrig. Die formulierten sie so leise, dass nur sie sie hören konnte. Bei denen hatte sie stets das Verlangen, alle Schwarzwälder Konventionen abzulegen, auf einen Stuhl zu steigen und ihnen sowas von Karacho auf die Fresse zu geben. Als sie letzte Woche einen auf den Boden gefallenen Bericht aufhob und Rudi just in diesem Moment im Aufenthaltsraum erschien, blieb er augenblicklich stehen. Das, was er am besten konnte, wenn er auf sie traf. Er hatte keine Anstalten gemacht, die Papiere aufzusammeln, gaffte stattdessen nur blöd aus der Wäsche. Als sich Esther schließlich mit den Zetteln wieder erhob, hatte Rudi nur zu salutieren begonnen und sagte, bevor er sich an den Tisch setzte:

»Entschuldige bitte, dass ich mich durch die Aussicht habe ablenken lassen. Ich dachte nur kurz darüber nach, wie es wäre, wenn wir uns beide hier auf dem Fußboden rumwälzten. Ob wir da unten nicht mehr Spaß zusammen hätten als ich hier alleine oben? Doch der Anblick, dass du auf allen vieren krabbelst war dann aber auch schon geil genug. – Für's Erste.«

ZUM SILBERSACK

Etwa zur selben Zeit saß Pico bei einem Holsten in seiner Zentrale, der kleinen Küche im ersten Stock in der Gerhardstraße, und war noch immer aufgeschreckt. Er sah durch Esthers Besuch seine Scheine in weite Ferne fliegen und musste etwas tun. Tausendfünfhundert Piepen waren keine Kleinigkeit. Er wollte sie zurück und war bereit, Karina nochmal 'ne Chance zu geben. Sie könnte die Summe bei ihm abarbeiten. Doch dafür musste er sie erst mal finden. Er schob das Bier beiseite, stand auf, ging zum Fenster und beobachtete das Treiben der Mädels auf der Straße. Sah, wie sich alle ins Zeug legten, sich den Männern an den Hals warfen und sie von ihrer Ware zu überzeugen versuchten. Pico dachte an Oma Gertrude. Die hatte, bis sie vierundsechzig war, als Putzfrau bei einer Reederei gearbeitet und stets von den Frauen geträumt, die sich nicht die Hände schmutzig machen mussten. »Nicht andauernd den Dreck der anderen wegmachen und die Klos putzen«, hatte sie immer geschimpft. »Nur einmal was anderes machen!« Ob sie dabei an die Huren auf St. Pauli gedacht hatte? Pico schmunzelte. Und siehe da! Schon wieder hatte ein Freier angebissen, war einer ins Netz gegangen. Er sah, wie der Mann der drallen Brünetten wohl gesagt haben musste, sie solle ein paar Meter vorangehen, er würde im gebührenden Abstand folgen. Denn die Prostituierte mit dem pinken Outfit verschwand alsdann hinter einer Haustür schräg gegenüber, ließ aber einen Spalt geöffnet, bis auch die Beute Sekunden später im grauen Mantel und tiefgezogenen Hut folgte.

Bereits als kleiner Piefke, damals noch in ausgebeulten Hosen, hatte Pico, immer am Straßenrand vor der kleinen Gaststätte seines Vaters stehend, staunend dem wilden Treiben gegenübergestanden. Wie sich die leichten Mädchen und die schweren Jungs annäherten, verhandelten und schließlich im Hauseingang abzwitscherten. Er sah zu, wie Hehler ihre Produkte verkauften oder auch mal der ein oder andere ordentlich vermöbelt wurde. Entweder weil er mit der Ware unzufrieden war oder nicht genügend Knete dabei hatte. Doch er liebte alles an dieser Parallelwelt auf St. Pauli und war nun, mit Ende zwanzig, sein eigener Herr über ein kleines, aber feines Unternehmen, bestehend aus fünf Zimmern, plus Küchenzentrale. Genau dort wandte er sich nun wieder seinen eigenen tausendfünfhundert Problemen zu. Karina war kein schlechter Mensch, doch offensichtlich hatte sie ihn verarscht. Er strich sich durch die blonden Haare, warf sich eine Jacke über und ging über den Hans-Albers-Platz und die Querstraße rüber zum *Silbersack*. Er brauchte Infos.

»Hast Du Karina gesehen?«, fragte er Günther, der gleich am ersten Tisch links hinter der Tür saß, und erntete nur ein großes Schweigen. »Du weißt doch«, hakte er nach, »die Kleine mit den großen Naturtitten und der schmalen Figur. Günther, sprich schon, hast du sie gesehen?«

Doch Günther musterte Pico nur von oben bis unten und schüttelte schließlich ungläubig den Kopf. Er machte eine vage Handbewegung.

»Wie kann das sein, Pico, dass du deine Frauen noch immer nicht im Griff hast? Dass dir die Weiber im Privaten immer stiften gehen, ist ja jedermann bekannt, aber nun auch die beruflichen?«

Es war immer dasselbe Spiel. Günther beschenkte sein Gegenüber zur Begrüßung, sozusagen zum Warmmachen, mit dummen Sprüchen, die Pico allerdings über sich ergehen lassen musste, wenn er Antworten wollte. Er räusperte sich, musste überlegen, welchen Ton er anschlagen sollte, und setzte sich zu ihm. Dann gab er Erna, die kurz nach dem Zweiten Weltkrieg zusammen mit ihrem Mann den Laden gegründet hatte, einen Wink, dass sie zwei Kurze bringen sollte, und rückte ein Stück zu Günther rüber.

»Nun mal Butter bei die Fische, hast du sie gesehen? Weißt du, wo sie ist, was mit ihr geschehen ist?«

Günther, der noch vor fünf Jahren einem soliden Familienleben mit Frau und zwei Kindern in Hamburg-Schenefeld gefrönt hatte, bevor er aufgrund von Alkohol erst den Job als Autoverkäufer, dann die Familie samt Wohnung verlor und auf St. Pauli strandete, nickte. Er hatte Picos Bestellung zur Kenntnis genommen und antwortete zufrieden:

»Jo. – Nachdem du, du Volldiot, die Hübsche mit den beiden Naturgranaten vor die Pforte gesetzt hattest, ist sie zum Autostrich am Fischmarkt runter. Doch dort wurde sie fast totgeprügelt und hat mit der *Schmiere* gesprochen.« Günther nahm den Korn entgegen, der von Erna gebracht wurde, und orderte gleich zwei auf Picos Rechnung nach. Dann rückte auch er noch ein Stück näher zu Pico und flüsterte. »Du weißt ja, wie das hier läuft. Du kannst dir so alles erlauben, aber niemals mit den *Bullen* quatschen.«

Pico begann zu begreifen. Er leerte den Korn und fragte:

»Willst du damit etwa sagen, dass ...?«

»Ich will gar nichts. Okay? Ich sage nur, wie es ist und was ich weiß.« Günther schaute nach links und rechts, um sich zu vergewissern, dass niemand die Lauscher aufstellte. »Was du daraus machst, mein Freund, ist dein Ding!«

Dann drehte er sich Richtung Theke:

»Erna, wo bleibt der Nachschub?«

* * *

Viel zu schnell waren Blade Runner und Replikanten im fortdauernden Nieselregen des Jahres 2019 in Los Angeles im benachbarten Oase-Kino vorbeigeflimmert. Und Esther war begeistert. Mehr von der Replikantin Sean Young als von dem Film an sich, der ihr insgesamt zu düster, zu dystopisch daherkam. Aber Sean Young ragte raus. Esther wollte auch so cool, so stark, und ja, vielleicht auch so elegant sein und mit ihrem *Blade Runner* in ein gemeinsames Happy End entfliehen. Sönke dagegen liebte den Streifen von der ersten Sekunde an, auch wenn er einen Moment gebraucht hatte, mit seinem Helden richtig warm zu werden. Harrison Fords Rolle als reaktivierter ehemaliger Blade Runner Rick Deckard entsprach nicht seinen durch *Star Wars* und *Jäger des verlorenen Schatzes* geweckten Erwartungen. Einen *Han Solo* oder *Indiana Jones* suchte man vergebens. Als Rick Deckard war Ford ihm anfangs zu normal, zu gewöhnlich, zu wenig spektakulär gewesen. Er wurde vermöbelt, zeigte Schwäche und schoss auf Frauen. Doch von Minute zu Minute wurde auch er von Fords Coolness im neuen Gewand angesteckt und verließ das Kino, wie die meisten Männer wohl, etwas breiter, als er es zuvor betreten hatte. Dann, endlich, entschwand auch er mit seiner Replikantin in ihr ganz persönliches Happy End des heutigen Abends im heimischen Harburg-Hausbruch.

Die Nerven im Milieu lagen blank. Eine Schießerei wegen 2.000 Mark sprach Bände. Und natürlich war mit dieser Bluttat eine rote Linie für die beiden Kartelle *GMBH* und *Nutella-Bande* überschritten worden, da hatte der 1. Wachhabende vollkommen recht, befand Esther im Aufenthaltsraum, als sie von Thomas eine Zeitschrift weitergereicht bekam.

»Lies mal Seite 23«, forderte er sie auf und nippte an einer heißen Kaffeetasse. »Und danach geht's los.«

Esther blätterte sich durch die Illustrierte. Seite 20, 21, 22 … 23. Ihre Augen sprangen über die Seite und entdeckten ein Foto einer Polizistin, die lächelnd vor einem Baum stand, darüber die Überschrift:

DIE ERSTEN SCHUTZPOLIZISTINNEN IN HAMBURG

Fluch oder Segen?

Sie schaute überrascht zu Thomas, der auf den Artikel tippte und fragte:

»Kennst du die?«

Esther nickte, das Foto zeigte Dörte aus Celle, eine der Mitanwärterinnen, die in einem beschaulichen Revier am Hamburger Grenzgebiet zu Schleswig-Holstein untergekommen war. Sie schaute zurück zum Magazin und versank in der Lektüre. Der Artikel befasste sich mit dem Modellversuch, dass seit dem 1. September elf Frauen in Hamburgs Revieren mit den männlichen Kollegen zusammen auf Streife gingen, und erörterte die Fragen, wie damit zukünftig umzugehen sei. Also für die Ehefrauen der Polizisten, die die neue Frau an der Seite des Mannes argwöhnisch verfolgten, für die Polizisten selbst und für die Öffentlichkeit. Kurzum: Fluch oder Segen?

Esther blätterte weiter und las von Vorbehalten, von Verunsicherung, aber auch von Unterstützung des Hamburger Modells. Doch die Krönung war die von dem Redakteur aufgeworfene Frage, ob Schutzpolizistinnen Waffengewalt ausüben konnten, ohne ihre Weiblichkeit zu verlieren und ohne die Männlichkeit und die Schlagkraft der Polizei zu schwächen.

»Hast du das gelesen?«, wollte sie wissen. »Ich meine das von Weiblichkeit verlieren und so'n Quatsch!«

»Natürlich. Alle hier haben das gelesen.«

Esther erschrak. Ihr Rücken richtete sich stocksteif auf, und sie spürte, wie ihr Gesicht errötete.

»Alle?«

Thomas nickte.

»Davon gehe ich aus. Das Heft lag ja lang genug mit einem Post-it verziert hier rum.«

»Und du? Wie ist deine Meinung?«, wollte Esther wissen.

»Ob ihr wegen der Uniform und Dienstwaffe eurer Weiblichkeit oder der Polizei schadet? Oder beides?«

»Ja. Wie ist deine Meinung ganz allgemein zu dem Modellversuch, dass wir jetzt hier sind? Fühlst du dich unsicher? Untergebuttert?«

»Meine Meinung ist da ziemlich klar. Ich find's gut, dass du da bist. Punkt!«

Esther lächelte. Das tat gut. Und na klar war ihr bewusst, dass Männer körperlich stärker waren, ja, okay, Haken dran. Aber warum die physische Belastbarkeit der Frauen geringer sein sollte, erschloss sich ihr nicht. Wenn sie ihren Vater so anschaute, der konnte sich aber 'ne dicke Scheibe von der Mama abschneiden. Ähnlich wenig belastbar war der Dieter im Vergleich zu ihr. Immer noch geschockt legte sie die Zeitschrift beiseite. Der Artikel ärgerte sie maßlos und sie war froh, als Thomas die geleerte Tasse in die Spülmaschine ablegte und sie zum Auto gingen.

»15/1 von Michel 1, bitte kommen.«

Kaum hatten sich beide in den Peterwagen gesetzt, ertönte der erste Funkspruch. Esther griff zum Gerät und drückte die Sprechtaste.

»15/1 hört!«

»An den Landungsbrücken, Überseebrücke, Wasserleiche. Ein Schiffsführer hat einen leblosen Körper gefunden.«

»Frau oder Mann?«, fragte Esther und ahnte Schlimmes, während sich Thomas verwundert zu ihr umschaute. Er flüsterte:

»Was tut das zur Sache?«

Doch Esther ignorierte den Kollegen und starrte gebannt auf das Funkgerät, als wollte sie die Antwort ablesen.

»Eine Frau. Es handelt sich um einen weiblichen Leichnam. Anfang, Mitte 20.«

Stille.

Thomas nahm Esther das Funkgerät aus der zittrigen Hand und übernahm:

»Peter 15/1 hat verstanden. Sind unterwegs!«

Als der Wagen 15/1 wenig später am Fundort ankam, hatten bereits die Einsatzkräfte der Wasserschutzpolizei den leblosen Körper aus dem Wasser gehievt und waren zur Straße geeilt, um dem Notarzt den Weg freizumachen.

»Kümmerst du dich bitte um die Absperrung«, bat Thomas und rannte zusammen mit den Kollegen den Anleger hinunter, während Esther, immer noch im Ungewissen, zurückblieb. Warum nur war sie nicht zu den Eltern gefahren und stattdessen ins Kino gegangen? Warum hatte sie sich nicht die Zeit genommen für einen kurzen Anruf? Nur fünf Minuten? Vielleicht hätte sie Karina damit retten können? Die Fragen ohne Antworten zermürbten sie. Sie holte die Absperrbänder aus dem Kofferraum und befestigte sie oberhalb der Brücke an der Fußgängerpromenade, während sich weiter Passanten, die, kaum war irgendwo die Polizei zu sehen, aus ihren Löchern kamen und sich zu neugierigen und nervigen Schaulustigen generierten.

»Was ist denn passiert?«, fragte ein Jugendlicher, der sich wie aus dem Nichts vor ihr aufgebaut hatte und einen ausführlichen Bericht von ihr erwartete.

»Wir sind auch gerade erst gerufen worden«, ließ Esther freundlich verlautbaren und lächelte verständnisvoll.

»Ja, aber weshalb denn? Weshalb seid ihr gerufen worden?«

»Es wurde eine Leiche angespült. Bitte gehen Sie weiter und behindern Sie nicht unsere Arbeit«, gab sie immer noch freundlich, aber nun bestimmt zurück. Vielleicht etwas zu bestimmt für den Geschmack des pubertierenden Fragers. Der Jugendliche verzog angewidert das Gesicht, spuckte auf den Boden und verfehlte Esthers Schuhwerk nur knapp. Er antwortete:

»Eine Leiche zum Frühstück? Wie eklig ist das denn bitte?«

Für Esther, die ohnehin kurz vorm Durchdrehen stand, war das der berühmte Tropfen zu viel. Sie duckte sich unter dem Absperrband hindurch und griff sich den Spucker, wollte ihn in Gewahrsam nehmen, als von links die ersten Vertreter der *Hamburger Morgenpost* herbeieilten. *Nur nicht auffallen*, dachte sie und schwenkte um 180 Grad um. Sie ging zurück hinter die Absperrung, atmete tief durch, lächelte großmütig. Wer nur, in aller Herrgotts Namen, lag da hinten auf dem Anleger? War es wirklich Karina? Sie musste endlich wissen, um wen es sich bei der Toten handelte, und schaute Richtung Elbe. Sie suchte den Blickkontakt mit Thomas.

Da war er, endlich. Der Kollege winkte nach ihr und sie lief ebenfalls den Anleger hinunter. Der Leichnam war bereits in einem schwarzen Plastiksack verstaut. Fragend schaute sie zu Thomas. Sie brauchte eine Bestätigung, doch er antwortete nur, dass die Frau keine Papiere bei sich trug und man zurzeit die Identität nicht wisse.

»Darf ich?«, fragte Esther und zeigte auf den schwarzen Sack. »Ich habe da einen Verdacht!«

Thomas gab dem Kriminaltechniker ein Zeichen, der den Plastiksack einen Spalt öffnete. Esther fröstelte es bei dem Gedanken und sie machte sich auf einen schlimmen Anblick gefasst. Dann reckte sie ihren Kopf hinein und musste augenblicklich würgen. Was für ein abscheulicher Gestank! Anders als bei der verwesten Leiche im Bett, aber genauso stechend. Dann sah sie das Gesicht und den oberen Teil des Oberkörpers des Leichnams. Sie war nackt und musste ewig im Wasser gewesen sein. An einigen Stellen schien sie bereits angefault oder von Wassertieren angefressen worden zu sein. Es sah schlimm aus. Das Mädchen, das leblos vor ihr in Plastik lag, hatte nur noch wenig Ähnlichkeit mit der Person gehabt, die sie vor wenigen Tagen noch gewesen war. Doch es war nicht Karina. Sie schaute zu Thomas rüber und schüttelte den Kopf, während sich Erleichterung in ihr ausbreitete.

»Wer schmeißt denn so ein junges Ding ins Wasser?«, fragte der Kriminaltechniker in die Runde. »Wir sind doch nicht bei der Camorra in Neapel?«

Thomas, dem nicht nach Scherzen zumute war, hätte ansonsten den Kollegen darüber aufgeklärt, dass sich die Mafia unliebsamer Personen nicht nur durch einen Stoß ins Wasser entledigte, sondern die Fracht davor meist noch mit einem Betonklotz oder Stein beschwerte. Idealerweise sogar zur Unkenntlichmachung Zähne sowie Fingerkuppen, vielleicht sogar den ganzen Kopf entfernt hätte. So aber antwortete er nur knapp:

»Das wird uns die Rechtsmedizin schon sagen.«

Er selbst ging von einem Selbstmord aus. Entweder direkt oder indirekt durch eine Verkettung unglücklicher Umstände infolge eines Drogenrausches und somit … dann … doch irgendwie auch selber schuldhaft zugezogen. *Kausales Verschulden* nannte man das, bei dem sich das Opfer durch seinen Leichtsinn um das eigene Leben gebracht hat. So oder so ähnlich hatte er es in der Polizeiakademie gelernt. Man hätte in diesem Kontext auch von einem *unnatürlichen Tod durch sinnlosen Zufall* sprechen können.

* * *

»Das Bewahren der Wahrheit ist eine Kunst, die nicht hoch genug eingeschätzt werden kann«, hatte Esthers Mutter immer gesagt und ihr mit diesem Satz die Richtung vorgegeben. Doch was war die Wahrheit? Das, was mit den eigenen Augen gesehen wurde? Das, was von den Zeugen berichtet wurde? Oder das, was durch intensive Polizeiarbeit ermittelt wurde? Und sowieso, gab es überhaupt eine *objektive* Wahrheit? Oder nur *subjektive* Wahrheiten, die anhand von Beweisen und Indizien zur ultimativen Wahrheit auserkoren wurden und letztlich den oder die Täter überführten? Esther schüttelte mit dem Kopf und ging, nachdem sie mit Thomas zurück im Revier ankommen war, ins Schreibbüro. Dort zog sie einen Bogen mit fünf Durchschlägen in die Schreibmaschine ein und fing sich einen Moment. Sie hatte, so vermutete sie, vom Herrgott eine zweite Chance bekommen. Dieses Mal durfte sie es nicht erneut versemmeln. Dieses Mal musste sie Karina finden, lebend finden. Dann hob sie ihre Hände und begann die Buchstaben an das weiße Papier zu schlagen. Sie schrieb über den Fund eines weiblichen Leichnams an den Landungsbrücken, dass der leblose Körper bereits mehrere Tage im Wasser gelegen haben musste und dass aufgrund fehlender Ausweispapiere bislang die Identität der auf Anfang zwanzig geschätzten Frau nicht ermittelt werden konnte. Sie hielt weiter fest, dass sich mittlerweile ein erster Zeuge gemeldet hatte, der am vergangenen Montagabend vom Fenster aus an der Fischauktionshalle am Fischmarkt gesehen haben wollte, wie eine Person mit längeren Haaren, vermutlich die Leiche, sich erst entkleidete, dann in die Elbe schwimmen ging und kurz danach untertauchte. Auf die Frage, warum der Zeuge nicht umgehend die Polizei gerufen habe, hatte dieser nur lapidar geantwortet, »dass es für ihn nach einer typischen Mutprobe aussah, wie sie sich immer mal wieder vor seiner Haustüre abspiele. Damals, beim ersten und zweiten Mal noch, das war während der Fußballweltmeisterschaft '74 gewesen, da habe er noch jeweils brav die Polizei gerufen, danach nicht mehr.« Esther versuchte den Kloß im Hals herunterzuschlucken und endete damit, dass die Kollegen der Kriminalpolizei jetzt die Ermittlungen übernommen hatten und, da bei der Toten mehrere Einstichwunden an Armen und Füßen entdeckt wurden, im Drogen- und

Prostitutionsmilieu rund um den Steindamm am Hauptbahnhof in St. Georg sowie auf St. Pauli mit ihren Nachforschungen starteten.

Auch Esther würde weiterhin Augen und Ohren offen halten, doch zuerst würde sie jetzt, da 14.00 Uhr vorbei war, Pico in der Gerhardstraße aufsuchen.

IST DIR KALT?

Am nächsten Morgen fühlte sich Esther wie gerädert. Stundenlang hatte sie im Dunkeln an die Zimmerdecke gestarrt, während draußen ein furchtbarer Sturm und Starkregen an das Schlafzimmerfenster geklopft hatte. Sönke hatte davon nichts mitbekommen. Er schlief wie ein kleines Kind, nachdem er sich beim Abendessen wie ein solches aufgeführt hatte. Ohne überhaupt zu fragen, wie es ihr gehen würde, hatte er in Sachen Karina seinen Vortrag wiederholt und verlangt, dass sie es endlich kapieren solle, dass die Arbeit auf der Dienststelle zu bleiben hat. »Deine Dienstwaffe nimmst du ja auch nicht mit nach Hause, sondern schließt sie im Revier weg«, hatte er noch gemeint und dabei nicht im Entferntesten geahnt, was für ein Glück er hatte, dass sie genau dieses gestern Abend getan hatte. Sie war auf 180 und hätte für nichts garantieren können. Doch so lag sie da und fragte sich, was mit ihm in letzter Zeit los war.

Bei der Arbeit wurde es nicht besser. Eichi, der 2. Wachhabende, hatte sie für die heutige Spätschicht mit Rudi auf den Funkstreifenwagen 15/3 eingeteilt. *Ausgerechnet dieser Kotzbrocken*, dachte Esther und zog sich entsprechend genervt um, ging zu den Waffenfächern und nahm ihre P6 sowie Reizgas und die *Hamburger Acht* an sich. Dann ging sie zum Peterwagen, wo der Kollege bereits auf der Fahrerseite saß und sie begrüßte:

»Schön, dass du es doch noch einrichten konntest. Wenn das Make-up sitzt, würde ich gerne los. Das Verbrechen wartet nicht auf kleine süße Mäuse. Hat man euch das nicht auf der Akademie beigebracht?«

Esther kochte vor Wut, schwieg aber tapfer und ließ sich in den Beifahrersitz fallen. Hätte sie geantwortet, hätte Rudi das nur als Einladung zum Weitermachen verstanden.

»Ach, bevor ich es vergesse, Kleene«, setzte Rudi fort. »Schöner Artikel übrigens!«

Erste Anlaufstelle war eine Schlägerei im Hamburger Berg. Vorm *Handschuh* hatte ein etwa 40-jähriger Blaumann versucht, einer Frau die Handtasche zu entwenden und wurde nun von deren Begleitung, einem klein gewachsenen Mittfünfziger, der aber mit einer guten Rechten gesegnet war, in Schach gehalten. Rudi ging ohne Wenn und Aber dazwischen und Esther bekam einen ersten Eindruck davon, was der Bärenführer damals meinte, wenn er von *Rammbock-Rudi* sprach, der keiner Provokation aus dem Wege ging. Keine zwei Minuten später hatten sie den vermeintlichen Handtaschen-Dieb auf der Rückbank verstaut und fuhren zum Revier, wo Rudi demonstrativ sitzen blieb und an Esther gerichtet sagte:

»Einmal den Abschaum in der Ausnüchterungszelle abliefern. Dann kannste dein Lidschatten nachziehen und Pipi machen. In fünf Minuten geht's weiter.«

Sei einfach still, Rudi, einfach nur die Klappe halten, dachte Esther, doch ihre Gedanken fanden kein Gehör.

»Worauf wartest du, Mäuschen? In fünf Minuten ist Abfahrt!«, flötete er fröhlich weiter und lauschte der Musik aus dem Radio.

Esther, die heute noch kein Wort mit Rudi gewechselt hatte, stieg aus, brachte die Schnapsleiche in die Zelle und kam zurück. Dann fuhren sie zum Hafen runter. Nachdem sie zweimal im Kreis den Fischmarkt entlang gefahren waren, stellte Rudi den Wagen in einer Parkbucht ab und gab weiter Anweisungen:

»Du wartest hier!«

Esther nickte und beobachte den Kollegen durch den Rückspiegel, wie er in einer Häuserwand verschwand. Als er fünf Minuten später noch nicht zurückgekehrt war, stieg auch sie aus und ging ein paar Schritte Richtung Fischauktionshalle. Auch wenn die Chance Karina jetzt hier anzutreffen minimal war, wollte sie sich dennoch umschauen. Alles besser, als im Peterwagen zu versauern. Ein paar Meter später sah sie die ersten Frauen stehen, die für diese Jahreszeit in viel zu kurzen Klamotten wie die Vöglein auf der Stange aufgereiht waren. Als sie Esther erspähten, straften sie

sie mit bösen Blicken und zwitscherten lauthals los. Polizeipräsenz schadete dem Geschäft, ja, klar. Aber Karina war verschwunden und dies musste aufgeklärt werden. Vielleicht war es von Esther auch naiv anzunehmen, dass sie *allein* Karina finden könnte. Doch ohne Vermisstenmeldung keine offiziellen Ermittlungen. Sie ging zur Ersten, die, kaum stand Esther in Uniform vor ihr, gelangweilt auf ihre Fingernägel schaute und so den direkten Augenkontakt vermied. Keine wollte zusammen mit der Polizei zusammen gesehen werden, noch weniger, wie man mit ihr spricht.

»Sage mal, kennst du eine Karina? Etwa 1,70 Meter groß, schlank, blonde Locken, meist zu einem Zopf zusammengebunden?«, fragte Esther.

Doch das zarte Vögelein schüttelte nur kurz, kaum wahrnehmbar, mit dem Kopf und ging einen Schritt zur Seite. Esther ging zum nächsten Mädchen, als sie aus der Ferne ein angestrengtes Hup-Konzert vernahm. Sie drehte den Kopf zum Peterwagen. Rudi war zurück und verlangte nach ihr.

»Verstehe!«, resümierte Rudi schließlich, als Esther zurück im Auto saß. »Du schaust dich schon mal nach einem Zweitjob um. So für die Stunden nach dem Feierabend. So klug habe ich dich gar nicht eingeschätzt. Klein, aber oho!« Rudi blickte aus dem Fenster zum Straßenstrich. »Aber das kannst du doch einfacher haben. Dafür musst du deinen süßen Hintern nicht nach draußen bewegen. Das geht auch bequemer. Viel bequemer. Und zwar gleich hier.« Rudi hantierte am Drehknopf und ließ die Rückenlehne des Beifahrersitzes ein paar Zentimeter absenken. Er beugte sich zu Esther rüber und strich mit der Rückseite der rechten Hand über ihre Brust. Langsam und eklig.

»Ist dir kalt?«

Schweigen.

Dann legte er die Hand dahin zurück, wo sie hingehörte, und drehte den Schlüssel im Zündschloss, legte den Rückwärtsgang ein und parkte mit einem Blick nach hinten aus, während Esther, immer noch halb liegend, zur Salzsäule erstarrt, verharrte und alles in sich unterdrückte.

Zu Hause angekommen, wollte Esther nur noch duschen. Sie fühlte sich schmutzig und benutzt. Sie fühlte sich wie eine Idiotin.

VERMISSTENANZEIGE

Immer wieder hatte Esther überlegt, was in Sachen Karina am besten zu tun wäre. Weiter den inoffiziellen Weg beschreiten oder zu den Eltern nach Blankenese fahren und ihr Verschwinden offiziell machen? Sie könnte vorgeben, eine Freundin zu sein. Wussten Mama und Papa überhaupt von der Arbeit der Tochter auf dem Strich? Mit Sönke konnte sie sich derzeit nicht darüber austauschen. Schon bei dem Wort *Karina* flippte er regelrecht aus. Und der Bärenführer weilte im Urlaub in Dänemark. Wer blieb, war Pico. Und genau dieser Pico fragte Esther, als er sie nach Dienstschluss die quietschende Holztreppe nach oben kommen sah:

»Ist sie tot?«

»Nein, Gott bewahre«, erwiderte Esther. »Karina ist nicht tot, zumindest gibt es keine Leiche. Aber genau deshalb bin ich hier. Ich dachte nämlich wirklich, sie sei es.« Esther fühlte, wie sich ihre Augen mit Tränen füllten. Sie, die im beschaulichen Schwarzwald so selten geweint hatte, merkte erst durch ihren Wechsel nach Hamburg, wie nah sie am Wasser gebaut war. »Gestern, an der Überseebrücke. Ich bin mit 'nem Kollegen dorthin, weil dort eine Leiche in der Elbe gefunden wurde. Und ich war mir sicher, frag' nicht warum, es sei Karina. Doch sie war es nicht.« Esther wischte die Tränen aus dem Gesicht. »Aber nun musst du mir helfen. Bitte!«

»Wie?«

»Wir müssen ihr Verschwinden offiziell machen und das geht am besten, wenn …«

»Vergiss es«, unterbrach Pico und ging zurück in seine Zentrale. »Ich habe es dir schon mal gesagt und sage es gern nochmal. Ich werde nicht zu deinen Kollegen auf die Wache gehen und eine Vermisstenanzeige aufgeben. Sie schuldet mir zwar noch 'n Haufen Scheine und die will ich auch zurück, unbedingt, aber ich kann deshalb unmöglich zu den Bullen. Nein, sorry, tut mir leid, das mach' ich nicht.«

Esther schüttelte mit dem Kopf.

»Musst du auch nicht, Pico.«

»Nicht?«

»Nein!«

Pico beugte sich zum Kühlschrank und reichte Esther eine Flasche Bier. Er dachte instinktiv, dass würde am schnellsten helfen, die Tränen zu vertreiben.

»Willste?«

»Ich will, dass Karinas Eltern eine Vermisstenanzeige aufgeben, und dafür muss ich nach Blankenese. Und wenn du willst, kannst du mich begleiten, mich fahren.«

»Dich fahren? Zu den Alten von Karina? Bin ich ein verdammtes Taxi? Warum sollte ich das machen?«

»Weil ich dich darum bitte und du vielleicht ein charmanter Kerl hinter einer harten Schale bist?« Esthers Schmunzeln wurde breiter und sie bemerkte, wie gut ihr der unaufgeregte Austausch mit ihm bekam. »Du hättest durch den Fahrdienst auch die Möglichkeit, mit den Eltern zu sprechen. Vielleicht kannst du sogar die Schulden ansprechen? – Alles in allem fühle ich mich einfach wohler, wenn ich da nicht allein auftauche, verstehst du?«

BITTE EINMAL IN DEN ERSTEN

26. November 1982

In Hamburg lagen die Temperaturen längst im mittleren einstelligen Bereich, als Esther durch die Glastür den Wachraum des Reviers betrat, sich die von Mama Christine selbstgestrickte rote Wollmütze vom Kopf zog und vom Kollegen Uwe begrüßt wurde.

»Moin! Wenn du dich umgezogen hast, bitte einmal in den Ersten, okay?«

»Zum Chef?«

Esther schaute ihn mit großen Augen an, als wollten sie fragen, was der Grund war, während ihr Herz aufgeregt klopfte.

»Wird schon nichts Schlimmes sein, Kleines«, sprach er mitfühlend, lächelte gedehnt und zeigte auf seinen persönlichen Kalender, den er neben seinem Arbeitsplatz gehängt hatte. Dort stand eine in Filzstift geschriebene 234! »Schon gesehen?« Er formte die Hände zu einer Rakete und begann leise aus dem neuen Song *Major Tom* zu trällern: »D-E-R C-O-U-N-T-D-O-W-N L-Ä-U-F-T!«

Esther schmunzelte, sie liebte das Lied. Und der Peter Schilling sah nebenbei auch ziemlich gut aus.

»Zweihundertvierunddreißig?«, fragte sie. »Etwa zweihundertvierunddreißig Tage bis zur Pension?«

Uwe nickte. Viel gesprochen hatte er nie und würde wohl auch in den nächsten acht Monaten diese Tugend nicht mehr ablegen. Dennoch war er für die meisten Kollegen bei Problemen erste Anlaufstelle. Er hörte geduldig zu und lächelte zum Ende hin durch den viel zu wilden graumelierten Rauschebart, der seine gegerbte Haut zu verstecken versuchte. Er gehörte für die Belegschaft zur Davidwache wie der Michel zu Hamburg. Esther murmelte nun selbst den Refrain *Völlig* losgelöst vor sich hin, der eine frische Abwechslung zu den anderen, im Radio rauf und runtergespielten Songs wie *Words*, *Sternenhimmel* und *Manchmal möchte ich schon mit dir* war. Doch sie musste los. Erst rauf in die Umkleide in den Dritten und dann zurück zum Revierleiter in den Ersten. Keine zehn Minuten später stand sie uniformiert vor Rielandts Tür. Da war *Major Tom* längst der Erde entschwebt und durch pochendes Herzrasen abgelöst. *Warum hatte Rielandt sie ausgerechnet heute zu ihm zitieren lassen? Sie hatte sich doch nichts zuschulden kommen lassen, oder? Vielleicht steckte auch Rudi dahinter, der weiter seine Spielchen mit ihr trieb?* Sie atmete tief ein, hielt den Atem drei Sekunden lang an und atmete wieder aus, dann betrat sie das Dienstzimmer.

Ein Duft herben Eau de Colognes lag in der Luft, während der Revierleiter hinter dem Schreibtisch saß. Sie mochte die Note. Ludwig Rielandt hob den Kopf, als er Esther eintreten sah, und fragte:

»Wie geht es Ihnen, Frau Lindemann?«

Esther versuchte aus dem Klang der Stimme irgendwelche Erklärungen zu finden, warum sie hier war. Doch Rielandt klang wie immer. Sanft, aber bestimmt.

»Könnte nicht besser gehen, Chef«, antwortete sie aufgesetzt mutig.

Rielandt zeigte auf einen der zwei freien Stühle vor seinem Schreibtisch.

»Setzen Sie sich doch bitte!«, forderte er sie auf und fuhr fort. »Es sind jetzt genau zwölf Wochen her, seitdem Sie wieder zurück sind. Erzählen Sie, wie ist es auf der Straße?«

Esther fiel ein Stein vom Herzen. Sie hatte nichts falsch gemacht. Geradezu erleichtert und euphorisch antwortete sie:

»Gut! Es macht riesigen Spaß und ich lerne viel.« Dann besann sie sich und überlegte, dass sie ja kein Azubi mehr war und ihr Gegenüber nicht der Bärenführer. Sie war vollausgebildete Schutzpolizistin, die Verantwortung zu übernehmen hatte und diese jeden Tag auch leidenschaftlich übernahm. Sie ergänzte. »Die Aufgabe erfüllt mich und ich habe meinen Umzug nach Hamburg und meine Entscheidung, genau hier in der

Davidwache anzufangen, nicht einen einzigen Tag bereut. Ich liebe die Arbeit auf der Straße, mit den Menschen auf St. Pauli.«

»Gut, gut«, antwortete Rielandt und nickte mit dem Kopf. »Spannende Sache, das mit den Frauen in der Schutzpolizei. Ich war ohnehin der Meinung, dass wir Frauen dringend hier brauchen.«

»Ja.«

»Und Sie sind die Erste! Die erste Schutzpolizistin bei uns auf der Wache.«

»Ja.«

»Das heißt aber auch, dass Ihnen eine besondere Verpflichtung obliegt, ohne den Druck unnötig zu erhöhen. Sie wissen ja, dass es sich im Fall von Hamburg um einen Modellversuch handelt, der, wenn alles klappt, die Türen für weitere Kolleginnen in den nächsten Jahren und Jahrzehnten öffnen wird, oder, wenn es nicht läuft, verriegelt!«

Esther schluckte schwer und bejahte, nun bereits zum dritten Mal. Sie fragte sich, ob sie hier nur saß, um zuzuhören und abzunicken, oder ob es sich irgendwann zu einem Dialog ausweiten würde.

»Ich stehe übrigens zu einhundert Prozent hinter diesem Versuch. Weiß aber, dass die Öffentlichkeit zum Teil noch etwas, nun ja, Schwierigkeiten damit hat, eine Frau als Hilfe zu akzeptieren. Doch das darf Sie nicht aus dem Konzept bringen und Sie müssen stets Sicherheit ausstrahlen. Ihre Verantwortung, Frau Lindemann, fängt bereits an, wenn Sie sich uniformiert im Bezirk zeigen.« Rielandt machte eine kleine Kunstpause, damit sich Esther ein Bild vom Ernst seiner Intention machen konnte. Er fixierte ihre Augen und sprach weiter. »Wenn Sie auf St. Pauli Streife gehen, und das dürfen Sie zu keinem Zeitpunkt vergessen, sind Sie die erste Frau, die das *für jeden sichtbar bewaffnet* tut. Das macht etwas mit den Leuten. Gerade hier, gerade in diesem Viertel, wo Frauen eher spärlich bekleidet unterwegs sind, kommen Sie auf einmal um die Ecke, und zwar, erlauben Sie mir die Überzeichnung, zugeknöpft in Uniform und mit Pistole bewaffnet. Das ist ein Statement! Von der Stadt Hamburg, von der *Polizei Ham-*

burg, von Ihnen! Sie zeigen den Leuten, und ich meine vor allem den Männern, ganz egal ob schwere Jungs, Betrunkene, Stadtstreicher, Halbstarke oder friedfertiger Bewohner, dass Sie fähig sind, wenn nötig, von der Dienstwaffe Gebrauch zu machen. Sie zeigen den Kerlen, dass Sie ermächtigt sind, bei Bedarf Waffengewalt auszuüben.«

Esther schluckte weiter, so hatte sie ihre Rolle noch gar nicht gesehen. Aus ihrem Blickwinkel hatte sich schließlich nichts geändert, auch wenn sie wahrgenommen hatte, dass sie auf der Straße teilweise skeptisch beäugt wurde. Allerdings das eher von den Frauen. Gerade erst vor wenigen Tagen, als sie zusammen mit einem Kollegen zu einem Familienstreit in die Seilerstraße gerufen wurde und die schwer gezeichnete Anruferin sie nicht in die Wohnung lassen wollte. »Was kann die denn schon ausrichten gegen meinen Mann?«, hatte sie immerzu von sich gegeben. »Die fliegt doch schon beim kleinsten Windstoß um und will dann zu Mama zurück!«

»Andererseits«, fügte der Revierleiter nahtlos an, »hoffe, ja, erwarte ich, und sicherlich auch die da oben, die den Modellversuch durchgedrückt haben, dass Sie, dass die weiblichen Schutzpolizistinnen über ein großes Einfühlungsvermögen und kommunikative Fähigkeiten verfügen und somit proaktiv deeskalierend wirken, um es erst gar nicht zu aggressiven Gewaltausbrüchen kommen zu lassen.«

Der Kloß in Esthers Hals wurde dicker und dicker. Sie versuchte dagegen anzuschlucken. Vergebens.

»Darf ich etwas zu trinken bekommen?«, krächzte Esther und dachte an das zuletzt Gehörte. Rielandt hatte gesagt, dass sie zwar eine Dienstwaffe trage, um im Notfall Waffengewalt ausüben zu können, dass die Behörde allerdings von ihr erwartete, zumindest erhoffte, diese jedoch nie zum Einsatz bringen zu müssen, und dass sie stattdessen auf die weibliche kommunikative Fähigkeit zur Deeskalation setzte. Bäm! Was für ein Spagat?!

»Aber natürlich. Entschuldigen Sie bitte«, antwortete Rielandt, federte vom Sitz hoch und brachte ein Glas Wasser. Dann, endlich, eröffnete er den Dialog.

Davidwache, Hamburg 1979

15. Okt. 1979

Landespolizeischule
- Einstellungsstelle -
- LPS 0132 -

Hamburg, den
Tel.:51122-5145 (Durchw.

Information für Bewerberinnen

Sehr geehrte Frau Lindemann!

Dankend bestätigen wir den Eingang Ihrer Bewerbung.

Nach den geltenden Vorschriften kann als weiblicher Bewerber eingestellt werden, wer am Einstellungstage

- mindestens den Hauptschulabschluß nachweist,
- mindestens 21, höchstens 35 Jahre alt ist und
- eine abgeschlossene Ausbildung von mindestens 3 Jahren in einem staatlich anerkannten Ausbildungsberuf oder eine gleichwertige Ausbildung nachweisen kann.

Da jedoch voraussichtlich Ende 1979 aufgrund eines neuen Laufbahn- und Ausbildungsrechts Änderungen hinsichtlich der Einstellungsvoraussetzungen eintreten werden, können Sie sich für eine Einstellung bewerben, sofern Sie am Einstellungstage

- mindestens 18 Jahre alt sind und das 25 Lebensjahr noch nicht vollendet haben.

Lebensältere Bewerberinnen, die das 35. Lebensjahr noch nicht vollendet haben, können ebenfalls eingestellt werden, wenn

- eine für die Verwendung im Polizeivollzugsdienst förderliche Berufsausbildung abgeschlossen oder in wesentlichen Teilen abgeleistet wurde

oder

- besondere Fähigkeiten und Kenntnisse für den Polizeivollzugsdienst nachgewiesen werden.

Sie werden - von geringfügigen Abweichungen abgesehen - gemeinsam mit Ihren männlichen Kollegen ausgebildet und haben nach Ihrer Ausbildung grundsätzlich die gleichen Aufgaben im Polizeivollzugsdienst zu erfüllen.

Weitere Informationen entnehmen Sie bitte der beiliegenden Broschür

Mit freundlichen Grüßen
- Einstellungsstelle -

Fellert
(Fellert)

FREIE UND HANSESTADT HAMBURG

BEHÖRDE FÜR INNERES

POLIZEI
Landespolizeischule 0132
Einstellungsstelle

Hamburg, den 22.10.79
51122 - 5145
Fernsprecher Behördennetz 9.95
Telex: 2-163578
Postanschrift: 2 Hamburg 60,
Carl-Cohn-Straße 39

Frau
Esther Lindemann
Lindenstr. 31

7840 Müllheim 11

Betr.: Ihre Bewerbung bei der Polizei Hamburg

Sehr geehrter Herr Frau Lindemann!

Aufgrund Ihrer Bewerbung darf ich Sie bitten,

am Montag, 26.November 1979, um 07.30 Uhr,

zur Eignungsprüfung in die Landespolizeischule - Einstellungsstelle-
Carl-Cohn-Straße 39
Block III. Zimmer 216 Hörsaalpavillon V
2000 Hamburg 60 (Alsterdorf)

zu kommen.

Die Auswahlvorstellung besteht aus einem geistigen und körperlichen Eignungstest sowie einem Abschlußgespräch und dauert einen Tag. Bringen Sie hierfür bitte Schreibgerät, Sportkleidung und Ihren Personalausweis mit; außerdem bitte einen gynäkologischen Facharztbefund.

Wird Ihre Eignung für den Polizeiberuf festgestellt, erfolgt am nächsten Tag von 07.30 Uhr bis ca. 15.00 Uhr eine ärztliche Tauglichkeitsuntersuchung.
Füllen Sie bitte den beiliegenden Vordruck auf der ersten Seite (Personalien und Ziff. 1. - 1.12) aus und bringen Sie ihn zur Untersuchung mit.

Ich darf noch darauf hinweisen, daß die Landespolizeischule am günstigsten mit der U-Bahn (Station Alsterdorf) zu erreichen ist.

Selbstverständlich werden Sie an beiden Tagen bei uns mittags beköstigt, während wir entstehende Kosten (Fahrgeld, Verdienstausfall usw.) nicht ersetzen können.

Außerhalb Hamburgs wohnende Bewerber können unentgeltlich bei uns übernachten (auch wenn Ihre Anreise nach Hamburg schon am Vortage erforderlich sein sollte). Melden Sie sich bitte in der Unterkunftswache der Landespolizeischule.

Mit freundlichen Grüßen
- Einstellungsstelle -

Sydow

(Sydow)

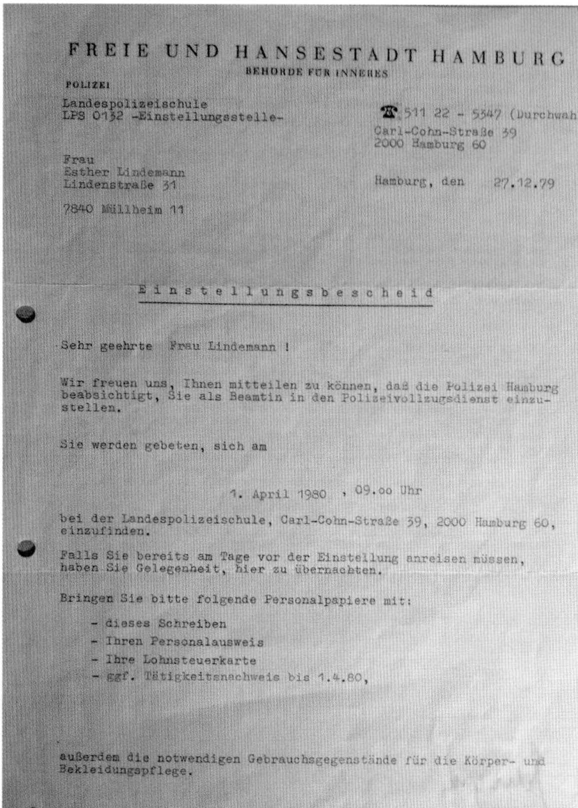

FREIE UND HANSESTADT HAMBURG
BEHÖRDE FÜR INNERES

POLIZEI

Landespolizeischule
LPS 0132 -Einstellungsstelle-

☎ 511 22 - 5347 (Durchwahl
Carl-Cohn-Straße 39
2000 Hamburg 60

Frau
Esther Lindemann
Lindenstraße 31

7840 Müllheim 11

Hamburg, den 27.12.79

E i n s t e l l u n g s b e s c h e i d

Sehr geehrte Frau Lindemann !

Wir freuen uns, Ihnen mitteilen zu können, daß die Polizei Hamburg beabsichtigt, Sie als Beamtin in den Polizeivollzugsdienst einzustellen.

Sie werden gebeten, sich am

1. April 1980 , 09.oo Uhr

bei der Landespolizeischule, Carl-Cohn-Straße 39, 2000 Hamburg 60, einzufinden.

Falls Sie bereits am Tage vor der Einstellung anreisen müssen, haben Sie Gelegenheit, hier zu übernachten.

Bringen Sie bitte folgende Personalpapiere mit:

- dieses Schreiben
- Ihren Personalausweis
- Ihre Lohnsteuerkarte
- ggf. Tätigkeitsnachweis bis 1.4.80,

außerdem die notwendigen Gebrauchsgegenstände für die Körper- und Bekleidungspflege.

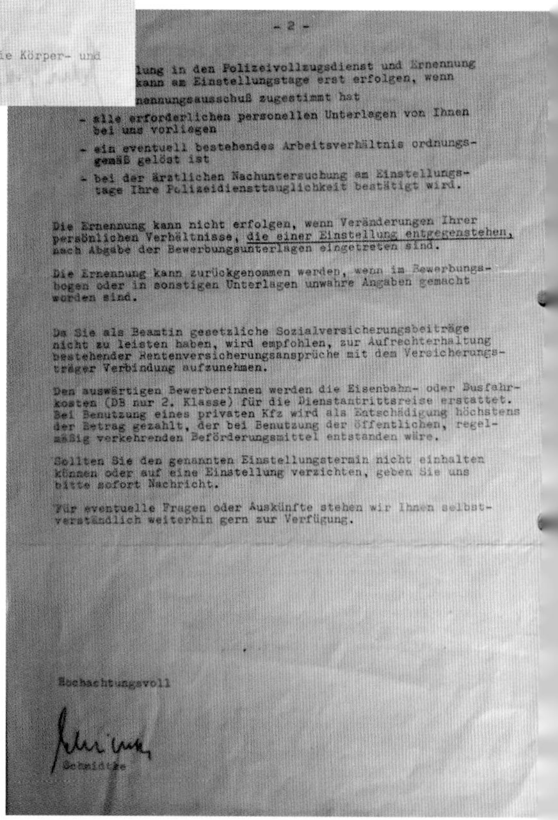

- 2 -

...lung in den Polizeivollzugsdienst und Ernennung ... kann am Einstellungstage erst erfolgen, wenn
...nennungsausschuß zugestimmt hat

- alle erforderlichen personellen Unterlagen von Ihnen bei uns vorliegen
- ein eventuell bestehendes Arbeitsverhältnis ordnungsgemäß gelöst ist
- bei der ärztlichen Nachuntersuchung am Einstellungstage Ihre Polizeidiensttauglichkeit bestätigt wird.

Die Ernennung kann nicht erfolgen, wenn Veränderungen Ihrer persönlichen Verhältnisse, die einer Einstellung entgegenstehen, nach Abgabe der Bewerbungsunterlagen eingetreten sind.

Die Ernennung kann zurückgenommen werden, wenn im Bewerbungsbogen oder in sonstigen Unterlagen unwahre Angaben gemacht worden sind.

Da Sie als Beamtin gesetzliche Sozialversicherungsbeiträge nicht zu leisten haben, wird empfohlen, zur Aufrechterhaltung bestehender Rentenversicherungsansprüche mit dem Versicherungsträger Verbindung aufzunehmen.

Den auswärtigen Bewerberinnen werden die Eisenbahn- oder Busfahrkosten (DB nur 2. Klasse) für die Dienstantrittsreise erstattet. Bei Benutzung eines privaten Kfz wird als Entschädigung höchstens der Betrag gezahlt, der bei Benutzung der öffentlichen, regelmäßig verkehrenden Beförderungsmittel entstanden wäre.

Sollten Sie den genannten Einstellungstermin nicht einhalten können oder auf eine Einstellung verzichten, geben Sie uns bitte sofort Nachricht.

Für eventuelle Fragen oder Auskünfte stehen wir Ihnen selbstverständlich weiterhin gern zur Verfügung.

Hochachtungsvoll

Schmidtke

Klasse 123 des 309. PAW-Lehrgangs, Esther steht in der ersten Reihe als 4. von links

Mein Drillich-Anzug gab es nur in Männergrößen

Mit Ludwig Rielandt, Chef der Davidwache

Telefon 34 71 · Für Anzeigen 35 10 11

C 3390 A

Hamburger Abendblatt

UNABHÄNGIG · Hamburger Fremdenblatt · ÜBERPARTEILICH

Dienstag, 29. September 1981

Nr. 226 / 40. W. / 34. Jg. / 50 Pf

„Herr Senator, lassen Sie uns unsere Insel!"

Senator Jan Ehlers

Die Bewohner des Kleingartengebietes auf der Billerhuder Insel bei Rothenburgsort sind aufgebracht. Ihre rund 550 Parzellen sollen 500 Sozialwohnungen weichen. Gestern abend hofften die Billerhuder Siedler, auf ihre konkreten Fragen konkrete Antworten von Sozialsenator Jan Ehlers zu bekommen. Sie wurden enttäuscht. Sie verlangten einen zumutbaren Ersatz für ihre Gärten. Senator Ehlers: „Es wird wohl nicht gelingen, Sie auf die gleiche Weise zufriedenzustellen."

Frau Hedwig G., die auf der Insel wohnt, sagte gestern zu Ehlers: „Ich habe hier schon als kleines Kind im Sand gespielt. Ich bin auf der Billerhuder Insel geboren, und ich möchte hier auch sterben. Wenn das alles planiert wird, laß ich mich auch plattwalzen." eim

Was wird aus dem HSV-Platz?

Politiker streiten um ein Stück Hamburg. Der altehrwürdige Sportplatz Rotherbaum soll aus dem Stadtbild verschwinden. Hier, wo jahrzehntelang Fußball-Geschichte geschrieben worden ist, sollen Sozialwohnungen gebaut werden. Die CDU-Opposition ist für ein Freizeitzentrum. Seite 3

Der dramatische Tag an den Börsen der Welt

Eigener Bericht – ap

ö. **Hamburg**, 29. September

Große Kursstürze gab es am Montag an den wichtigen Aktienbörsen der Welt, so in London und New York, in Deutschland, in Tokio, Sydney, Hongkong, Singapur und Zürich. Daß dieser Montag für die Aktionäre kein schwarzer Montag wurde, lag daran, daß schließlich die kühlen Rechner die Oberhand behielten. Sie nutzten die niedrigen Kurse zum Kaufen.

Im deutschen nachbörslichen Handel gab es praktisch keine Kurserholung, weil es kein Geschäft gab. Alle starrten wie das Kaninchen auf die Schlange nach der New Yorker Wall Street. Dort kletterten die Kurse nach anfänglichen Stürzen wieder über das Schlußniveau vom letzten Freitag.

Hintergrund der Hektik war einmal, daß die Anleger jetzt eher mit noch höheren als mit ruhenden Zinsen rechnen. Zum anderen hatte der amerikanische Börsen-„Guru" Joseph E. Granville für Montag einen Börsenkrach prophezeit.

Berichte und „Kritisch gesehen" Seite 19

Neun Stunden Haig und Gromyko

Eigener Bericht – dpa

New York, 29. September

Fünf Stunden dauerte das Gespräch, das US-Außenminister Alexander Haig und sein sowjetischer Amtskollege Andrej Gromyko gestern in New York führten. Am Mittwoch hatten sich die beiden bereits zu einem vierstündigen Meinungsaustausch getroffen. Das sichtbare Ergebnis dieser neunstündigen Gesprächsrunde ist die Vereinbarung, am 30. November in Genf Rüstungs-Kontrollverhandlungen der beiden Supermächte über in Europa stationierte nukleare Mittelstreckensysteme zu beginnen.

Interview mit Ernst Albrecht

Ernst Albrecht

„Wir werden die Verantwortung in Bonn nicht um jeden Preis übernehmen."

Das sagte der CDU-Spitzenpolitiker und niedersächsische Ministerpräsident Ernst Albrecht im Gespräch mit dem Hamburger Abendblatt über die Zukunft der Union.

Lesen Sie bitte das Interview auf Seite 13

Heute wieder

- Spitzenleistung in der Arena
- Schlemmen wie in Frankreich
- Udo startet neue Tournee
- Schauspielhaus am Kanal
- Japanische Tee-Zeremonie
- Theaterplan
- Pop, Rock, Jazz, Folk
- Konzerte, Sporttermine, Anschriften

Heben Sie bitte das neue „Freizeit-Journal", das Sie als Leser des Hamburger Abendblattes jeden Monat kostenlos erhalten, gut auf, damit Sie jederzeit nachlesen können, was im Oktober in und um Hamburg läuft.

Menschlich gesehen

Zwischen Acker und Wasser

Am heutigen Dienstag folgt an der Spitze der Führungsakademie der Bundeswehr in Blankenese eine Amtsübergabe, der sich zwei Tage später die Kommando-Übernahme bei der Iserbrooker Logistikschule anschließt. Der Mann, der an beiden Tagen im Mittelpunkt steht, ist Flottillenadmiral Dr. Hansjakob Kratzmair (54).

In jungen Jahren pendelte der geborene Münchner zwischen Wasser und Acker. Einst Luftwaffenhelfer, dann Arbeitsdienst, später Offiziersanwärter in der Kriegsmarine und schließlich Seekadett. Nach Kriegsende und Abitur zog es ihn aufs Land. Der Agrarlehre folgte in München das Studium der Landwirtschaft, dem sich Ausbildung und Verwendung im landwirtschaftlichen Schul- und Beratungsdienst anschlossen. Der Diplom-Landwirt promovierte zum Dr. agr.

Nach dem Leitsatz „Das Bessere ist des Guten Feind" – wie Kratzmair formuliert – blieb schließlich die See Sieger und wurde zum Lebensinhalt. Als Fähnrich zur See trat er in die Bundeswehr ein und wurde unter anderem auch zum Flugzeugführer ausgebildet. Ein paar gewichtige Stationen: Staffelkapitän, Kommodore eines Marinefliegergeschwaders, Leiter der Fachgruppe Führungslehre Marine an der Blankeneser Führungsakademie und Beförderung zum Flottillenadmiral.

Nun wartet die neue Aufgabe als Kommandeur über die Logistikschule in der Reichspräsident-Ebert-Kaserne von Iserbrook. Hier bewohnt der soldatisch-schneidig aussehende Mann mit der Allgäuerin Ingeborg, einem 20jährigen Sohn und einer 22jährigen Tochter gemeinsam ein Fünf-Zimmer-Haus. Im Winter fahren die Bayern natürlich zum Ski in die Berge. p.

In den großen Städten Niedersachsens

Wirrwarr nach den Wahlen

Von Niels N. von Haken

Hannover, 29. September

Die Zahl der unregierbaren Städte wächst. Die Kommunalwahlen vom vergangenen Sonntag haben in zahlreichen niedersächsischen Orten zu großem Wirrwarr geführt. In einer Reihe von Städten kann jetzt weder die CDU mit der FDP noch die SPD mit den Liberalen regieren. Beiden Gruppierungen fehlen entscheidende Prozente.

Splittergruppen haben vor allem den Sozialdemokraten so viele Stimmen abgejagt, daß es zusammen mit der FDP nicht mehr zur Mehrheit reicht.

In der Landeshauptstadt Hannover, in Wilhelmshaven, Salzgitter und Hildesheim sind jetzt Grüne, Kommunisten oder Rechtskonservative das Zünglein an der Waage. Sie entscheiden, wer regiert – es sei denn, CDU und SPD raufen sich doch noch zu einer großen Koalition zusammen.

Bestes Beispiel für den Wirrwarr ist Hannover. Hier sitzen neben jeweils 28 Vertretern von CDU und SPD künftig je vier Angehörige der FDP und der Grünen sowie ein DKP-Vertreter auf den Ratsbänken. Die SPD verlor in der Landeshauptstadt ihre absolute Mehrheit.

Ministerpräsident Ernst Albrecht (CDU) nannte diese Situation einen unmöglichen Fall, der an „Berliner Verhältnisse" erinnere.

Der Regierungschef hofft nun, daß die Sozialdemokraten ihren bisherigen Oberbürgermeister Herbert Schmalstieg nicht auf Biegen und Brechen und mit Hilfe der einen DKP-Stimme durchboxen werden. Nicht nur Albrecht, sondern auch der CDU-Chef Wilfried Hasselmann deutete an, daß eine Unterstützung eines SPD-Oberbürgermeisterkandidaten durch die CDU nicht völlig ausgeschlossen sei. Man müsse miteinander reden.

Der stellvertretende SPD-Landesvorsitzende Peter von Oertzen scheint sich seiner Sache noch ziemlich sicher zu sein. Nach Lage der Dinge, so sagte er, gebe es für einen CDU-Kandidaten überhaupt keine Mehrheit in Hannover.

Hasselmann schließt auch das Gespräch mit den Grünen über Koalitionsmöglichkeiten in einzelnen Landesteilen nicht aus. Aber die Umweltschützer ziehen nach bisherigen Bekundungen die harten Oppositionsstühle der weichen Regierungsbank vor. Am liebsten würde Hasselmann landesweit mit der FDP Bündnisse eingehen. Doch er hält sich auch in Kreisen und Gemeinden Koalitionsabsprachen mit der SPD offen.

„Bedeutung über den Tag hinaus" mißt Albrecht der Tatsache bei, daß die FDP überall dort gut abgeschnitten habe, wo sie schon seit längerem mit der Union zusammenarbeite.

Die Unregierbarkeit einzelner Kreise und Städte ist nicht das einzig auffallende Merkmal der niedersächsischen Kommunalwahlen. Daneben steht als wichtiges Ergebnis der Verlust der absoluten Mehrheit für die SPD in elf Städten und Kreisen. Die Sozialdemokraten haben jetzt nur noch im Landkreis Aurich und in der Stadt Emden die Mehrheit der Sitze. Angesichts dieser Lage konnte Niedersachsens SPD-Landesvorsitzender Karl Ravens gestern auch nichts mehr beschönigen. Er sprach von einem „deutlichen und schweren Rückschlag". Auf die Frage, was nun zu tun sei, antwortete er mit einem Wort: „Arbeiten!"

Die CDU ist besonders glücklich darüber, daß es ihr gelungen ist, in sozialdemokratischen Hochburgen einzudringen. Beste Beispiele: die Arbeiterstädte Salzgitter und Wolfsburg.

In Bonn sprach auch SPD-Bundesgeschäftsführer Peter Glotz von „einer schweren Niederlage" seiner Partei. Schuld daran sei nicht zuletzt das Bonner Sparpaket mit Kürzungen beim Kindergeld, das die SPD als wichtigste Regierungspartei habe durchsetzen müssen. Der CDU-Vorsitzende Helmut Kohl führte die SPD-Wahlschlappe auch darauf zurück, daß „Willy Brandt und Helmut Schmidt mangelnde Führungsfähigkeit" bewiesen hätten. Für den Oppositionsführer in der Hamburger Bürgerschaft, Hartmut Perschau (CDU), sind die Ergebnisse der niedersächsischen Kommunalwahlen „Beweis für die bundesweite Abwendung der Großstadtbevölkerung von der SPD".

Kommentar Seite 2

Vorläufiges amtliches Endergebnis Kommunalwahl 1981

Wahlberechtigte 5 371 755
abgegebene Stimmen 4 093 591
Wahlbeteiligung 76,2%

	abgegebene Stimmen *	Kommunalwahl 1981	Kommunalwahl 1976	Landtagswahl 1978
CDU	5 870 123	50,2%	48,0%	48,7%
SPD	4 314 261	36,9%	43,5%	42,2%
FDP	749 926	6,4%	6,3%	4,2%
DKP	46 722	0,4%	0,3%	0,3%
Grüne	419 851	3,6%	0,0%	3,9%
Wählergruppen	241 290	2,1%	1,1%	0,0%
Sonstige	49 576	0,4%	0,8%	0,7%

* Die für die einzelnen Parteien abgegebene hohe Stimmenzahl rührt daher, daß jeder Wahlberechtigte mehrere Stimmen hatte.

Polen: KOR löste sich auf

Eigener Bericht – dpa

Danzig/Budapest, 29.9.

Das innenpolitische Bild Polens hat sich überraschend verändert. Unter Hinweis auf die Funktion der unabhängigen Gewerkschaft „Solidarität" hat sich die Bürgerrechtsgruppe KOR selbst aufgelöst.

Der 92 Jahre alte Wirtschaftswissenschaftler Edward Lipinski, der zu den KOR-Gründungsmitgliedern gehört, gab gestern auf dem Kongreß der Gewerkschaft in Danzig bekannt, die Gruppe sei aufgelöst worden, weil jetzt „Solidarität"

„Solidarität ...

die „authentische Vertretung der Gesellschaft" sei.

Das „Komitee für gesellschaftliche Selbstverteidigung" (KOR) war 1976 nach den Unruhen in Radom und Ursus zur Verteidigung der nach den Unruhen festgenommenen Arbeiter gegründet worden. Zu seinen prominentesten Mitgliedern zählten neben Lipinski die Historiker Jacek Kuron und Adam Michnik sowie der Schriftsteller Jerzy Andrzejewski.

Die KOR-Mitglieder hatten trotz immer neuer Schikanen durch die Regierung, trotz wiederholter vorübergehender Festnahmen ihrer Führer immer wieder auf Verletzungen der Menschenrechte in Polen hingewiesen. Die KOR-Mitglieder-

... arbeitet für uns"

zahl stieg von kaum mehr als 20 im Laufe der Jahre auf fast 30 000 in ganz Polen an.

Als im August 1980 die polnischen Arbeiter ihre Forderungen nach mehr Freiheit in den Streiks von Danzig und Stettin durchsetzten, zählten prominente KOR-Mitglieder zu ihren Beratern. Dies nutzten Regierung und Partei seither immer wieder, um der Gewerkschaft vorzuwerfen, sie werde von „antisozialistischen Kräften" unterwandert.

Unter dem Beifall der mehr als tausend Delegierten sagte Lipinski, der Kampf um die Menschenrechte und die bürgerlichen Freiheiten in

Fortsetzung Seite 2

Mord auf der Reeperbahn

St.-Pauli-Unternehmer mit Trommelrevolver erschossen

Reeperbahn Nr. 140: die Kneipe, aus der der Tote gestern abend herausgetragen wurde

Fritz Schroer, 35 Jahre alt, trank in Ruhe sein Bier, als der Mörder kam

to/hb. **Hamburg**, 29. September

Der Hamburger Bordell-Besitzer Fritz Schroer ist gestern abend auf St. Pauli erschossen worden. Ein bisher unbekannter Täter streckte ihn in dem Reeperbahn-Lokal „Zur Ritze" am Palais d'Amour mit drei Kugeln aus einem amerikanischen Revolver (Kaliber .38 Special) nieder und entkam über einen Hinterhof. Die Fahndung der Polizei blieb erfolglos.

Schroer ist zusammen mit Peter N., der auf dem Kiez „Wiener-Peter" genannt wird, Inhaber einer Etage im „Palais d'Amour" sowie einer weiteren über der Diskothek „Chikago" am Hans-Albers-Platz.

Gestern abend gegen 20 Uhr saß er beim Bier im Hinterzimmer des Lokals „Zur Ritze", in dem einschlägige Kundschaft aus ganz Deutschland verkehrt. Außer Fritz Schroer waren sein Partner Peter N., zwei Bardamen und ein weiterer Mann anwesend. Dieser Unbekannte stand nach Zeugenaussagen genau um 20.03 Uhr auf und ging zum Hinterausgang. Als er sich in der Tür plötzlich umdrehte, hatte er die Waffe in der Hand und feuerte drei Schüsse auf Schroer ab.

Alle drei Kugeln trafen den 35jährigen St. Paulianer mitten in die Brust. Er brach blutüberströmt zusammen. Der Täter flüchtete auf den Hinterhof und warf den Revolver weg, der auf einem Maschenzaun neben einem abgebrannten Feuerwerkskörper hängenblieb. Nach Aussagen der Zeugen wirkte er wie ein Ausländer, war etwa 35 Jahre alt, 1,65 bis 1,70 Meter groß und ganz in Schwarz gekleidet. Seite 3

Neue Vorschläge zur Kostendämpfung im Gesundheitswesen

FDP: Arzt-Rezept noch teurer

Von unserer Bonner Redaktion

koc. **Bonn**, 29. September

Kranksein soll noch teurer werden als geplant. Die FDP will bei den Beratungen zum Kostendämpfungsgesetz im Gesundheitswesen durchsetzen, daß die Rezeptgebühr auf bis zu sechs Mark erhöht wird.

Damit gehen die Forderungen der FDP noch über die Vorschläge der Bundesregierung hinaus. Der Gesetzentwurf aus dem zuständigen Bundesarbeitsministerium sah eine Steigerung der Rezeptgebühr von jetzt zwei auf künftig vier Mark vor. Die FDP dagegen schlägt vor:

- zwei Mark für kleine Pakkungsgrößen,
- vier Mark für mittlere Pakkungsgrößen,
- sechs Mark für große Pakkungen.

Sollte der Koalitionspartner SPD diese Staffelung der Rezeptgebühr nicht akzeptieren, will die FDP die Abgabe auf fünf Mark für alle festsetzen lassen.

Im Bundestag begann gestern eine dreitägige öffentliche Anhörung zur Kostendämpfung im Gesundheitswesen. 38 Organisationen und Verbände sollen zu den geplanten Maßnahmen gehört werden.

Die Anklage des Weltrekordlers

Rüttelte die Funktionäre auf: Sportler Sebastian Coe

Eigener Bericht

ra **Baden-Baden**, 29. September

Die vielen Reden (135 waren es in knapp einer Woche) sind verklungen, der XI. Olympische Kongreß schließt hinter all seinen unzähligen Delegierten und Funktionären die Pforten. Doch gestern, am letzten Tag, erntete nicht etwa einer von ihnen den meisten Beifall, es war ein Sportler: Sebastian Coe, britischer Mittelstreckenläufer der Weltklasse, formulierte als Sprecher der erstmals bei einem Kongreß zugelassenen Aktiven die Forderungen der Athleten. Coe bezeichnete das Doping als „einen beschämenden Mißbrauch der olympischen Idee". Er forderte „den lebenslangen Ausschluß der gegen die Dopingbestimmungen verstoßenden Sportler, Trainer und ‚sogenannten Ärzte'".

Und auch einen ironischen Seitenhieb in Richtung der Funktionäre konnte sich Coe nicht verkneifen. Er sei wohl anfänglich etwas nervös gewesen, so Coe mit freundlichstem Lächeln, „aber dann war ich doch in meinem Element, als ich die Schlange derer sah, die sich vor dem Saal nach kostenlosen Trainingszügen anstellte".

Da stand tatsächlich manch ein in Ehren ergrauter Olympier für einen jener Anzüge meist älteren Modells an, die schon seit Jahren beim IOC in der Schweiz lagerten und von der ahnungslosen Sportartikel-Firma (Adidas) eigentlich für Sportler der Dritten Welt vorgesehen waren. Das IOC verteilte fleißig, den Firmen selbst aber verbot es jegliche Betätigung im Kurhaus.

Der Kongreß ist vorbei, über die Resultate scheiden sich jetzt die Geister. Stellvertretend für die Kritiker sei das deutsche IOC-Mitglied Berthold Beitz zitiert: „Ich kam mir manchmal wie ein Opalsucher in der australischen Wüste vor."

Übrigens: Nach der Schlußerklärung des IOC vom Sonntag geht es heute in Baden-Baden noch weiter. Bis Sonnabend tritt die Vollversammlung des IOC zusammen, die im Gegensatz zum abgeschlossenen Kongreß auch beschlußfähig ist. Erster Programmpunkt: die Wahl der Olympiastädte von 1988.

Kommentar Seite 2

amburger Abendblatt vom 29.09.1981

Telefon 34 71 · Für Anzeigen 35 10 11

C 3390 A

Hamburger Abendblatt

Mittwoch, 30. September 1981

UNABHÄNGIG · Hamburger Fremdenblatt · ÜBERPARTEILICH

Nr. 227 / 40. W. / 34. Jg. / 50 Pf

Interview mit Stoltenberg

Ministerpräsident Gerhard Stoltenberg
Foto: Hebbe

„Die SPD wird in ihrem Versuch, bei der Wahl auch die Stimmen der Alternativen an sich zu binden, in eine innere Zerreißprobe geraten. Davon betroffen sind unweigerlich ihre eigenen klassischen Wählerschichten."

Das sagte der Ministerpräsident von Schleswig-Holstein, Dr. Gerhard Stoltenberg, in einem Interview mit dem Hamburger Abendblatt. **Wortlaut Seite 13**

SPORT

Zweites Fernsehen zeigt heute HSV gegen Utrecht

Wenn der Hamburger SV heute in Arnheim gegen den FC Utrecht im UEFA-Cup antritt, wird Verteidiger Peter Hidien fehlen. Er hatte die Abfahrt verpaßt. Vom Europacup-Spieltag mit sechs bundesdeutschen Mannschaften berichtet das Zweite Deutsche Fernsehen in Ausschnitten von 22.40 Uhr an. **Seite 25**

Erinnerungen an den Rothenbaum

„Der HSV-Sportplatz am Rothenbaum bedeutet für mich ein Stück Hamburger Sportgeschichte, die mir viel gegeben hat und die ich nie vergessen werde." Erinnerungen von einem, der am Rothenbaum groß wurde, lesen Sie auf **Seite 26**

Menschlich gesehen

Die vier Leben

„Ich bin besessen vom Bild", sagt er, und es macht ihm nichts aus, 14 Stunden mit der Kamera vor einer Schmetterlingspuppe zu sitzen und darauf zu warten, bis sie schlüpft. Seine Dokumentation von über 300 Schmetterlings-Fotos stellt der Werbefotograf Karl-Heinz Quarder (60) den ganzen Oktober in der Staatlichen Landesbildstelle im Hause Kieler Straße 171 aus.

Vor vier Jahren begann er, sich auf Schmetterlinge zu spezialisieren. Seitdem hält der Hobby-Entomologe aus dem Von-Elm-Weg 11 in Horn alles im Bild fest, was sich während der „Vier Leben eines Schmetterlings" (vom Ei zur Puppe über die Larve zum fertigen Flieger) abspielt.

„Ich bin kein Wissenschaftler, aber ich mache meine Arbeit recht artig", meint er bescheiden. Aber die Wissenschaft weiß seine Arbeit

So sehen Moskaus neue Superwaffen aus

Kampfpanzer der Zukunft: Mit diesem neuen Panzer vom Typ T-80 will Moskau technischen Anschluß an moderne westliche Panzertypen wie den deutschen „Leopard 2" finden. Bisher gibt es diesen Kampfpanzer der dritten Generation nur als Prototyp.

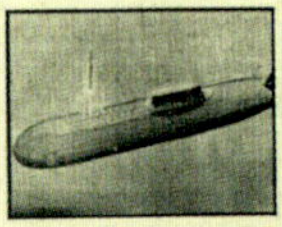

Gigant der Tiefe: Dieser gewaltige sowjetische Untersee-Kreuzer (25 000 tons Wasserverdrängung) ist in der US-Dokumentation nur künstlerisch dargestellt. Washington will seine geheimen Fotos der sowjetischen Waffen nicht preisgeben.

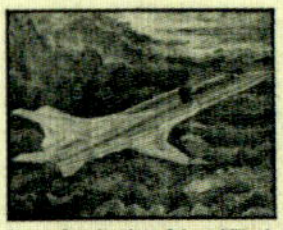

Neuer Atombomber: Schwenkflügelbomber vom Typ Tupolew Tu-26 (NATO-Codename „Backfire") gehören zu den modernsten sowjetischen Flugzeugen. Sie schleppen 8000 kg Bomben 8000 km weit. Sie erreichen doppelte Schallgeschwindigkeit.

Was bisher geheim war

Die wahre Stärke der Sowjetunion

Dokumentation der US-Regierung

Eigener Bericht – dpa

Washington/Bonn, 30. September

US-Verteidigungsminister Caspar Weinberger hat mit der bisher umfangreichsten Dokumentation über die sowjetische Rüstung der letzten 25 Jahre jetzt auf die Gefahr einer weltweiten sowjetischen Überlegenheit zu Land, zu Wasser und in der Luft hingewiesen. Die 99 Seiten starke Schrift, die den Titel „Die sowjetische Militärmacht" (Soviet Military Power) trägt, enthält auch bisher geheimgehaltene Informationen, die bislang nur den NATO-Verteidigungsministern zugänglich waren.

Die Sowjets haben nach der US-Darstellung mit ihren strategischen und konventionellen Waffen eine neue Qualitätsstufe erreicht, die nicht mehr mit dem Niveau der sowjetischen Rüstung der 70er Jahre zu vergleichen ist.

In einem Vorwort zur Dokumentation gibt US-Verteidigungsminister Weinberger die gegenwärtige Stärke der sowjetischen Streitkräfte mit mehr als 4,8 Millionen Mann und 180 Divisionen an. Nach Ansicht des US-Verteidigungsministers hat der Westen den sowjetischen Mittelstrecken-Atomraketen vom Typ SS-20 nichts Gleichwertiges entgegenzusetzen.

In Washington sagte Weinberger, die Sowjetunion habe ihre Aufrüstung ohne jede Rücksicht auf die Volkswirtschaft vorangetrieben. Heute arbeiteten nach amerikanischen Erkenntnissen 135 große Rüstungsbetriebe für die Streitkräfte. In der Dokumentation spricht Weinberger von einer laufenden Modernisierung der sowjetischen Militärmacht durch einen „endlosen Zustrom neuer Waffensysteme". **Seite 27**

Amerikas Außenminister nach seinem Gespräch mit Gromyko

Entspannung? Haig sagt nein!

Eigener Bericht – sad – dpa – ap

Washington/Brüssel, 30. 9.

Die amerikanisch-sowjetischen Außenministergespräche in New York haben keine Fortschritte gebracht. Nach der zweiten Unterredung mit seinem sowjetischen Amtskollegen Andrej Gromyko verneinte US-Außenminister Alexander Haig die Frage, ob durch diese ersten Begegnungen seit Amtsantritt Präsident Reagans die Spannungen zwischen beiden Ländern verringert worden seien.

Die amtliche Moskauer Nachrichtenagentur TASS schrieb nach der Zusammenkunft, daß jedes amerikanische Streben nach militärischer Überlegenheit zum Scheitern verurteilt sein werde. Die UdSSR suche keine Konfrontation mit den USA. Sie gebe Bemühungen um eine internationale Entspannung, Verminderung des Wettrüstens und der Beilegung von Konflikten durch Verhandlungen den Vorzug.

Das zweite Gespräch der beiden Außenminister innerhalb einer Woche hatte fünf Stunden gedauert. Schon in der vorigen Woche hatten Haig und Gromyko vereinbart, am 30. November in Genf die geplanten Verhandlungen über eine Begrenzung der Mittelstreckenwaffen in Europa aufzunehmen.

In Brüssel wurde gestern vom Direktor der US-Rüstungskontrollbehörde, Eugene Rostow, bekanntgegeben, daß auch die SALT-Verhandlungen über eine Begrenzung der strategischen Atomwaffen weitergehen sollen. Sie werden im Februar ebenfalls in Genf wiederaufgenommen. Die Genfer Verhandlungen sind Teil des Gesamtkonzepts von Präsident Reagan, die atomare Rüstung bei Aufrechterhaltung der Abschreckung auf ein niedrigeres Niveau zu bringen.

Fortsetzung und Kommentar auf Seite 2

Die SPD ist wegen der geplanten Friedensdemonstration zerstritten

Schmidt warnt seine Partei

Von unserer Bonner Redaktion

koc./toe. **Bonn, 30. 9.**

Tiefgreifende Meinungsverschiedenheiten sind in der SPD wegen der möglichen Teilnahme von Sozialdemokraten an der für den 10. Oktober in Bonn geplanten Friedensdemonstration offenbar geworden. Vor der SPD-Bundes-

Schmidt bemängelte, in der SPD-internen Diskussion werde der Tatsache zu wenig Beachtung geschenkt, daß die Aufnahme von Rüstungskontrollverhandlungen auf die Initiative der Bundesregierung zurückzuführen sei.

In der zeitweise turbulenten Fraktionssitzung wurde vor allem vom rechten der nicht nur die Aktion Sühnezeichen, sondern auch Kommunisten stehen, sprechen. Der innerdeutsche Minister Egon Franke erinnerte während der Sitzung an das Godesberger Programm der Partei, das eine Zusammenarbeit von Sozialdemokraten und Kommunisten verbiete. Parteichef Brandt mein-

nemarie Renger, Manfred Schulte, Peter Männing, Egon Franke und Peter Corterier haben Brandt einen energischen Brief geschrieben. Sie bitten darin um Klarstellung, daß die Teilnahme führender Sozialdemokraten an der Friedensdemonstration „die Einheit der Partei belastet und der Bundesre-

Mit 21 Jahren schon zu alt

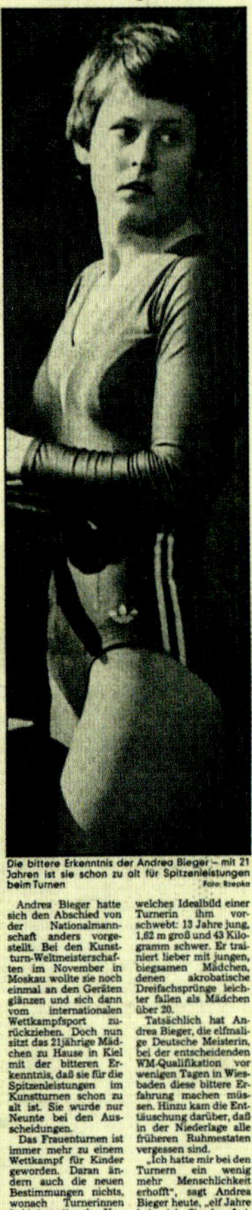

Die bittere Erkenntnis der Andrea Bieger – mit 21 Jahren ist sie schon zu alt für Spitzenleistungen beim Turnen
Foto: Rzepka

Andrea Bieger hatte sich den Abschied von der Nationalmannschaft anders vorgestellt. Bei den Kunstturn-Weltmeisterschaften im November in Moskau wollte sie noch einmal an den Geräten glänzen und sich dann vom internationalen Wettkampfsport zurückziehen. Doch nun sitzt das 21jährige Mädchen zu Hause in Kiel mit der bitteren Erkenntnis, daß sie für die Spitzenleistungen im Kunstturnen schon zu alt ist. Sie wurde nur Neunte bei den Ausscheidungen.

Das Frauenturnen ist immer mehr zu einem Wettkampf für Kinder geworden. Daran ändern auch die neuen Bestimmungen nichts, wonach Turnerinnen bei internationalen Veranstaltungen künftig mindestens 15 Jahre alt

welches Idealbild einer Turnerin ihm vorschwebt: 13 Jahre jung, 1,62 m groß und 43 Kilogramm schwer. Er trainiert lieber mit jungen, biegsamen Mädchen, denen akrobatische Dreifachsprünge leichter fallen als Mädchen über 20.

Tatsächlich hat Andrea Bieger, die elfmalige Deutsche Meisterin, bei der entscheidenden WM-Qualifikation vor wenigen Tagen in Wiesbaden diese bittere Erfahrung machen müssen. Hinzu kam die Enttäuschung darüber, daß in der Niederlage alle früheren Ruhmestaten vergessen sind.

„Ich hatte mir bei den Turnern ein wenig mehr Menschlichkeit erhofft", sagt Andrea Bieger heute, „elf Jahre habe ich für den Leistungssport gelebt, und dann – kein Wort, kein

Klose will wieder Anwalt werden

Von **Menso Heyl**

Irgendwann in den kommenden Monaten wird es sehr wahrscheinlich in Hamburg ein privates Anwaltsbüro geben, auf dessen Firmenschild der Name Hans-Ulrich Klose steht. „Ich habe mich entschieden, unabhängig zu sein", sagte der frühere Bürgermeister, der im Mai von seinem Amt zurückgetreten war.

„Quatsch" sei es, ihm die Absicht zu unterstellen, er wolle den Posten eines stellvertretenden Vorsitzenden der sozialdemokratischen Bürgerschaftsfraktion, auf dem ihn offenbar einige seiner Abgeordneten-Kollegen aus der SPD gern sehen wollen. Zwei Stunden lang sprach Klose mit dem Hamburger Abendblatt über seine Pläne und seine persönliche Lage.

„Ich sehe mich selber vor der Notwendigkeit, meine berufliche Situation zu klären. Sie ist noch nicht geklärt", sagte er. „Aber es liegt nahe, daß ich einen meiner Ausbildung entsprechenden Beruf wähle." Klose, der in den frühen 60er Jahren in Hamburg Rechtswissenschaft studierte, später als Staatsanwalt in der Hansestadt Dienst tat, bevor er 1974 Bürgermeister wurde, fügte hinzu: „Auf keinen Fall werde ich mich beruflich von der Partei versorgen lassen. Ich werde ganz bestimmt kein Filzfall."

Klose hat jetzt noch 19 Monate lang Zeit, sich über seine Zukunft klarzuwerden. Bis dahin bekommt er, wie das Gesetz es vorsieht, von der Stadt Gehalt. In den ersten drei Monaten nach seinem Rücktritt war es das volle Bürgermeister-Grundgehalt von 9500 Mark netto. Nun muß er bis März 1983 mit der Hälfte seiner alten Bezüge auskommen.

Lesen Sie auf Seite 5: „Wie geht's, Herr Klose?"

Interview mit Rattay

Das ARD-Magazin „Panorama" hat am Dienstag abend ein Interview mit dem 18jährigen Klaus Jürgen Rattay, der während der Krawalle in Berlin von einem Bus tödlich überrollt wurde, ausgestrahlt. Das Interview war einen Tag vor dem Unglück aufgenommen worden. Rattay sagte: „Ich bin aus der Gesellschaft ausgestiegen, weil ich keinen Bock hatte, weiterhin zu arbeiten."

Wortlaut des Interviews auf **Seite 12**

Inflation in Raten

Die Preise in der Bundesrepublik steigen immer schneller: Im September lagen sie schon um 6,6 Prozent höher als ein Jahr zuvor. Im August hatte die Preissteigerungsrate im Jahresvergleich noch 6 Prozent betragen. (dpa)

Herbert Mensching tot

Der Schauspieler Herbert Mensching (83) ist in der

Der Mann in Schwarz verschwand im dunkeln

Die Polizei fahndet auf St. Pauli: Was steckt hinter dem Mord an Fritz Schroer?

Eigener Bericht

to/hb. **Hamburg**, 30. September

In den Kneipen, Bars und Etablissements auf St. Pauli gab es 24 Stunden nach den drei tödlichen Schüssen in der „Ritze" nur ein Gesprächsthema: Wer steckt hinter dem Mord an dem 35 Jahre alten Bordell-Besitzer Fritz Schroer? Wer war der geheimnisvolle Revolvermann mit schwarzem Oberlippenbart, schwarzer Lederjacke, schwarzem Rollkragenpullover und schwarzer Hose?

Die Mordkommission der Hamburger Polizei weiß noch keine Antworten auf diese Fragen. Ihre Ermittlungen kreisen aber um zwei Punkte:

- Der Todesschütze war vermutlich ein bezahlter Killer, der nicht aus St. Pauli stammt, wahrscheinlich nicht einmal aus Hamburg. Keiner der zehn Zeugen, die den Mann vor, während und nach der Tat kurz gesehen haben, kannten ihn. Er dürfte sofort nach der Tat die Stadt wieder verlassen haben. Seinem Akzent und seinem Aussehen nach könnte es ein Italiener, Jugoslawe oder Grieche gewesen sein.
- Bei dem „Mord auf Bestellung" kann es sich nicht nur um die Auswüchse eines internen Machtkampfes zwischen Hamburger Zuhältern gehandelt haben. „Da muß mehr dahinter stecken", heißt es im Polizeipräsidium. Die Beamten gehen allen persönlichen und geschäftlichen Verbindungen von Fritz Schroer nach. Dabei stolperten sie darüber, daß sich bei dessen Etage im „Palais d'Amour" gerade erst Frankfurter Interessenten einkaufen wollten und schon die Hälfte des Preises gezahlt hatten. Das Geschäft platzte aber wieder, weil die Frankfurter in den Augen der Hamburger unzuverlässig waren.

In dem Mordlokal „Zur Ritze", vor dem sich am Montagabend noch Hunderte von Neugierigen gedrängelt hatten, war es gestern abend leer. An der schummrigen Bar saßen lediglich drei Männer und schauten sich bei Bier und Korn den Film an. Nur dann und wann steckten Neugierige ihren Kopf durch die Tür: „Hier ist es also passiert …"

Hamburger Abendblatt vom 30.09.1981

Rücksichtsvoll und hilfsbereit: Michaela Klein aus Kaltenkirchen Foto: LÜTTGEN

Das war gut!

Gegen 22 Uhr war es, an einem Abend in dieser Woche. An der Ecke Fruchtallee/Eppendorfer Weg in Eimsbüttel stand das Licht der Ampel für die Autofahrer auf „Rot". Mit ihrem Wagen stand dort Marietta D. und wartete geduldig auf die nächste Grün-Phase. Als aber das Licht wechselte, da tat es ihr Auto nicht mehr. Auf der Mittelspur, inmitten des auch um diese Zeit noch brandenden Verkehrs, hatte der Motor schlappgemacht.

Viele Autofahrer kennen eine solche Situation. Da steht man, hält den Verkehr auf und kann nichts tun. Auch Frau D. stand hilflos da, sah verzweifelt zu, wie sich die anderen Autos um ihren Wagen herumschlängelten und hörte wütende Hupsignale. Bis endlich ein Auto kam mit dem Kennzeichen SE – TP 53. Darin saß, gemeinsam mit ihrem Freund, Michaela Klein aus Kaltenkirchen, Mitarbeiterin einer Hamburger Versicherungsgesellschaft an der Alster.

Für die beiden jungen Leute war es keine Frage, was hier zu tun war. Sie lenkten ihr Fahrzeug auf die nächste Verkehrsinsel, stiegen aus und halfen Marietta D., das defekte Auto aus dem Verkehr zu schieben. Aber nicht nur das. Anschließend fuhren sie die „Autofahrerin im Pech" auch noch nach Hause. Und dieses Zuhause liegt immerhin in Ellerau. Das war wirklich gut.

Michaela Klein, Besitzerin des SE – TP 53, kann sich für diese gute Tat im Straßenverkehr ein Fahrrad oder ein großes Sicherheitspaket des ADAC aussuchen, mit vielen Geräten, die für Autofahrer unentbehrlich sind. Folgen auch Sie dem Beispiel von Michaela Klein. Machen Sie mit bei „Ich mach mit!" ab

HAMBURGER Rundblick

Für 55 000 Mark hat das Bezirksamt Nord am Rosengartenweg im Stadtpark eine Rampe und ein WC für Rollstuhlfahrer bauen lassen. Zwei weitere behindertenfreundliche WC-Anlagen liegen im „Blindengarten" an der Hindenburgstraße sowie im U-Bahnhof Lattenkamp. Im Rahmen eines Mehrjahresprogrammes sollen weitere derartige Anlagen an der Schönen Aussicht, dem Eppendorfer Markt, am Eulenkamp und am Winterhuder Marktplatz eingerichtet werden.

○

Das Finanzamt Barmbek-Uhlenhorst zieht in der nächsten Woche (25. bis 29. Oktober) von der Steinstraße in die Lübecker Straße 101 bis 109 um. Steuerzahler werden gebeten, ihren Besuch möglichst bis nach dem 1. November zu verschieben. Die neue Telefonnummer des Finanzamtes lautet ab 1. November 24 82 61.

○

Bürgermeister Klaus von Dohnanyi hat sich vor dem Bundeshauptvorstand des Deutschen Beamtenbundes in Hamburg gegen eine Haushaltskonsolidierung um jeden Preis ausgesprochen. Dohnanyi am Freitag: „Rigorose Ausgaben-Senkungsprogramme müssen in Zeiten der Rezession ihr Ziel verfehlen."

○

Am Montag, 25. Oktober, gibt es in der Eiskunstlaufhalle Farmsen „Disco auf dem Eis", ein abgestuftes Musikprogramm mit Wunschkonzert von 16 bis 18 Uhr für die Jugend, von 20 bis 22 Uhr für etwas ältere Eislauf-Fans.

○

Anläßlich der Deutschen Boots-Ausstellung International im Messehaus in der Jungiusstr. 13, richtet die Bundespost dort bis zum 31. Oktober ein Sonderpostamt ein. Öffnungszeiten: täglich von 10 bis 18 Uhr, mittwochs sogar bis 20 Uhr. Für Gefälligkeitsstempelungen bittet die Post die schriftlichen Anträge an das Postamt Hamburg 36.

○

Das Duisbergbad bleibt am Sonntag, 24. Oktober, für den öffentlichen Badebetrieb geschlossen. Grund: die Deutschen Jugend-Meisterschaften im Schwimmen, die dort ausgetragen werden.

○

Die „Aktion Zukunft für Kinder in Südostasien" lädt für Sonntag, 24. Oktober, zu einem Informations- und Spielnachmittag ab 15 Uhr in das Gemeindehaus der Versöhnungskirche, Eilbektal 15. Die private Initiative sammelt Geld für Kinder in einem Waisenhaus in Zentral-Java. Am Sonntag wird ein Schattenspiel gezeigt und Kinder lernen, Schattenspielfiguren zu basteln.

○

Raubüberfall auf einen Supermarkt in der Osdorfer Landstraße: Als Kassiererin Marion Sch. (36) gerade die Kasse geöffnet hatte, sprühte ihr ein Unbekannter Tränengas ins Gesicht, raubte 400 Mark aus der Kasse und flüchtete. Die Sofortfahndung der Polizei blieb erfolglos.

○

Schüler, die gern mathematische Probleme lösen, können sich noch in diesem Monat und auch im November wieder an den „Schülerzirkeln Mathematik" beteiligen. Unter anderem sollen Aufgaben aus dem Bundeswettbewerb Mathematik erarbeitet werden. Termine und weitere Informationen können unter den Telefonummern 41 23 51 77 und 411 27 01 erfragt werden.

○

Ein Hamburger Schwurgericht hat am Freitag den 29 Jahre alten Installateur Armin P. wegen Totschlags zu einer Freiheitsstrafe von neun Jahren verurteilt. Der zunächst des Mordes angeklagte Mann hatte nach den Erkenntnissen des Gerichts am 23. Dezember 1981 in Wien einen 58 Jahre alten Mann in dessen Wohnung erdrosselt und zusammen mit einem Mittäter die Wohnung ausgeraubt.

St. Pauli in Angst vor blutigem Zuhälterkrieg

Noch fahndet die Polizei im ganzen Bundesgebiet nach den drei Männern, die dringend verdächtigt werden, auf St. Pauli den 30jährigen Jürgen Becker und den 25 Jahre alten Klaus Breitenreicher erschossen sowie Thomas Born (29) durch einen Streifschuß verletzt zu haben. Gesucht werden Karl-Heinz Gebauer (30), Wolfgang Pohndorf (29) und Sieghard Schmidt (31). Die drei sind vermutlich mit einem schwarzen Ferrari 308 GTS, Kennzeichen HH-DD 999, einem als gestohlen gemeldeten dunkelbraunen Renault Alpine, Kennzeichen HH-SS 171, und einem dunkelblauen Honda mit dem Kennzeichen HH-MK 583 auf der Flucht.

Die Frage, die sich Polizei und Kiez-Kenner nach dem Doppelmord im Eros-Center stellen: Werden die Schüsse von Donnerstag nacht auf St. Pauli einen blutigen Krieg zwischen rivalisierenden Zuhältergruppen auslösen?

Die tödliche Auseinandersetzung begann am Donnerstagabend damit, daß sich zwei Prostituierte im Kontakthof des Eros-Center stritten. Schließlich schlug ein Mädchen, das unter dem Schutz von Jürgen Becker stand, der Rivalin ein blaues Auge. Die meldete sich daraufhin bei ihren Beschützern „dienstunfähig" für den Rest der Nacht. Die beiden Männer, die der „Nutella-Bande", einer Gruppe von etwa 70 Zuhältern zugerechnet wurden, fackelten nicht lange, sondern besuchten ihre drei Kontrahenten im Eros-Center.

Michael Luchting, genannt der „Schöne Mischa". Am vergangenen Wochenende hatte der Zuhälterboß Selbstmord begangen. „Nachlaßstreitigkeiten" gab es nicht: Sein Reich war schon lange aufgeteilt

„Euer Mädchen hat unser Mädchen verletzt", hieß es dann, „ihr kennt ja die Regeln. Entweder zahlt ihr 2000 Mark Schmerzensgeld, oder es gibt Krach!" Aber Sieghard „Siggi" Schmidt und seine beiden Freunde, zusammen mit etwa 15 Zuhältern Besitzer der beiden Eros-Center-Salons „Bel Ami" und „Mademoiselle", dachten nicht daran, für ein blaues Auge zu zahlen. Sie warfen die „Nutellas" raus, die daraufhin ihre Rückkehr androhten.

Mit den Worten „Dann zieht euch mal warm an", räumte die „Nutella"-Abordnung zunächst das Feld. Als sie kurze Zeit später zusammen mit dem karateerfahrenen Thomas Born zurückkamen, fielen die Todesschüsse, für die die Täter zwei Neun-Millimeter-Waffen und eine Pistole vom Kaliber 7,65 benutzten.

Die großangelegte Fahndung der Polizei nach den Tätern blieb ohne Erfolg – trotz des Einsatzes von Beamten des Mobilen Einsatzkommandos (MEK), trotz des Einsatzes von Hundeführern und mehrerer Dutzend uniformierter Schutzpolizisten. Ein Kripo-Beamter: „Die sind längst über alle Berge. Mit einer schnellen Festnahme ist nicht mehr zu rechnen!"

Die Befürchtung, daß die „Nutella-Bande" jetzt zum Gegenschlag rüstet, ist allerdings groß, auch wenn in den nächsten Tagen noch keine neuen Gewalttaten erwartet werden. Polizeisprecher Peter Kelling: „Wir haben die polizeiliche Präsenz auf St. Pauli erheblich verstärkt. Aus präventiven Gesichtspunkten haben wir uniformierte Doppelstreifen eingesetzt, die die ganze Nacht unterwegs sind." – „Solange auf der Reeperbahn an jeder Ecke ein Polizist steht", sagen Kiez-Kenner, „wird nichts passieren. Aber was kommt danach?"

Nach diesen Männern wird überall gefahndet

Gesucht: Wolfgang Pohndorf (29). Er ist vermutlich mit seinem schwarzen Ferrari 308 GTS auf der Flucht. Das Kennzeichen des Wagens ist HH-DD 999

Gesucht: Sieghart „Siggi" Schmidt (31). Zusammen mit seinen Freunden kontrollierte er zwei Etagen im Eros-Center zwischen Reeperbahn und „Freiheit"

Gesucht: Karl-Heinz Gebauer (30). Der Zuhälter wollte keine 2000 Mark „Schmerzensgeld" zahlen – da schoß er auf seine Gegner

Reeperbahn 170, Freitag morgen um 5 Uhr: Nur wenige Schaulustige beobachten, wie der Sarg mit dem erschossenen Jürgen Becker aus dem Eros-Center getragen wird

Die Unruhe auf St. Pauli ist jedenfalls nach den Ereignissen der letzten Wochen spürbar gewachsen. Erst am vergangenen Wochenende hatte sich der Hamburger Zuhälter Michael („Mischa") Luchting erhängt. Die Befürchtung, daß zwischen rivalisierenden Zuhältergruppen nun der Krieg um das Erbe des „Schönen Mischa" ausbrechen würde, hat sich nicht bestätigt: Die feinen Freunde des Mannes hatten seine Felle längst verteilt, während Luchting wegen des Verdachts des Mädchenhandels und diverser Devisenvergehen in spanischer Untersuchungshaft saß.

„Die Herren werden sich bald einigen", hoffen Kripo-Beamte auf einen baldigen Waffenstillstand, „denn nichts ist schädlicher für das Geschäft als Krieg auf dem Kiez."

HOLGER BAUER

„Karate-Thomas" kam leicht verletzt davon

Als im Eros-Center die Kugeln flogen, kam der 29jährige Thomas Born, genannt „Karate-Thomas", mit einem Bauchstreifschuß davon. Der Mann von Schlagersängerin Elke Best besitzt eine Sportschule am Hofweg. **Rechts:** Klaus Breitenreicher (25), der wegen seiner zackigen Bewegungen „Soldaten-Klaus" gerufen wurde, starb im Kugelhagel seiner Feinde

Die Chronik der Todesnacht

1.37 Uhr: Jürgen Becker, Klaus Breitenreicher und Thomas Born gehen durch den Kontakthof des Eros-Centers ins Haus C. Im Parterre liegt dort der Salon „Bel Ami". Ihr Erscheinen muß den dort wartenden Männern angekündigt worden sein, denn kaum treten die drei in die Tür, eröffnen Karl-Heinz Gebauer, Wolfgang Pohndorf und Sieghart Schmidt mit drei Waffen das Feuer. Becker und Breitenreicher sind sofort tot, Born gelingt mit einem Bauchstreifschuß die Flucht.

1.45 Uhr: Ein Wirtschafter alarmiert die Polizei. Ein Wagen der Davidwache rast zum Tatort. Sekunden später trifft der Notarztwagen der Feuerwehr ein.

1.56 Uhr: Zwei Beamte des Kriminaldauerdienstes treffen ein. Der Notarzt hat inzwischen den Tod der beiden Männer festgestellt.

2.15 Uhr: Beamte der Davidwache sperren das Eros-Center ab. Die Bereitschaft des Mobilen Einsatzkommandos (MEK) wird angefordert.

2.30 Uhr: Ein hoher Führungsbeamter der Polizei übernimmt die Einsatzleitung.

3.10 Uhr: Die Beamten der Mordkommission erscheinen, während das MEK schwerbewaffnet das Eros-Center durchsucht.

4.00 Uhr: Das MEK rast mit mehreren Wagen zur Hein-Hoyer-Straße, wo die Täter gesichtet worden sein sollen. Aber zu spät – von den drei Männern findet sich keine Spur.

6.40 Uhr: Hamburgs Polizei alarmiert das Bundeskriminalamt (BKA) in Wiesbaden. Von nun an wird im gesamten Bundesgebiet und an allen Grenzübergängen nach den drei Fluchtfahrzeugen gefahndet. hb.

Eine Serie von Gewalttaten

28. September 1981: Der Hamburger Bordellbesitzer Fritz Schroer wird auf St. Pauli erschossen. Ein immer noch nicht ermittelter Täter streckte den Mann mit drei Schüssen aus einem amerikanischen Revolver (Kaliber 38 Special) im Reeperbahn-Lokal „Zur Ritze" nieder und entkommt über einen Hinterhof. Schroer war gemeinsam mit Peter N. Inhaber einer Etage im „Palais d'Amour" sowie einer weiteren über der Diskothek „Chicago" am Hans-Albers-Platz.

26. April 1982: Nach Schießübungen von Unbekannten in der Diskothek „Sheila" auf der Reeperbahn durchsucht die Polizei die Wohnungen der Angestellten. In der Kastanienallee (St. Pauli) wird sie fündig: In einem großen blauen Tragebeutel liegen eine Thompson-Maschinenpistole, eine abgesägte doppelläufige Schrotflinte, ein amerikanisches Shotgun, ein Kleinkalibergewehr und eine Pistole sowie Berge von Munition.

9. Oktober 1982: Nach einem Streit im Eros-Center kehrt der leicht verletzte Detlev G. (29) dorthin zurück und tötet im Salon „Lolita" mit drei Messerstichen den 35 Jahre alten Wirtschafter Hans Weng. Der Täter wird kurze Zeit später festgenommen.

16. Oktober 1982: Der Zuhälter Michael Luchting, einer der „Großen" in der Branche, wird erhängt in einem Waldstück bei Thieshope aufgefunden. Wie es heißt, haben seine „Geschäftspartner" eine fast sechsmonatige Haft auf Gran Canaria des „schönen Mischa" dazu genutzt, ihm sein Vermögen abzunehmen. Ohne Einnahmen und Einfluß wollte er nicht mehr leben. hb.

…mburger Abendblatt vom 23./24.10.1982

FREIE UND HANSESTADT HAMBURG

ERNENNUNGSURKUNDE

Frau Esther L i n d e m a n n

wird hiermit

unter Berufung in das Beamtenverhältnis auf Widerruf

zur Polizeianwärterin

ernannt.

Hamburg, den 1. April 1980

Behörde für Inneres

- P o l i z e i -

Behörde für Inneres + Polizei + Hamburg + 57

Dr. Redding

Polizeipräsident

P 10 074

ERNENNUNGSURKUNDE

Der Senat ernennt

die Polizeiobermeisterin

Frau Diplom-Verwaltungswirtin/Polizei

Esther L i n d e m a n n

zur Polizeikommissarin.

Senat der Freien und Hansestadt Hamburg

Hamburg, den 24. Mai 1989

Im Auftrage

Reimers

Reimers
Polizeipräsident

Auch Autor Rob Lampe zog es schon früh auf den Kiez. Hier ein Foto aus dem Jahre 1988

»So viel zur Außenwahrnehmung. – Wie ist es mit den Kollegen? Klappt alles?«

»Komme gut aus mit allen«, antwortete Esther, nachdem sie das Glas in einem Zug geleert hatte. Die Flüssigkeit tat ihr gut, ließ den Kloß in Nichts auflösen.

»Mit allen?«, hakte der Revierleiter nach und versetzte damit den nächsten Stich, während er begann auf dem Schreibtisch nach etwas zu kramen. »Keine blöden Kommentare? Kinder, Küche, Kirche, oder so etwas? Könnte mir vorstellen, dass gerade die älteren Kollegen, sagen wir mal, leichte Anpassungsschwierigkeiten haben mit einer jungen Frau im Revier. Sie sind ja nicht nur die erste Frau auf Streife, Sie sind auch, mit Ausnahme von Maria, unserer Putzfrau, die einzige in der gesamten Belegschaft.« Rielandt hob die rechte Hand und zählte auf. »Chefetage, alles Männer. Geschäftszimmer, alles Männer. Straßenverkehrsabteilung, alles Männer. Revierdienste, alles Männer. Verdeckte Ermittler, alles Männer.«

Blitzartig waren Esthers Gedanken von einer erhofften Deeskalationswirkung zurück bei Rudi und Co.

»Sind Ihnen Beschwerden zu Ohren gekommen, Chef?«, fragte sie vorsichtig und war sich nicht sicher, wie sie reagieren sollte, würde nun der Name Rudi oder Stephan oder Moritz fallen.

»Nein, nein. Keine Beschwerden. Im Gegenteil. Höre nur Gutes, bin sehr zufrieden, wie es mit Ihnen angelaufen ist«, beschwichtigte Rielandt und unterstützte dies durch eine eindeutige Handbewegung. »Es ist nur so, dass mir eine Vermisstenanzeige vorliegt. Aufgenommen in Blankenese ...« Rielandt fischte eine Kopie aus einem Papierhaufen hervor. »Ah ja ... da haben wir es ja. Aufgenommen bei Familie Sachs, wohnhaft Krögers Treppe 4, 2000 Hamburg 55.« Rielandt reichte das Papier über den Tisch. »Allerdings verwundert mich dieses in vielerlei Hinsicht.«

Esther fühlte Wärme aufsteigen. Sie dachte daran, wie sie mit Pico nach Blankenese gefahren war und er dort auf ihr Betreiben hin lange mit Karinas Mutter gesprochen hatte, die schließlich der Vermisstenanzeige zugestimmt hatte.

»Ja!?«, erwiderte Esther zögerlich und es war unmöglich herauszuhören, ob es als Frage oder Bestätigung formuliert war.

»Nun ja, was soll ich sagen? Dass Vermisstenanzeigen privat aufgenommen werden, ist mehr als unüblich. Wurde Ihnen das nicht in der Akademie in Alsterdorf beigebracht?«

»Ja ... ähh ... doch, schon ...«, stotterte Esther und senkte leicht die Lider.

»Ich wundere mich auch darüber, dass Sie ohne einen Kollegen dort hingefahren sind. Das wirft kein gutes Bild auf unsere Arbeit. Kann darüber hinaus auch gefährlich sein. Niemand kann ahnen, wie Eltern reagieren, wenn sie vom Verschwinden des eigenen Kindes erfahren. Da kann im Prinzip alles passieren. – Oder kannten Sie die Eltern bereits, wussten sie einzuschätzen?«

Esther schüttelte den Kopf, der Kloß war zurück, doch das Wasserglas leer.

»Und ich wundere mich auch, was Sie eigentlich in Blankenese zu suchen hatten«, übernahm Rielandt weiter die Gesprächsführung. »Das ist nicht im Entferntesten unser Zuständigkeitsbereich. Dafür gibt es Kollegen vor Ort. Gute, tüchtige Kollegen übrigens. – Was haben Sie mit Blankenese zu tun?«

Rielandt schaute Esther gütig, aber durchaus erwartungsvoll an und bemerkte die Schluckübungen. Er nahm das leere Glas, füllte es erneut mit Wasser und schob es rüber.

»Also«, quoll es nur Sekunden später aus Esthers Hals heraus und sie begann in der nächsten Viertelstunde dem Revierleiter die Geschichte von Karina zu erzählen. Wie sie am ersten Tag, also genau vor zwölf Wochen, bei der gemeinsamen Schicht mit Hansi wegen einer Schlägerei mit einer Jungprostituierten zur Fischauktionshalle gerufen wurden. Wie sie sie schließlich mit aufs Revier nahmen und sie sich ihr gegenüber verantwortlich fühlte. Sie räumte ein, dass das unprofessionell war, aber so war nun mal die Wahrheit. Dann erzählte Esther weiter, dass sie bei dem jüngsten

Leichenfund in der Elbe davon ausgegangen war, dass es sich dabei um Karina handeln musste, da sie zu diesem Zeitpunkt als verschwunden galt, und dementsprechend erleichtert darüber war, dass sie sich geirrt hatte und nun den Fall offiziell machen wollte. Ihre Blankenese-Begleitung Pico hingegen erwähnte sie mit keinem Wort. Ein Fehler, wie sich später herausstellen sollte.

Rielandt kam aus dem Staunen gar nicht mehr heraus. Menschlich konnte er alles eins zu eins nachvollziehen, aber es ging um den Job. Und Esthers Verhalten war alles andere als professionell gewesen. Da gab er ihr recht. Doch er war noch nicht fertig. Fing erst an.

»Was ist mit Blankenese?«

»Ich verstehe nicht«, erwiderte Esther, die ihr Glas, halbgeleert, in der Hand hielt.

»Haben Sie Kontakte dorthin? Kennen Sie noch andere Leute dort?«

»Aber ich kannte die Familie Sachs doch gar nicht. Habe sie erst da kennengelernt.«

»Also keine weiteren Kontakte?«

»Nein«, antwortete Esther kleinlaut. Sie fühlte sich wie in einem schlechten Film. Sie hatte längst begriffen, dass es dumm und gefährlich war, ohne Kollegen in einen fremden Bezirk gefahren zu sein.

»Frank Schrubarz?« fragte Rielandt und bemühte die heutige Ausgabe der *Hamburger Morgenpost*, die er zur Unterfütterung an den Nachwuchs mit roten Ohren und Gesicht weiterreichte. »Besser bekannt als *Sachsen-Franky*? Klingelt da etwas?«

»Nein, kenne ich nicht. Noch nie gehört, noch nie gesehen«, antwortete sie kurz, nachdem sie den Bericht überflogen hatte.

»Gestern wurde *Sachsen-Franky*, kein unwichtiges Mitglied der *GMBH* übrigens, in der Potosisstraße 33 in Blankenese mit einer 38er erschossen. Von seiner Ex-Freundin.«

Esther schüttelte ahnungslos den Kopf. Doch sie achtete dabei darauf, Rielandts Augenkontakt standzuhalten.

»Wie gesagt. Kenne ich nicht. Beide nicht. Wirklich nicht.«

»Nicht?«

»Nein, Chef. Wirklich nicht.«

»Okay, ich glaube Ihnen«, resümierte Rielandt schließlich, der allmählich realisierte, dass er mit Kanonen auf Spatzen geschossen hatte. »Und verzeihen Sie mir, wenn Sie den Eindruck hatten, ich habe Sie etwas zu hart angefasst. Es ist nur so, dass Sie als erste Schutzpolizistin auf St. Pauli von allen Seiten begutachtet werden. Nicht nur von der Straße, nicht nur von den Kollegen und mir, sondern vor allen Dingen vom Hamburger Senat und der Öffentlichkeit. Dort wird überall diskutiert, spekuliert und kommentiert, ob das mit den Frauen bei uns der richtige Weg ist. Wie schon gesagt, Sie tragen Verantwortung, nicht nur für die Kollegen während der Schicht, sondern für alle Frauen, die, wie Sie, eines Tages in den Polizeidienst gehen und Ihnen nachfolgen wollen. Sie müssen genauso gut sein wie die Kollegen, mindestens, sich nie etwas zuschulden kommen lassen, wenn das was werden soll.«

Trotz der Ermahnung klang Rielandts Stimme weiter sanft und verständnisvoll. Dann lehnte er sich über den Tisch und sagte, bemüht, nicht durch die Nase zu atmen:

»Das mit Ihrem Solo-Einsatz in Blankenese darf sich aber nicht wiederholen. Verstehen wir uns?«

Esther verstand, stand auf und hatte bereits den Türgriff in der Hand, als sie erneut Rielandts Stimme vernahm.

»Ach ja!«, setzte der Revierleiter an und zwang Esther zum Stehen. Nichts ahnend, was jetzt noch folgen konnte, drehte sie sich mit einem mulmigen Gefühl um.

»Ja, Chef!«

»Lassen Sie bitte die Dienstjacke nicht immer im Aufenthaltsraum über dem Stuhl liegen. Genau dafür haben kluge Menschen den Kleiderhaken erfunden.«

3. Teil

Es gibt keine Sonne ohne Schatten,
und es ist wichtig, die Nacht zu kennen.

Albert Camus

FACHDIREKTION 65

Während Esther ihre Lektion gelernt hatte, hatte Hamburg seine Lektion noch vor sich. Seit Jahren hielt sich das Gerücht von Filz in der Polizeibehörde. Man hörte von Beamten, die mit den Zuhälterringen auf St. Pauli gemeinsame Sache machten und einen regen Austausch pflegten. Die Währung des Ganzen? Wahres gegen Bares. Informationen bezüglich geplanter Razzien gegen braune Scheine.

Anfang dieses Jahres wurden die Gerüchte schließlich so laut, der Druck auf die Innenbehörde so stark, dass sich keiner mehr wegducken konnte und der Innenausschuss des Hamburger Senats sich des Themas annehmen musste. Die konkrete Frage lautete: Gab es in Deutschland, gab es in Hamburg eine *Organisierte Kriminalität*? Und die Antwort hieß: *FD65*.

Hatte der Hamburger Innensenator Alfons Pawelczyk bei der Ermordung von Chinesen-Fritz mafiöse Strukturen lediglich angedeutet, hatte er nun Nägel mit Köpfen gemacht und im Mai 1982 Deutschlands erste Spezialeinheit der Kriminalpolizei zur Bekämpfung des *Organisierten Verbrechens* in Hamburg gegründet. Auch ihm war nicht entgangen, dass aus den Revierkämpfen längst Auftragsmorde, aus Partnern Tote geworden waren. Die *Fachdirektion 65*, die nach FBI-Vorbild mit ins Milieu eingeschleusten V-Leuten und modernster Abhörtechnik arbeitete, bekam für die 45 handverlesenen Ermittler aus den Bereichen Hehlerei, Menschenhandel, Rauschgift und Sitte eine eigene, komplett von den Kollegen abgeschottete Etage im Polizei-Hochhaus am Berliner Tor. Und genau dorthin, in den vierten Stock, war der Revierführer der Davidwache, Ludwig Rielandt, unterwegs. Er traf sich zum Austausch mit dem Leiter Wolfgang Sielaff, der selbst in den 1960er-Jahren als Streifenpolizist auf St. Pauli seine Karriere begonnen hatte, und Rüdiger Bagger, Staatsanwalt und Ankläger der neuen Ermittlungstruppe. Einziger Tagesordnungspunkt waren die möglichen Folgen für das Rotlichtmilieu aufgrund der Verhaftung von Wilfrid *Frida* Schulz und Uwe Carstens, besser bekannt als *Dakota-Uwe,* vor zwei Monaten. Würden die rivalisierenden Kartelle *GmbH* und *Nutella* den Kuchen unter sich aufteilen? Oder würden neue Luden samt Gefolgschaft angelockt und den Bandenkrieg in Rielandts Bezirk verschärfen?

Natürlich gab es darauf keine ad-hoc-Antworten, nur Spekulationen. Doch Rielandt genoss diesen Austausch, war er nicht nur informativ, sondern bestätigte ihn in seiner Gangart. Wurde bis zu seinem Amtsantritt vor knapp zehn Jahren die Kriminalität im Viertel noch deliktbezogen abgearbeitet, hatte er sich nach wenigen Wochen Einarbeitungszeit für eine milieubedingte Aufgabenbewältigung entschieden. Präventives Agieren durch Präsenz, und zwar unter der Prämisse, dass das Geschäft mit dem Sex nicht verboten war. So ermutigte er seitdem seine Teams, auf Streife sichtbarer, gegenwärtiger zu sein. Einfach mal in einen Laden, in eine Kneipe, in ein Bordell reinzugehen und »Moin, alles jut?« zu fragen. Nähe aufbauen und dabei Informationen, seien sie noch so beiläufig erwähnt, einzusammeln, statt wie früher nur vorbeizukommen, wenn sich eine Straftat ereignet hatte und eine Anzeige entgegengenommen werden musste. Diese, seine Vorgehensweise wurde nun ein Stückchen weit *geadelt,* weiter professionalisiert und durch die Spezialeinheit *FD65* in Richtung personenbezogener Überwachung ausgeweitet. Jedem der drei anwesenden Herren, Sielaff, Bagger und Rielandt, war klar, dass die Kiezgrößen das nächste *große Ding* planten, sie wussten nur nicht, wann, wie und was genau. Deshalb konnte die Zauberformel nur heißen: »Aktion statt Reaktion!«

DER ANTRAG

»Wollen wir los?«, fragte Sönke am Frühstückstisch und ließ Esthers Herz vor Freude höher springen. Er hatte sein Versprechen nicht vergessen, am ersten Adventswochenende nach Lübeck zu fahren. Esther liebte die Idylle der Altstadt und war gespannt, in welches Gewand sie sich zur diesjährigen Weihnachtszeit gehüllt hatte. Sie trank den Kaffee eilig aus, verschwand im Badezimmer und war noch eiliger wieder draußen und startklar. Weitere 80 Minuten später schlenderten sie bereits über den herrlich funkelnden Weihnachtsmarkt, betrachteten Kerzenpyramiden, gläserne Christbaumkugeln, glitzernde Schaukelpferde und vieles mehr. Überall duftete es nach Glühwein und gebrannten Mandeln. Alles schien perfekt. Irgendwann blieb Sönke an einem kleinen Stand stehen, zupfte an Esthers Arm und zeigte auf eine kleine Figur, eine Ballerina mit einem weißen Federrock, die ihre Hände grazil über den Kopf hielt, leicht zur Seite geneigt. Ihre Augen waren geschlossen. Esther schaute erstaunt zu Sönke und zurück zur Figur. Die Ballerina strahlte Eleganz und Zerbrechlichkeit gleichermaßen aus und sie gefiel ihr vom ersten Moment an. Doch sie wunderte sich, dass Sönke einen Blick für so etwas … naja … für so etwas Filigranes hatte. Dann beobachtete sie, wie Sönke die Figur, die auf Zehen auf einem Sockel stand, vom Verkaufstisch nahm, sie von oben bis unten inspizierte und sie dann weiterreichte.

»Gefällt sie dir?«

Esther nahm die Porzellanfigur entgegen, strahlte über das ganze Gesicht und entdeckte auf der Rückseite einen kleinen Ring.

»Machen Sie nur«, animierte sie der Verkäufer zum Aufziehen. »Es wird Ihnen ganz sicher gefallen.«

»Eine Spieluhr«, seufzte sie verzückt, zog vorsichtig am Ring und ließ *Stille Nacht, Heilige Nacht* abspielen.

Esther lauschte wie gebannt und wäre wohl auch wenig später dahingeschmolzen, wäre Sönke nicht dazwischengegangen und hätte unter die Figur gezeigt. Er fragte:

»Was ist denn das da? Unter dem Sockel da, mein ich, ist da noch ein Ring zum Ziehen?«

Esther drehte die Figur auf den Kopf, schaute unter den Sockel, der mit Schwänen und Blumen verziert war, und entdeckte einen weiteren Ring, einen mit einem Klebeband fixierten silbernen Ring. Fast hätte sie vor Aufregung die Ballerina fallen gelassen.

»Sönke!«, quiekte sie. »Was ist das denn?«

Sönke nahm ihr die Figur aus den zittrigen Händen, zog vorsichtig den Klebestreifen ab, ließ sich auf die Knie fallen und reichte ihr den Ring in die Höhe. Grazil, und ebenfalls zur Seite geneigt:

»Esther Lindemann, willst du mich heiraten?«

LAST MAN STANDING

Rudi ließ sich Zeit, als er am nächsten Morgen um kurz nach sechs das rote Backsteingebäude der Davidwache verließ und Richtung Dienstfahrzeug ging. Gähnend, und ohne sich die Hand vor den Mund zu halten, öffnete er die Fahrertür und setzte sich in den Peterwagen 15/3, in dem bereits Esther auf dem Beifahrersitz wartete. Sie hatte sich, immer noch im romantischen Freudentaumel befindlich, vorgenommen, ihrem Kollegen eine neue Chance zu geben, bei null zu starten. Sie überlegte sogar, ihm alles ganz haarklein zu erzählen.

»Moin, Herr Kollege!«, begann Esther und drehte den Kopf Richtung Rudi. »Ich wette, dein Wochenende war nicht annähernd so umwerfend wie meins.«

Doch Rudi wiegelte nur mit seiner rechten Hand ab und verdrehte gereizt die Augen. Esthers Liebestaumel aus Lübecks Altstadt war verflogen und durch einen missmutigen Ausfluss Testosteron ersetzt worden. Sie öffnete das Fenster, schaute Richtung *Wienerwald*, vor deren Eingangstür zwei Personen stritten, als Rudi den Rückwärtsgang einlegte.

»Schau mal da drüben, das sieht nach Ärger aus!«, wies Esther hin und sprang aus dem Wagen.

Sie rannte über die Davidstraße zu den beiden etwa 30-Jahre alten Streithähnen, die, kaum hatten sie Esther in Uniform erblickt, das Weite Richtung Oase-Kino suchten. Esther schaute sich um, doch Rudi machte keine Anstalten, ihr oder den beiden nachzufolgen. Im Gegenteil. Er saß seelenruhig im Auto, zog an einer Zigarette und grinste. Der Rauch, den er dabei ausstieß, umhüllte sein Gesicht und verwandelte es für einen Moment in das eines Monsters. Eines Monsters, das sie zutiefst verachtete. Esther drehte den Kopf zurück zu den beiden flüchtenden Gaunern, die sie nun kaum noch erkennen konnte. Sie entschied, die Verfolgung per Peterwagen aufzunehmen, und rannte zurück.

»Sage mal, was war denn das eben, Rudi? Ich sagte dir doch, dass sich vorm *Wienerwald* zwei Personen streiten. Wieso bist du nicht gekommen und hast mich gedeckt?«

Des Monsters Grinsen wurde breiter und es zog erneut an der Zigarette. Es inhalierte den Rauch und schloss die Augen. Dann begann es erstmalig an diesem Morgen zu sprechen:

»Schwierige Zeiten, was? Dich decken klingt ja schon mal gut, Kleines, aber nicht morgens. Ich bin eher so der Nachtficker. Und zweitens dachte ich, du wolltest dir was zu essen holen. Brauchst ja auch schließlich was auf die Rippen, wenn das mit dem Nebenjob klappen soll. – Und drittens, beruhige dich erstmal. So, wie die aussahen, sind die in spätestens 30 Minuten wieder zurück. Wo sollen sie auch hin?«

Rudi startete den Wagen und fuhr die Davidstraße Richtung Hafen hinunter, bog rechts in die Hafenstraße ab und kam an einem kleinen Fischladen am Fischmarkt zum Stehen. Er verließ den Wagen und kam mit einem Matjes-Brötchen zurück. Fassungslos vor so viel Ignoranz schaute Esther dem Kollegen zu, wie er viel zu große Bissen in sich hineinschlang und die glibberige Flüssigkeit aus den Mundwinkeln über die Hand bis zum Ellenbogen rann. Esther wäre am liebsten aus dem Auto gestiegen, konnte sich aber nicht sicher sein, ob er nicht einfach losgefahren wäre. So ließ sie ihren Blick in die Ferne schweifen und hoffte, irgendwo da draußen bei der Fischauktionshalle Karina zu entdecken.

»Peter 15/3 von Michel 1, bitte kommen!«, knisterte es plötzlich aus dem Funkgerät und durchschnitt die erdrückende Stimmung.

Esther griff sich das Gerät, dachte an die Typen vom *Wienerwald* und antwortete:

»Peter 15/3 hört!«

»Schlägerei im *Top Ten*. Mindestens drei Leute involviert. Wir schicken euch noch weitere Verstärkung.«

»Peter 15/3 hat verstanden. Sind auf dem Weg!«

Rudi schmiss den Rest des Fischbrötchens auf die Straße, wischte sich mit der Hand über den Mund, dann über die Lederjacke und brauste mit Blaulicht und Sirene los.

* * *

Auch nach so vielen Monaten im Einsatz auf St. Pauli war Esther immer noch erstaunt darüber, wie lange sich so 'ne Prügelei unter Männern hinziehen konnte. Zwischen Funkspruch und Ankunft im *Top Ten*, einem angesagtem Musikclub auf der Reeperbahn 136, waren etwa sechs Minuten vergangen … und die Typen schlugen sich immer noch die Köppe ein. Alle maximal zugedröhnt, ob nun von den Schlägen oder vom Stoff, war nicht mehr auszumachen. Und dass vor dem Gebäude kein weiterer Einsatzwagen mit der versprochenen Verstärkung zu finden war, schien Rudi auch nicht weiter gestört zu haben. Er war nach Ankunft umgehend den langen Eingangsbereich entlang gerannt, hatte aus Leibeskräften geschrien und war zum Angriff übergegangen. Mit Bravour! Er hatte alle vier Kegel mit einem Wurf umgelegt. Doch die Gestalten berappelten sich wieder, standen auf, verbündeten sich nun im Geiste und bliesen alle Ratschläge, *sie sollten mit dem Blödsinn aufhören und zur Ruhe kommen,* in den Wind. Nun waren sie es, die versuchten Rudi umzuwerfen. Und auch wenn Esther dieser Vorstellung etwas abgewinnen konnte, ging sie dazwischen und schlug dem einen, einer blondierten Dauerwelle mit schiefem Lächeln, der direkt vor ihr stand, das Funkgerät kurzerhand über den Schädel.

Rumms! Das hatte gesessen.

Das Funkgerät zerbrach in zig Teile und fiel zu Boden, genauso wie die Dauerwelle, die, unten angekommen, alle viere von sich streckte. Die restlichen drei verharrten für einen kleinen Moment, schauten mit großem Erstaunen zur Schutzpolizistin Lindemann, die nicht minder überrascht war, und machten sodann weiter. Es ging in die Verlängerung. Bis auch diese durch Rudis Rechte beendet wurde. Drei lagen mittlerweile auf dem

Boden, der Vierte ließ sich nun, mit einem Gesichtsausdruck aus Müdigkeit und Resignation, widerstandlos festnehmen. Trotzdem erschien es Esther so, als fühlte er sich als der eigentliche Gewinner. He was *the last man standing*!

WAS HAT ER WOHL MIT DEN KÖPFEN GEMACHT?

Nach einer gefühlten Ewigkeit hatte Esther heute von 14 bis 22 Uhr mal wieder eine gemeinsame Schicht mit Claus. Der Spätdienst bedeutete Ausschlafen und Aufregung pur, da in den Abendstunden am meisten geschah, und mit ihrem alten Bärenführer ohnehin. Auch war sie schon gespannt auf die neuesten Frauengeschichten. Nachdem alle Berichte gelesen waren, begab sich die heutige Fußstreife 15/12 um kurz vor drei durch das Viertel und Claus begann, kaum hatten sie die *David-Quelle* passiert, mit den erhofften Anekdoten:

»Kannst du dich noch an Monika erinnern? Du weißt schon, das war die, die wir hier zusammen vor der Tür getroffen haben?«

»Du meinst deine Ex-Freundin mit den aufgeschlagenen Knien, die ihren … was war das noch … ach ja, die ihren Lippenstift suchte?«

»Kajalstift«, korrigierte Claus hastig. »Es war der Kajalstift. Aber ja.«

»Na klar erinnere ich mich. Was ist mit ihr?«

»Es geht ihr wieder besser.«

Esther blieb stehen und zog, leicht neckisch, an Claus' Arm.

»Hat sie ihren Kajal etwa wiedergefunden?«

Claus blieb nun auch stehen, schaute in Esthers Gesicht.

»Ja«, er musste lachen, »aber nicht nur den.«

»Sondern auch die Handtasche, oder was?«

»Nee, die nicht. Dafür aber mich!«

»Nicht dein Ernst«, strömte es aus Esther heraus und hüpfte dabei von einem Bein auf das andere, um die Durchblutung bei der klirrenden Kälte anzuregen, während Claus nur mit den Schultern zuckte und nicht ganz genau wusste, ob das mit Monika wirklich so eine gute Idee war. Aber er hasste das Alleinsein, dann lieber mit Monika. Genau das waren die Momente, die Esther in den gemeinsamen Diensten mit ihm so liebte. Die Art und Weise, wie er ganz trocken Vollkatastrophen verkaufte. Esther nahm ihn in den Arm und wünschte den beiden nur das Beste. Dann gingen beide weiter, bogen rechts in die Friedrichstraße ab und gingen über den Hans-Albers-Platz und über die Reeperbahn zur Großen Freiheit.

»Heute ist Damenwahl«, grölte es gleich beim ersten Schuppen vom Koberer Dieter *Diddi* Messerschmidt im maßgeschneiderten, braunen Anzug mit gestreifter Seidenkrawatte und glänzend polierten Schuhen. »Heute, liebe Männer und die, die es noch werden wollen, sind ausschließlich Pastorentöchter anwesend. Frisch geputzt und gepudert und bereit, die *Letzte Ölung* zu empfangen. Kommt alle rein. – Das könnt ihr übrigens gern wörtlich nehmen.«

Dann erblickte er die Fußstreife.

»Mensch Herzog, du alter Muschiflüsterer«, begrüßte er herzlich den Bärenführer, um dann auch Esther mit einem tiefen Diener und einem angedeuteten Handkuss zu adeln. »Frau Kommissarin. Heute nur für Männer. Leider!«

Nach kurzem Smalltalk Marke »Alles jut zu Hause?« wünschten sich die drei noch einen schönen Tag, und Claus und Esther zogen weiter.

»Heute bis 19.00 Uhr alles zum halben Preis. Getränke und Frauen«, ertönte es keine sechs Meter weiter vom nächsten Greifer. Charlie, in den späten 50ern und seinen persönlichen Zenit längst überschritten, stand sein halbes Leben vor der Tür und hatte versucht, Leute aus der Masse zu ziehen und für das jeweilige Etablissement, dem er vorstand, zu begeistern. Er kämpfte mit vollem Einsatz um jeden Gast und jede Reisegruppe, von Sylt bis zum Allgäu, aus Übersee bis nach Asien. Sei es vor dem *Safari*, dem *Kolibri* oder dem *Salambo*. Charlie war ein echtes Original. Sein Blick hatte etwas Rohes und Liebenswertes gleichermaßen. Er war authentisch. Als er die Beamten entdeckte, winkte er beide zu sich:

»Na, du Gurkengustav. Wann wullt du eegentlich dien Bierdeckel utlösen? Mien Baas seggt elk Dag to mir, Charlie, seggt er, Charlie, wenn du den Herzog sehst, gliek verhaften!«

Claus, der Charlie lange nicht mehr gesehen hatte, lachte vergnügt, drückte ihn an sich und säuselte in sein Ohr:

»Segg doch dien Baas, dat ick de Beerdeckel tokamen Maal betahl. Mutt nu wedder los. Dat Verbreken slöpt nich.«

Claus und Esther gingen weiter die *Freiheit* hinauf vorbei an den Läden der üppigen Frauen, die immer wollten, vor denen weitere, meist aufgepumpte Kobererkollegen standen und auf den Menschenstrom mit doppeldeutigen, vulgären Sprüchen einschrien. Esther hatte lange gebraucht sich dran zu gewöhnen, dass auf'm Kiez bereits zu den Nachmittagsstunden mehr los war als in ihrem Heimatdorf im Südschwarzwald zum zweiwöchigen Weihnachtsmarkt zusammen. Es war ein marktschreierischer Jahrmarkt der Eitelkeiten, bei dem man sofort sah, wo die besten, wo die eigentlichen Superstars der Manege zu finden waren. Nämlich dort, wo sich die größten Trauben um die Tür gebildet hatten. Über die Schmuckstraße, Talstraße und Simon-von-Utrecht-Straße schließlich ging es für die Fußstreife zum *Berg*, wie der Hamburger Berg auch genannt wurde. Genau in der Sekunde, wo sie den *Berg* betraten, meldete sich das Revier:

»Peter 15/12 von Peter 15, bitte kommen«, ertönte es aus dem kantigen Funkgerät.

»Peter 15/12 hört.«

»Leiche im Hinterhof, Schmuckstraße 13. Ich schicke weitere Verstärkung.«

Esther schaute zu Claus und wusste, dass er dasselbe dachte wie sie. Vor nicht einmal zehn Minuten hatten sie das Mehrfamilienhaus in der Schmuckstraße abgelaufen. Vielleicht genau der Moment, wo der Mord geschehen war, das Schicksal zugeschlagen hatte. Eine Gänsehaut überzog ihren gesamten Körper unter der Uniform und sie antwortete:

»Peter 15/12 hat verstanden. Sind in drei Minuten am Tatort.«

Ihre Stimme klang unter der Anspannung höher als sonst.

Im Hinterhof angekommen, fanden sie einen Mann auf dem Boden liegen. Er war nackt. Ein hellblaues Frotteehandtuch, das wahrscheinlich ursprünglich um die Hüften geschlungen war, hatte sich während des metertiefen Sturzes selbstständig gemacht. Es bestand kein Zweifel daran, dass der Mann mit den langen blonden Haaren, den Esther auf Anfang, Mitte zwanzig schätzte, tot war. Überall auf dem Betonboden war sein Blut verspritzt. Somit konnte der Fundort als Tatort ausgeschlossen werden. Dieser Mann war gesprungen, aus einem Fenster oder vom Dach. Oder aber er wurde gesprungen. Esther schaute die graue Häuserwand hinauf und sah in der vierten, nein, in der fünften Etage ein weit aufgerissenes Holzfenster, wahrscheinlich ein Badezimmerfenster, wahrscheinlich der Tatort.

»Schau mal, Claus«, begann Esther und reckte die rechte Hand hoch, »da oben. Von da muss er herausgestürzt sein. Willentlich oder nicht.«

Der Bärenführer, der sich auch nach Beendigung des Praktikums weiterhin vollumfänglich für Esther verantwortlich fühlte, wollte nach oben eilen.

»Bleib du hier und warte auf die Verstärkung. Ich schaue mich in der Wohnung um«, antwortete er und wollte sich gerade auf den Weg ins Haus machen, als die angekündigten Kollegen vom Revier erschienen, um den Hinterhof vor neugierigen Blicken abzusperren. An Esther gerichtet fuhr er fort: »Na los dann! Beeil dich! Und denk daran: Ich gehe vor. Komm nicht auf die Idee, etwas anderes zu tun, als ich dir beigebracht habe.«

Claus betrat das Wohnhaus. Es stank nach Urin und vollgeschissenen Windeln. Mindestens. Er schaute sich kurz zu Esther um, dann schlich er im Eiltempo die Stufen hinauf. In der fünften Etage angekommen, klopfte er an die Tür der mittleren Wohnung.

»Hier spricht die Polizei. Öffnen Sie die Tür. Sofort!«

Da keiner öffnete, wiederholte er die Aufforderung.

»Hier spricht die Polizei. Öffnen Sie die Tür. Das ist unsere letzte Aufforderung. Wir kommen sonst rein.«

Da auch jetzt keine Reaktion erfolgte, trat Herzog die Tür mit einem beherzten Tritt auf. Zig Fliegen surrten im Eingangsbereich umher und ließen erahnen, was sie in den anderen Zimmern erwarten würde. Diese Wohnung hatte schon ewig keinen Putzlappen gesehen. Nachdem die Fußstreife 15/12 die Zwei-Zimmer-Wohnung gesichert hatte, öffneten sie auch die letzte, die geschlossene Badezimmertür. Ebenfalls gewaltsam, bis sie mit einem ungesunden Knacken aufschwang und den Blick auf ein geöffnetes Fenster über eine mit einer Mischung aus Blut und Badewasser gefüllten Badewanne freigaben. Es war noch lauwarm. Sie schauten aus dem Fenster und beobachteten die Kollegen, die da unten ihre Arbeit verrichteten. Von hier muss er gesprungen sein. Falls der mögliche Täter nicht auch gesprungen und dann unbeschadet und unbemerkt geflohen war, konnte ein Fremdverschulden durch den Badezimmerschlüssel, der von innen im Türschloss steckte, bereits jetzt ausgeschlossen werden. Doch was veranlasste einen jungen Mann, der das ganze Leben noch vor sich hatte, dazu, sich zuerst die Pulsadern aufzuschneiden und sich dann noch, um auch wirklich sicher zu gehen, mit letzter Kraft aus dem Fenster hinunterzustürzen? Wie groß nur musste die Verzweiflung gewesen sein?

***

Verzweifelt war auch Pico, der sich zur selben Zeit etwa 600 Meter Luftlinie vom Tatort des geöffneten Fensters entfernt, zu Günther gesellte, der wie immer am ersten Tisch links hinter der Tür des *Silbersack* saß.

»Paul hat mir gesagt, du hast neue Infos für mich? Infos über Karina«, fragte Pico und hob seine rechte Hand Richtung Tresen.

»Erna?! Machst du uns zwei Kurze.«

»Paul ist ein guter Junge«, erwiderte Günther und setzte nach einer Kunstpause fort: »Weißt du eigentlich, dass der Paul seit gut und gerne fünf Jahren verheiratet ist? Mit der Manu, die früher mal in der Herbertstraße anschaffte?«

Pico, dem Pauls Liebesleben piepegal war, schüttelte den Kopf. Er brachte sein Anliegen erneut vor.

»Was ist mit Karina?«

Doch Günther war noch bei Paul.

»Was für ein guter Junge. – Weißt du eigentlich, dass dieser gute Junge seine Frau fest im Griff hat? Dem Paulchen läuft niemand weg. Nee. Dem nicht.«

Schon klar, dachte Pico, *so viel zum Begrüßungsritual*, und war froh, dass Erna die Bestellung brachte. Pico schob Günther ein Glas rüber und sagte, halbwegs korrekt salutierend:

»Auf dich, mein Bester!«

Nachdem der Korn runtergeschüttet war, wackelte Günther mit seinem Gläschen.

»Noch 'nen Lütten?«

»Warum nicht? Trinken wir auf bessere Zeiten!«, antwortete Pico, der langsam ungeduldig wurde. Er ging die wenigen Schritte zum Tresen und kam mit weiteren zwei Korn zurück.

»Nun aber«, forderte er Günther auf, »was ist mit Karina?«

Günther hob sein Glas, murmelte etwas von besseren Zeiten und schüttete ihn die Kehle hinunter. Dann begann er:

»Dein Mädchen hat Hamburg verlassen.«

»Hamburg verlassen?«

»Jo. Ist jetzt in Kiel unterwegs.«

»In Kiel?«

»Sach mal, machst du jetzt 'nen Flachs mit mir oder bist du unter die Papageien gegangen?« Günther bewegte seine Arme als wären sie Flügel. »Kannst mir doch nicht immer alles nachplappern. Halt einfach deine Klappe und hör mir zu. Kannst du das?«

Pico nickte und kippte ebenfalls seinen Korn dem ersten hinterher.

»Deine Karina arbeitet dort im Rotlichtviertel und bedient die Matrosen beim Landgang. Also alles wie hier, nur 'n bisschen kleiner, bisschen ruhiger, bisschen versteckter. Kapiert?«

»In Kiel sagst du?«

»Jo. Im Bordell am Hafen. Dritte Etage.«

Pico hatte genug gehört, legte einen Zehner auf den Tisch und verließ die Kaschemme. Er musste nach Kiel, so viel war klar. Doch was er überlegte, war, ob er Esther fragen sollte, ob sie ihn begleiten wollte. Das war sie ihm schuldig. Er nickte und machte sich wie ferngesteuert auf den Weg zur Davidwache, als er sie in diesem Moment mit einem Kollegen das Revier betreten sah. Er stoppte und machte auf dem Absatz kehrt. Es erschien ihm einfacher, allein zu fahren.

***

Esther und Claus gingen derweil in der Wache den langen Flur bis zum Ende entlang und setzten sich im großen Aufenthaltsraum an den Tisch. Nachdem die Kripo in der Schmuckstraße übernommen und die Theorie des Suizids im ersten Schritt bestätigt hatte, wollten sie das Erlebte kurz aufarbeiten und sich für den anzufertigenden Bericht abstimmen. Für Esther war es schlimm zu ertragen, dass sich so viele Schicksale auf St. Pauli in etwa in ihrem Alter befanden. Karina und nun Frank Nolte. Der Leichnam vom Hinterhof war, wie sein Studentenausweis auf dem Nachttisch im Schlafzimmer darlegte, vor drei Tagen 22 Jahre alt geworden.

»Echt krass, was so ein Liebeskummer mit einem machen kann«, begann Claus, nahm die Dienstmütze ab und warf die Jacke über einen

Stuhl. »Ich glaube, ich werde die Pinnwand mit den kopflosen Fotos seiner Freundin nie mehr aus meinem Hirn bekommen. Das muss man sich mal reinziehen, da nimmst du dir jedes Foto einzeln vor, schneidest deiner Freundin …«

»Eher Ex-Freundin, würde ich mal behaupten«, korrigierte Esther, stand auf, hängte Claus' Jacke an den Kleiderhaken und ihre daneben. Dann ging sie weiter zum Wasserkocher. »Aber ja, Liebeskummer ist einfach scheiße, will keiner haben. Es ist, als ob dein Herz 'ne Wurzelentzündung hat. Du kannst nichts machen, außer es aushalten oder betäuben.«

»Ja, okay, von mir aus. Dann eben Ex-Freundin. Wie auch immer, du schneidest also auf jedem Foto feinsäuberlich deiner Ex den Kopf ab und hängst die Bilder ordentlich drapiert wieder zurück an die Wand. So, als ob nichts passiert wäre. – Ist doch pervers, oder?«

Esther, die mit zwei Tassen Tee zurückkam, setzte sich, fasste an den Anhänger ihrer Silberkette, ließ ihn durch die Finger gleiten und murmelte:

»Weißt du, was ich mich seitdem frage?«

»Nee?«

»Was er wohl mit den Köpfen gemacht hat?«

WILLST MICH VERHAFTEN?

02. März 1983

»Kann das sein, dass ich dich vor drei Tagen vor der Wache gesehen habe?«, wollte Esther wissen, als sie Pico nach Dienstschluss in seiner Küchenzentrale in der Gerhardstraße antraf. Es stank nach ungelüftetem Zimmer und altem Frittenfett. »Mir war so, als ich mit meinem Kollegen vom Einsatz zurückkam.«

Pico, der sich gerade etwas zu essen machen wollte, lächelte süffisant.

»Magst du auch paar Nudeln?«

Esther bejahte, öffnete das Fenster und setzte sich.

»Und? Warst du's?«

»Schon gut, schon gut, Frau Kommissarin. Ich bekenne mich schuldig im Sinne der Anklage. Ich war's.«

»Polizeihauptwachtmeisterin. Kommissarin kommt noch. Naja, vielleicht?«

»Wo ist der Unterschied?«, hakte Pico nach. »Musst du erst 'nen dicken Fisch gefangen haben? Oder nur einfach absitzen?«

»Ein Studium, weißt du, ein Studium an der Fachhochschule Polizei liegt dazwischen.«

»Du willst noch studieren? Echt jetzt?«

»Keine Ahnung. – Und nun lenk' nicht ab, Pico. Also, warum warst du da?«

»Wollte mit dir sprechen.«

»Und warum dann doch nicht? Etwa zu viele Bullen im Revier?«

Pico lachte, während er einen großen Topf mit Wasser füllte, nach einem Beutel Nudeln suchte und anschließend Schinken, Eier, Ketchup und ein paar Gewürze bereitstellte. Er war mit Sicherheit kein Spitzenkoch von dem Kaliber, wie es sein Vater bis zu dessen Tod gewesen war. Aber es reichte, um ohne Magenverstimmung satt zu werden. Und notfalls gab es noch *Cuneo*, den Italiener um die Ecke.

»Also, was wolltest du mir sagen?«

»Wegen Karina.«

»Das trifft sich gut«, antwortete Esther. »Deswegen bin ich auch hier.«

»Echt? – Was willst du denn wissen?«

»Na, ob du sie gefunden hast?«

»Ja, hab ich«, antwortete Pico triumphierend, während er zwei Flaschen Holsten aus dem Kühlschrank holte, das Fenster wieder schloss und sich zu Esther setzte. »Sie ist hier!«

»Waaas? Sie ist hier? Zurück auf St. Pauli?«

Pico öffnete die beiden Flaschen an der Tischkante und ließ die Kronkorken sich mit weiteren Schrammen verewigen. Dann trank er sein Bier zur Hälfte aus, wischte sich den Mund trocken und antwortete:

»Nee, mien Deern. Sie ist nebenan!«

Esthers konnte es kaum glauben. Ihre Augen füllten sich mit Tränen und Pico konnte die Entladung ihrer Anspannung förmlich spüren. Er wollte sie nicht weiter auf die Folter spannen und erzählte von der Fahrt nach Kiel, davon, dass er mit ihr geredet hatte und sie nun wieder zurück sei.

»Kann ich sie sehen? Mit ihr sprechen?«

Pico ging zu den Zimmern und kam wenige Minuten später mit Karina zurück. Sie trug einen Bademantel, unter dem pinkfarbene Leggins sowie bis zu den Knien reichende pinkfarbene Lederstiefel zum Vorschein traten. Die blonde Lockenpracht war ins Gesicht drapiert. Sie schien müde und etwas abgemagert zu sein, doch Esther freute sich sie zu sehen und umarmte sie.

»Setz dich doch zu uns«, forderte Esther sie auf.

»Kann ich vielleicht auch Nudeln haben?«, fragte Karina und drehte im Anschluss den Kopf Richtung Esther.

»Was willst du denn hier? Willst mich verhaften?«

Esther erschrak.

»Ich? Aber iwo. Im Gegenteil. Ich habe mir Sorgen gemacht.« Sie schaute zu Pico. »Wir haben uns Sorgen gemacht.«

Karina deutete ein gequältes Grinsen an.

»Also, wenn sich Pico Sorgen gemacht hat, dann nur wegen der Kohle. Wie es mir geht, ist ihm scheißegal. Und bei dir?« Karina schaute ihr kurz ins Gesicht. »Ich weiß es nicht. Ist mir aber auch egal!«

»Doch, doch Karina«, startete Esther erneut und griff nach ihrer linken Hand. Dabei schweiften ihre Augen über den Unterarm, die Einstichwunden schienen ausgeheilt zu sein. Dafür entdeckte sie einen seltsam anmutenden Fleck links über dem Auge, den sie ganz offensichtlich wegzuschminken versucht hatte. Nicht größer als ein Groschen und doch war sie sich sicher, dass er beim letzten Mal noch nicht da gewesen war. Wurde sie geschlagen? Von Pico vielleicht? Damit sie zurückkam? Alles in Esther zog sich zusammen. Doch sie dachte an Sean Young und wollte cool bleiben. Besonnen agieren und fuhr ruhig fort: »Ich habe mir große Sorgen gemacht und du kannst dir gar nicht vorstellen, wie froh ich bin, dich nun am Tisch neben mir sitzen zu sehen.«

Karina zog ihre Hand zurück und Pico servierte das Abendmahl. Dann setzte er sich ebenfalls, klopfte wie am Stammtisch mit der Faust zweimal auf den Tisch und sprach:

»Lasst es euch schmecken, Ladys.«

ZU MIR ODER ZU IHR?

Es vergingen drei oder vier Tage, dann platzte Esther der Kragen. »Genug!«, schrie sie und haute mit dem Fuß gegen die nächstbeste Häuserwand. Zu sauer und enttäuscht gleichermaßen war sie über Picos Verhalten. Was nur hatte er sich dabei gedacht? Sie musste ihn zur Rede stellen und suchte ihn nach dem heutigen Schichtdienst auf.

»Zu mir oder zu ihr?«, begrüßte sie Pico am oberen Ende der Treppe, als er ein quietschendes Geräusch vernahm und die Schaltzentrale verließ.

»Erst zu dir, dann zu ihr«, antwortete Esther kurz. Ihre Stimme schnellte in die Höhe.

Sie stolperte die Stufen nach oben, setzte sich an den vernarbten Holztisch mit den zahllosen Schrammen und schaute zu Pico. Sie brauchte ein paar Sekunden, um sich zu sammeln. Esther war darauf bedacht, Picos Freundschaft nicht überzustrapazieren, und Pico wartete auf den Sturm, der unmittelbar bevorstand. Dabei guckte er sie fast liebevoll an. Genau das war zu viel.

»Warum hast du das nur gemacht?«

Ihre Stimme klang immer schriller, doch sie hatte die Kontrolle darüber verloren.

»Wie konntest du ihr das nur antun? Was bist du nur für ein Mensch. Ich dachte, du seist anders. Nicht so wie die brutalen Schläger der *GMBH* und *Nutellas*. – Anders halt.«

Pico, dem es von Minute zu Minute schwerer fiel Esthers Gedanken zu verstehen, entschied sich dennoch, weiterhin abzuwarten und toten Mann zu spielen. Bis jetzt war es auch nicht der erwartete Tsunami, wenngleich auch nervig, was da an ihm vorbeizog.

»Bist du stolz auf dich? Frauen schlagen, um an deine Kohle zu kommen? Was soll ich jetzt mit dir machen?«

Ob er zufrieden sei, Frauen zu klatschen, um an seine Kohle zu gelangen?, wiederholte Pico in Gedanken und gab auf. Weder konnte er verstehen, was Esther meinte, noch konnte er weiterhin nichts sagen. Er drehte sich zum Kühlschrank, fischte zwei Flaschen Bier heraus, hinterließ weitere Schrammen und schob eine Flasche zu Esther.

»Sorry, Baby, aber ich versteh' nur Bahnhof.« Dann hob er seine Flasche und setzte zum Trinken an. »Prost auch!«

Wie kann der jetzt bitteschön bloß in aller Seelenruhe sein Bier runterschlürfen, dachte Esther indessen und drehte völlig durch. Zwar hatte sie Karina noch am Abend in ihrem Zimmer auf die überschminkte Verletzung am Auge angesprochen und gefragt, ob es Pico war, der sie geschlagen hatte, was sie verneint hatte, doch sie hatte deutlich in Karinas Gesicht ablesen können, dass ihr die Frage danach mehr als unangenehm war. Karina hatte sofort zugemacht und sie gebeten, sie allein zu lassen.

»Wieso nur hast du sie geschlagen? Damit sie zurückkommt? Meinst du, ich habe die Verletzung über Karinas Auge nicht gesehen?«

Pico stellte die geleerte Flasche zu den anderen am Tischende und lachte. Er war erleichtert und lehnte sich auf dem Stuhl zurück, bevor er antwortete:

»Endlich weiß ich, was du meinst! Dachte die ganze Zeit, was faselt die Kleine denn da. Nee, sorry Baby, ich habe niemanden geschlagen. Ehrlicherweise ist mir Karinas Verletzung gar nicht aufgefallen. Nur, dass sie die Haare ins Gesicht gekämmt trägt, hatte mich verwundert, bei dem hübschen Gesicht.« Dann beugte er sich vor, drückte sein Kreuz durch und setzte fort: »Alles klar? Ich habe sie nicht geschlagen und habe das auch nicht vor. Und wenn du das denkst, kannst du gleich wieder gehen.« Dabei fuhr er mit der rechten Hand die Tischkante ab. Zehn Zentimeter in die eine Richtung, zehn Zentimeter in die andere Richtung, und das immer und immer wieder. Es schien fast so, als versuchte er die zahllosen Einkerbungen glatt zu bügeln. »Karina ist jetzt zurück und will die Schulden abarbeiten. Ist doch okay, oder? Und wenn es rund läuft, kann sie gerne länger bleiben. War's das jetzt?«

AIDS

28. März 1983

Während Nenas *99 Luftballons* auf den ersten Platz der deutschen Hitparade flogen und jetzt von dort oben für ausgelassene Stimmung sorgten, trübte sich diese auf Hamburgs Amüsiermeile mehr und mehr ein. Zwar gingen am Hafen nach wie vor täglich Seeleute und Matrosen von Bord, doch hatten die nicht nur Spaß und gute Laune im Gepäck, sondern mittlerweile auch einen neuartigen, einen tödlichen Virus. Ein Gespenst mit vier Buchstaben hatte Halt gemacht: AIDS.

Die Datenlage war auch nur knapp gesät, keiner wusste so richtig Bescheid, die Bevölkerung tappte im Dunkeln und stellte Vermutungen an. Letztlich regierte das Prinzip Hoffnung. »Wird schon nicht so schlimm sein«, hörte man beim Schlachter, beim Friseur und am Stammtisch. »Was von alleine kommt, geht auch von alleine wieder.« Doch das Virus dachte nicht daran und veränderte alles: die Arbeit der Prostituierten, die Arbeit der Luden, die Arbeit der Polizei.

Auch unter Esthers Kollegen wurde bereits länger über eine rätselhafte Immunkrankheit gemunkelt, irgendetwas, was sich im Sumpf der Homosexuellen und Drogenabhängigen abspielte. Und spätestens als Revierleiter Rielandt die Ansage formulierte, im Einsatz selbst bei persönlichen Kontrollen Lederhandschuhe zu tragen, war allen klar, dass sich etwas Unheilvolles auf St. Pauli zubewegte.

»Aids? Aids? Aids? Höre immer Aids. Aber bitteschön, was soll das sein?«, fragte Rudi bei der gemeinsamen Fußstreife, als er die Schlagzeilen an einem Kiosk las. Dort stand in großen Lettern: AIDS – *DROHT UNS EINE KATASTROPHE WIE IM MITTELALTER?* Einer anderen Tageszeitung war zu entnehmen: *WEM DIE STUNDE SCHLÄGT, IST UN-*

GEWISS. Rudi, so erbärmlich er auch war, zeigte geradezu menschliche Züge, denn er war besorgt. Er drehte sich zu Esther und setzte fort: »Ist das jetzt eine Pest, vor der wir uns fürchten müssen, oder so was?«

Doch Esther zuckte die Schultern. Wenn sie Pest und Mittelalter hörte, musste sie an Ratten mit nackten, schuppigen Schwänzen sowie an dahinsiechende Menschen denken, die in Hafennähe zu Leichenbergen aufgestapelt wurden. Doch davon waren wir hier in Hamburg weit entfernt. Sie überlegte lieber, wie ihre heutige Schicht wohl ausgesehen hätte, wenn eine dieser Mittelalter-Ratten vor langer Zeit Rudi gebissen hätte? Wäre er auch zum Hafen gebracht worden? Und vielleicht hätte man sich seiner dort ja auch gleich mit einem Stoß ins Hafenbecken entledigt? Die Vorstellung hatte was und sie griente in sich hinein.

»Ich sage mal so«, setzte Rudi philosophisch fort und holte Esther vom Hafenbecken zurück. »Egal was dieses Aids auch ist, du musst ja nicht alles einatmen, deinem Gegenüber zu dicht auf die Pelle rücken und jeden und alles anfassen.« Er strich sich durch sein schütteres Haar und finalisierte mit erhobenem Zeigefinger: »Vor allem aber nicht dein Ding in jedes Loch stecken.« Er ging ein paar Schritte und schob für die Kollegin nach: »Und ohne Gummi läuft nix mehr, Kleene. Solltest du dir merken!«

Esther ignorierte den gut gemeinten Rat und hoffte auf eine Ratte.

KAKAO BERUHIGT BEKANNTLICH DIE NERVEN

Längst war die Sonne vom Mond ersetzt worden und Sönkes Erschöpfung vom Warten hatte sich breitgemacht, als Esther ebenfalls in Harburg-Hausbruch eintraf.

»Na, das ist ja mal 'ne Überraschung«, begrüßte er sie ironisch, schaute zu Esther rüber und sah sofort, dass sie *es* vergessen hatte.

»Entschuldige bitte, wir waren noch in der *David-Quelle.*«

»Wer ist wir? Ich war auf jeden Fall nicht dabei.«

»Claus und ich, meine ich.«

»Was wolltet ihr da? Ich dachte, wir wollten heute mal wieder einen Abend *zusammen* verbringen?«

Esther hängte die Jacke an die Garderobe und gab Sönke zur Begrüßung einen Kuss.

»Sei nicht sauer. Claus wollte noch dahin und mir war es auch recht. Hatte heute wieder 'ne echt blöde Schicht mit Rudi, dem Ekel.«

Dann sah sie den großen Topf auf dem Herd und begann zu schnüffeln.

»Riecht das hier etwa nach Hühnersuppe?«, fragte sie, lupfte zugleich den Deckel und sah geköchelte Hähnchenstücke mit grünem Gemüse schwimmen. »Wie süß ist das denn?! Wusstest du eigentlich, dass Hühnersuppe mein absolutes Lieblingsessen ist?«

Natürlich wusste er es und nippte frustriert am Bier. Warum wohl war er zweieinhalb Stunden mit dessen Zubereitung beschäftigt? Hatte er vier Mal mit seiner Mutter telefoniert und noch Blumenkohl, Erbsen, Möhren, Schnittlauch und Petersilie für die Einlage besorgt. Er hatte sie überraschen wollen. Zum Jahrestag. Und im Kühlschrank wartete der Nachtisch. Wenn auch nur gekaufter.

»Weißt du, was er braucht?«, fragte er stattdessen. Er war einfach zu müde, um sich aufzuregen.

»Claus?«

Sönke nickte.

»Nee, was denn?«, antwortete Esther und begann, sich Suppe in einen tiefen Teller zu schöpfen.

»Mach dir doch die Suppe warm. Schmeckt doch sonst nicht«, grätschte Sönke dazwischen, der es als persönlichen Affront empfand, nach dieser Vorbereitung das Essen kalt hinunterzuschütten.

»Passt schon. Ich sterbe fast vor Hunger. Und kalt schmeckt sie genauso gut«, erwiderte Esther, lächelte und setzte sich zu Sönke an den Tisch. »Also, erzähl schon. Was braucht der Claus denn nun?«

»Ein Mädchen!«

»Ja, vielleicht. Hat gerade viel Pech mit den Weibern, so wie er sich ausdrückte.«

Sönke nickte und widmete sich wieder seinem Getränk. Am liebsten hätte er das Tiramisu zu den Blumen in die Abstellkammer gepackt. Ein toller Platz zum Jahrestag, oder?

»Sönke? Was hast du?«, fragte Esther, die bemerkte, dass er hochgradig genervt war. »Ist was bei der Arbeit?«

»Nö, *dort* ist alles prima! War nur in Gedanken.«

»Und was denkst du so, wenn du in Gedanken bist?«, bohrte Esther tiefer und begann von der Suppe zu kosten. »Denkst du dann vielleicht an mich?«

»Ich … ähh … mmmh … ach nichts.«

»Nun sag' schon! Büdde!«

Doch Sönke biss sich weiter auf die Lippen. Er wusste, wie schnell ein falsches Wort, eine missinterpretierte Betonung einen Streit auslösen würde, und er hatte morgen Frühdienst. Er war nur noch hundemüde. Er wechselte das Thema, wollte die Stimmung kurz anheben und dann ins Bett fallen.

»Was meinst du, wollen wir mal wieder essen gehen?«, fragte Sönke schließlich, der das Gefühl nicht loswurde, dass sich Esther seit dem Lübeck-Ausflug verändert hatte. »Ich meine, wenn das nicht zu Hause klappt, dann vielleicht ja außerhalb, bei einem netten Italiener oder Griechen vielleicht?!«

»Aber gerne. Wann möchtest du denn?«

»Morgen?«

Esther schaute auf den Wandkalender. Morgen war der 29. März, sie hatte ebenfalls Frühdienst. Sie schaute zurück zu Sönke, sah, wie er ihr prüfend in ihre Augen blickte, dann machte es klick. Scheiße verdammt! Es gab Hühnersuppe, genau wie an ihrem ersten Date am 28. März vor zwei Jahren. Hektisch sprang sie vom Stuhl auf, öffnete die Kühlschranktür und entdeckte zwei Portionen Tiramisu. *Auch das noch*, dachte sie. *Der gleiche Nachtisch wie an ihrem ersten Date.*

»Scheiße, scheiße, scheiße«, entfuhr es ihr lauthals. Sie schmiss die Tür zu und umarmte Sönke. »Du, ich hab's voll vergessen. Ich bin so verpeilt im Moment. Es tut mir leid, aber der Rudi raubt mir noch den letzten Verstand. – Alles Gute zum zweiten Jahrestag, mein Schatz.«

Sönke lächelte dünn, ging zur Abstellkammer und rettete die Rosen aus der Dunkelheit, die er irgendwann während des Wartens dorthin verbannt hatte. Er reichte sie Esther.

»Für dich, meine kleine Vergiss-mein-nicht!«

Dann schöpfte auch er sich einen Teller kalte Suppe ein, setzte sich zurück an den Tisch und fragte:

»Nun erzähl schon. Was hat der Idiot jetzt wieder gemacht?«

Esther lächelte erleichtert und sprach davon, wie Rudi sie immer noch mit doppeldeutigen Anspielungen zu schikanieren versuchte und immer mal wieder auf Tuchfühlung ging, sei es an der Schulter, in ihrem Gesicht oder am Hintern. Auch, und das war neu, erschien es ihr in den letzten Wochen fast so, als ob sie von ihm überwacht würde. Er schien alles mitzubekommen, was sie machte. Das reinste Schreckensregiment eben. Überflüssig zu sagen, dass sie ihn hasste, und überflüssig zu erwähnen, dass sie sich sein

Verhalten mehrfach verbeten hatte. Dass er bei einer Schicht mit seiner Hand über ihre Brust gefahren war, erwähnte sie nicht. Es war einfach zu demütigend gewesen. Sönke, der ihr bei den letzten Unterredungen geraten hatte, solche Prozeduren einfach charmant wegzulächeln, machte es nicht besser. Wie sollte das überhaupt bitteschön gehen? Lächeln und so tun, als sei nichts geschehen? Wäre das nicht eine Aufforderung zum Weitermachen? Oder sogar als non-verbale Zustimmung zu interpretierten? Allein so einen Vorschlag von sich zu geben, hatte Esther erstmals an ihm zweifeln lassen. Denn entweder war Sönke keinen Deut besser oder er hörte ihr einfach nicht zu. Vielleicht war es ja genau deshalb ganz gut, ihm jetzt eine weitere Chance des Zuhörens zu geben. Immerhin war heute ihr Jahrestag, da war es doch gut zu wissen, woran man bei seinem Partner war.

Sie hatte fertig geredet und schaute zu ihm rüber, sah, wie er die Flasche Bier leerte. Sie wartete auf eine Reaktion. Auf ein Aufflackern eines Geistesimpulses. Und wenn er jetzt nochmal was von *Weglächeln* auch nur im Entferntesten faseln würde, wäre sie die Erste, die sich entfernen würde. Noch heute. Und zwar von ihm …

Aber sie wartete vergebens. Sönke stellte stattdessen die Flasche beiseite, leerte den Teller und stand auf, um den Nachtisch aus dem Kühlschrank zu servieren. *Okay, ein kluger Schachzug*, dachte Esther, *Kakao beruhigt bekanntlich die Nerven.*

Dann, als beide das Tiramisu etwa zur Hälfte gegessen hatten, durchbrach Sönke endlich die Stille:

»Nun gut«, startete er und wischte sich Mascarpone vom Mund, »ich habe dir ja schon mal geraten, einfach über solchen testosterongesteuerten Aktionen zu stehen. Im Endeffekt ist Rudi doch ein armes Würstchen, der nur den Job hat. Er hat keine Frau, keine Freunde, noch nicht einmal einen beschissenen Hund, der zu Hause auf ihn wartet. Weißt du, was ich meine? Da ist nichts. Gar nichts.« Sönke hatte sich in Form geredet. Die Müdigkeit war wie weggeblasen und er sprach ohne Punkt und Komma weiter: »Man muss verstehen, wie er denkt, um ihm zu begegnen. Du musst verstehen, wie er denkt, wie er tickt. Ich meine so auf Augenhöhe. Du musst wissen, was er von dir weiß, und vor allem, was er von dir will. Denn in dem, was ihm fehlt, liegt seine Schwäche.«

Esther legte den Löffel zur Seite und wartete auf das *Aber*. Denn dass sie jetzt noch für Rudis Verhalten Verständnis aufbringen sollte, war jetzt doch eher wenig befriedigend.

»Allerdings«, setzte Sönke fort, »kann es nicht sein, dass er sich auf dich einschießt. Ist er eigentlich der Einzige auf dem Revier, der Probleme mit Frauen in Uniform hat?«

»Hin und wieder kommen auch Sprüche von anderen Kollegen, von wegen, dass Frauen eigentlich für die Küche und nicht für die Streife gemacht wurden. Und dass wir aufgrund unserer physischen Konstellation im Ernstfall nichts ausrichten könnten, wenn beispielsweise *Karate-Tommy* übel gelaunt vor einem stünde.« Esther wischte sich eine Haarsträhne aus dem Gesicht. »Nicht mehr so oft wie zu Anfang, aber ja. Kommt hin und wieder noch vor, aber eher hinterm Rücken. Ist aber alles nichts im Vergleich zu Rudis Attacken.«

»Soll ich mal mit ihm sprechen?«

»Mit Rudi oder mit *Karate-Tommy*?«, fragte Esther und war bereits jetzt komplett bedient davon, in welche Richtung das Gespräch lief.

»Na, mit Rudi natürlich.«

»Was soll das bitteschön bringen? Außer vielleicht, dass du damit signalisierst, dass ich zu klein, zu schwach, zu mädchenhaft bin, um mich selbst um meine Probleme zu kümmern.«

»Was ist denn die Alternative? Ich könnte auch mit Ludwig Rielandt sprechen oder du sprichst mit ihm.«

Esther schob den Rest Tiramisu weg. Sie hatte genug gehört. Sie wusste nicht, was sie erwartet hatte, aber auf jeden Fall nicht so eine Grütze. Sie stand auf, ging Richtung Bad und erwiderte:

»Danke fürs Essen. Ich mach mich jetzt bettfertig. Hab' Frühdienst!«

* * *

Esther wusste nicht mehr, was sie glauben sollte, wem sie glauben sollte. Sönke hatte sich in letzter Zeit distanziert, Rudi war ein Riesenarsch, Pico hatte sie angelogen und Karina schwieg, statt sich von ihr helfen zu lassen. Das war irgendwie alles anders geplant. Himmel! So ein Leben in der Großstadt konnte echt nerven! Es war hart, anonym und unberechenbar. Und natürlich war ihr klar gewesen, dass der Alltag mit Job und Freund in Hamburg nicht auf Filzsohlen vonstattenging, und das wollte sie auch gar nicht. Deswegen war sie hergekommen. Sie wollte ja Abwechslung, sie wollte Lärm, sie wollte Trubel. Das alles hatte eine Anziehungskraft in ihr entfacht. Aber gegen eine Mauer des Schweigens, der Lüge, der Erniedrigung anzurennen, hatte sie nicht erwartet. Esther fragte sich, ob sie sich ihr Selbstbild eines Allesverstehers, eines Alleskönners abschminken musste? Musste sie sich damit abfinden, auf ewig ein Landei zu bleiben? Da unten im Schwarzwald lief alles irgendwie runder, beschaulicher, ja, auch friedlicher ab. Nein! Esther schüttelte den Kopf. Sie liebte Hamburg, sie liebte den Job, zumindest meistens, und sie liebte Sönke, irgendwie. Sie musste sich nur noch mehr zusammenreißen.

Bestärkt von diesem Gedanken suchte sie am nächsten Tag nach der Schicht Karina bei Pico auf. Doch mit Ausnahme der Aussage, dass Pico sie nicht geschlagen habe und sie froh sei, wieder zurück zu sein, schwieg sie weiterhin. Keinerlei weitere Regung konnte Esther in ihrem blassen Gesicht ablesen. Schlimmer noch: Seit ihrer Rückkehr aus Kiel war auch sie verändert. Sie wirkte abwesend. Musste sich bei den Freiern regelrecht aufraffen, diese mit einem Lächeln zu begrüßen und zu bedienen.

»Was ist denn nur los mit ihr«, fragte Esther, als sie sich im Anschluss zu Pico in die Küche setzte.

Esther hatte sich vorgenommen, Picos Lüge und Karinas Schweigen hinzunehmen und abzuhaken. Genau dies war die Kehrseite der Medaille, die Esther ankotzte, aber als gelebte Realität auf'm Kiez zu verstehen begann. Wer war sie schon, sich als Richterin aufzuspielen? Ihr war nur eines klar: Wollte sie Karina helfen, musste sie in ihrer Nähe sein und durfte es sich mit Pico nicht verscherzen, der, solange es nicht ums Geschäft ging, ein ziemlich netter Typ zu sein schien.

»Was meinste?«

»Nun ja, sie wirkt irgendwie neben der Spur, sieht glanzlos aus. Nichts mehr übrig von dem fröhlichen Mädchen mit dem bezaubernden Lachen, wie du sie mal beschrieben hast.«

Pico wirkte überfragt und zog nichtsahnend die Schultern hoch. Karinas Einnahmen fielen in der Tat dürftiger aus als früher, was aber an dieser verfluchten Seuche namens AIDS lag. Aber immerhin, sie blieb am Mann und stotterte ihre Blockschulden ab.

»Keine Ahnung. Vielleicht Liebeskummer oder so?«

»Liebeskummer?«, murmelte Esther und dachte an Sönke. Sie musste an das Gespräch wegen Rudi denken und an das, was Sönke ihr empfohlen hatte, nämlich alles wegzulächeln und ihn besser zu verstehen.

»Darf ich dich mal was fragen?«

»Klar doch. Nur raus damit.«

Esther begann von Rudis Verhalten auf der Wache zu erzählen, davon, dass er sie tagein, tagaus anmachte, zu erniedrigen versuchte und ja, auch ein Stück weit überwachte, kurzum, dass er sie als Mensch und erst recht nicht als weibliche Kollegin für voll nahm.

»Wie soll ich dir dabei helfen?«, fragte Pico, nachdem er die Bierflasche geleert hatte.

»Du sollst mir sagen, was ich tun soll. Was würdest du machen, also, wenn du ich wärst?«

Pico erhob sich, ging zum Fenster und schaute auf die Straße. Auch heute waren erneut weniger Männer unterwegs. Er dachte an seine sechs Mädchen nebenan, die heute erst 19 Freier hatten abwichsen können. Er ärgerte sich und ballte seine Faust. Dann drehte er sich zu Esther:

»Verwandle deinen Ärger in Kampfesgeist. Verwandle deine Furcht in Stärke.«

Esther traute ihren Ohren nicht. Sie hatte irgendwas erwartet wie »Soll ich ihn mir mal vorknöpfen« oder »Ignorier den Idioten doch!«. Aber nein, das, was Pico von sich gab, haute sie von den Socken. Es hatte Substanz, geradezu Potenzial.

»Warte auf den richtigen Moment«, fuhr Pico unbeirrt fort und lockerte seine Finger, »das ist das ganze Geheimnis.«

»Was denn für'n Moment?«

»Den richtigen Moment, um dich unentbehrlich zu machen. Als eine Kollegin, auf die man sich jederzeit verlassen kann. Auf die man bauen kann, der man vertrauen kann. – Für Rolfi ist es ...«

»Rudi«, korrigierte Esther. »Der Typ heißt Rudi.«

»*Rammbock-Rudi*?«

»Ja.«

»Ahh, verstehe.« Picos Mund zuckte. Dann schnippte er kurz mit dem Finger. »Der Typ hat Angst. Er kennt es nicht, sich auf eine Frau verlassen zu müssen. Das ist neu und macht ihm Angst. Wenn du das erstmal verstehst, kannst du ihm diese Angst nehmen. Und zwar in dem Moment, wo er dich braucht, also wirklich braucht.«

»So einfach?«

Pico setzte sich zurück an den Tisch. Er fühlte sich gut in der Rolle des Erklärers und grinste über das ganze Gesicht. Die Sorgen der wegfallenden Freier waren für wenige Sekunden in Luft aufgelöst.

»Ja, ich denke schon! Außer er ist ein ...« Pico stockte, schaute in Esthers Augen und senkte die Stimme. »Außer er ist ein korruptes Bullenschwein und braucht keine Zeugen. Dann ist sowieso alles zu spät. Dann kannste nur hoffen, dass er sich möglichst bald eine Kugel einfängt und krepiert.«

Esther, die ab und an nicht ganz ernst gemeinte, aber durchaus ähnliche Hoffnungen hatte, schwenkte zurück zu Karina.

»Und was machen wir jetzt mit Karina?«

»Wie gesagt, die Freier werden weniger, aber sie lässt die Scheinchen rüberwachsen. Nur das zählt.«

Da war sie wieder, Picos kalte Art.

FREILOSE

Es schritt schleichend voran, auf leisen Sohlen, kaum wahrnehmbar, doch stetig. Der Horizont hatte sich längst zugezogen und alles unter ihm verdunkelt. Es war wie der schwarze Himmel vor dem reinigenden Gewitter.

AIDS? HIV? Immunschwäche? Niemand wusste, was das eigentlich sein sollte, was es bedeutete, auch wenn man nun häufiger von seltsamen Todesfällen in der Drogen- und Schwulenecke gehört hatte. Das war es dann aber auch. Punkt. Doch die Einschläge kamen näher und sie trafen St. Pauli wie eine Bombe. Auch wenn dies lange ignoriert wurde. Nun begannen die Luden gegenzusteuern, kauften Unmengen an Präservativen und verteilten diese wie Freilose auf dem Hamburger Dom. Sie erwarteten von ihren Mädchen nicht weniger, als dass ohne Wenn und Aber weiter angeschafft wurde.

Doch die Meile dünnte sich weiter aus und die Anziehungskraft der käuflichen Liebe verblasste zunehmend. Mit der käuflichen Liebe war kein Geld mehr zu verdienen. Die Männer blieben zu Hause und arrangierten sich. Live-Sex und Striptease-Nummern fanden nur noch vor halbleerem Publikum statt und der Konkurrenzkampf der Frauen um die letzten willigen Freier gestaltete sich dementsprechend härter und brutaler. Sowohl in den Großbordellen *Palais d'Amour* und *Eros-Center* als auch auf den Straßen rund um die Davidwache. Das Geld wurde knapp auf dem Kiez und viele Prostituierte verzichteten allzu oft auf die *Freilose*, wenn die zahlungskräftige Kundschaft einen Risikozuschlag für's Blankbumsen hinblätterte.

Auf dem Polizeirevier 15 war von fehlender Kundschaft hingegen nichts zu merken. Im Gegenteil. Der aufgestaute Frust der Kiezgrößen über ausbleibende Geschäfte verhalf dem Milieu zu frischen Knospen neuer Gewalt.

Wenn ein Geschäftszweig versiegte, galt es, einen neuen, möglichst lukrativeren aufzutun.

»Peter 15/4 von Michel 1, bitte kommen!«, schallte es an diesem Morgen aus dem Funkgerät, als Esther und ihr Kollege Hansi beim *Café Berg* einen Frühstückskaffee tranken.

Hansi griff sich das Teil und drückte die Sprechtaste:

»Peter 15/4 hört.«

»Verdächtige Schreie in der Erichstraße 5. Zwei Jungs wollen Hilferufe aus dem Kellergeschoss gehört haben. Schaut euch das mal an. Wir schicken Verstärkung.«

»Peter 15/4 hat verstanden. Sind unterwegs«, antwortete Hansi und reichte Esther den Wagenschlüssel.

»Es wird Zeit, dass du das Steuer übernimmst.«

»Ich?«, fragte Esther erstaunt und überglücklich zusammen.

»Du kannst doch fahren, oder?«

Esther nickte, nahm sich den Schlüssel und rannte zur Fahrerseite.

Die Erichstraße, eine der vielen Seitenstraßen, die von der Davidstraße abgingen, lag mit dem Peterwagen keine drei Minuten entfernt. Vor der Hausnummer 5 hatte sich bereits ein kleiner Menschenauflauf gebildet. Hansi sprang als Erster auf der Beifahrerseite heraus und hoffte, dass die beiden Zeugen noch zugegen waren.

»Moin in die Runde! Wer genau hat sich bei der Polizei gemeldet?«

»Das waren wir, Herr Kommissar.«

Ein Junge mit einem orangefarbenen T-Shirt, blauer Jeanshose und einem zerschrammten Fußball unter den Arm geklemmt trat einen Schritt aus der Menge heraus und zeigte auf seinen Kumpel.

»Als Bernd und ich hier vorbeiliefen, hörten wir vier Mal ganz deutlich einen Hilferuf, bevor dieser dann weg war.« Der Junge zeigte auf ein dunkles, von innen verkleidetes Kellerfenster. »Seitdem ist Funkstille angesagt.« Er schaute zu Bernd. »Stimmt doch, oder?«

Jetzt kam auch der Kumpel zum Vorschein. Er trug eine blaue Pudelmütze, HSV-Trikot und nickte. Ein kleiner Rotzstreifen lief ihm aus der Nase, den er mit dem Unterarm hastig wegwischte.

»Ja, Herr Kommissar, genau so war es. Erst Hilferufe, vier Mal, dann nüscht mehr.«

»Dürfen wir mal?«, ertönte es von rechts. Es war die versprochene Verstärkung in Gestalt von vier weiteren Beamten, die sich zwischen Häuserwand und Menschentraube postierten.

»Und tun Sie mir einen Gefallen. Wer nichts beobachtet hat, einfach weitergehen. Es gibt hier nichts zu sehen. Wir sind doch hier nicht bei Hagenbeck«, übernahm *Rammbock-Rudi* und stellte zwei Beamte ab, seinen Wunsch auch in die Tat umzusetzen. Dann wandte er sich an Hansi:

»Wollen wir nicht rein? Worauf warten wir noch?«

Hansi gab Bruno, dem vierten Kollegen, ein Zeichen, die Personalien der beiden Jungs zu notieren und ebenfalls die Situation draußen abzusichern. Dann folgte er zusammen mit Esther Rudi, der mittlerweile die Haustür aufgestoßen hatte, in den Hausflur und von dort über die schmale Treppe hinab in den Keller. Dort standen sie vor einer verschlossenen Holztür. Rudi entsicherte die Dienstwaffe und klopfte gegen das Holz:

»Hier spricht die Polizei. Öffnen Sie augenblicklich die Tür.«

Schweigen. Aus dem Keller drang kein Laut.

»Hier spricht die Polizei. Öffnen Sie augenblicklich die Tür«, wiederholte Rudi und klopfte erneut, dieses Mal noch fester.

Immer noch keine Reaktion. Allerdings konnten nun Geräusche im Inneren wahrgenommen werden. Es klang nach einem Getuschel einerseits und einem dumpfen, gequälten, kaum wahrnehmbaren Quieken andererseits. An Hansi gewandt, flüsterte Rudi:

»Es sind mindestens zwei. Ich gebe denen jetzt noch eine allerletzte Chance, ansonsten brechen wir auf.«

Er klopfte erneut, während Hansi und Esther die Dienstwaffen entsicherten.

»Hier spricht die Polizei. Öffnen Sie die Tür. Das ist unsere letzte Warnung. Das Haus ist umstellt. Keiner kommt hier unversehrt raus. Außer, Sie öffnen jetzt augenblicklich diese dämliche Tür.«

Weiter keine Reaktion. Rudi schaute zu Hansi und zählte eilig bis drei.

»Eins, zwei, drei.«

Dann holte er die Holztür mit einem gezielten Fußtritt aus den Angeln und schritt hinein. Er sah *Kartoffel-Karl*, einen Luden der *Nutellas*, an einem Bettgestell gefesselt und mit einem Handtuchknebel im Mund sitzen. Er sah übel zugerichtet aus. Daneben, vor dem rostigen Gestell, hockte eine halbe Portion mit einer Machete. Rudi richtete die Dienstwaffe auf die Portion:

»Machete weg. Sofort!«

Die halbe Portion, die Rudi noch nie wissentlich wahrgenommen hatte, tat, wie ihm aufgetragen, und schmiss das Buschmesser mit der langen Klinge in die Ecke. Es schepperte laut.

»Hinlegen, auf den Bauch. Sofort!«

Ängstlich legte sich der Peiniger bäuchlings hin und streckte alle viere von sich. Rudi ging zu ihm, drückte sein rechtes Knie in dessen Rücken und legte ihm die *Hamburger Acht* an. Er zog sie viel zu fest, sodass sich das kalte Metall in die Haut der halben Portion schnitt, der kurz aufjaulte. Währenddessen gingen Esther und Hansi zu Karl rüber, der den Spitznamen seiner kartoffelartigen Kopfform verdankte, und befreiten ihn von Handtuch und Fesseln.

»Ich habe mich, glaube ich, noch nie so über euch Bullen gefreut wie heute«, flötete *Kartoffel-Karl* und strich sich über seine Verletzung an der Stirn.

»Sieht übel aus«, antwortete Rudi. »Wir schicken dich jetzt erstmal ins Hafenkrankenhaus und dann unterhalten wir uns. Will wissen, was dieser ganze Zirkus hier soll.« Rudi schaute auf den immer noch am Boden liegenden Jammerlappen. »Was hast du denn mit so einer Pfeife zu tun? Wer ist das überhaupt?«

»Das ist der Neffe von *Beatle*. Seit zwei Tagen halten die mich hier fest. Wollen mich erpressen.«

»Was will denn der Vogeler von dir? Etwa 'ne neue Rolex?«

»Hör mir bloß auf. Der nervt, wegen der Abstecke von Susi. Wir hatten 15 Mille ausgemacht. Aber nun wollen die nicht zahlen. Sagen, das Geschäft sei ja ohnehin tot.« Karl richtete sich langsam auf und spuckte Blut auf den Boden. »Dann fragt sich natürlich nur, was sie von meiner Susi wollen. Die bekloppten *GMBH*-Spinner.«

Während Rudi und Karl zum Hafenkrankenhaus fuhren, brachten die beiden Kollegen von draußen den angeblichen Neffen der *GMBH*-Größe Walter *Beatle* Vogeler zur Wache. Esther und Hansi warteten vor dem Haus auf die Kollegen der Kripo und Spusi.

»Das ist kein Kavaliersdelikt. Da kommt 'ne Menge zusammen. Freiheitsberaubung, Erpressung, Körperverletzung, wahrscheinlich noch Nötigung«, begann Hansi aufzuzählen und fischte eine Zigarettenpackung aus der Innentasche. Doch Esther hörte nur halbherzig zu. Sie beobachtete den Kollegen Bruno, wie er als Einziger der Vier-Mann-Verstärkung allein, nur wenige Meter entfernt, zurückgelassen wurde und nicht genau wusste, was er mit sich anfangen sollte. Keiner wollte seit dem Virus mehr etwas mit ihm zu tun haben, weil er wohl, so die Gerüchteküche, schwul zu sein schien.

»Weißt du, wie er von einigen Kollegen genannt wird?«, fragte Hansi, zog genüsslich an der Roth-Händle und reckte den Kopf Richtung Bruno.

»Nein.«

»Schwulibert. Dabei sind sie doch nur neidisch, wie gut er mit seinen 62 noch aussieht.«

»Schwulibert«, wiederholte Esther leise. Für sie war es nur ein schwacher Trost zu wissen, dass sie nicht die Einzige war, die von Kollegen gemobbt und gemieden wurde. Aber sie würde das mit Rudi und den anderen Idioten schon aushalten. Irgendwann, so ihre Hoffnung, hätten sie sich an ihr abgearbeitet. Doch Bruno wurde von einer Sekunde zur nächsten von allen verstoßen. Nicht weil sie ihn auf dem Kieker, sondern weil sie *wirklich* Schiss in seiner Nähe hatten. Er war für sie ein potenzieller Pestherd, nicht sicher, wann er ausbrach.

»Du weißt ja. Es trifft vor allem diejenigen, die besonders gut aussehen und potent sind.«

»Was jetzt?«

»Na, das Virus, mein' ich.«

»Was ist denn das für ein Quatsch!«, ging Esther instinktiv dazwischen. »AIDS kann uns doch sicherlich alle treffen. Das trifft doch nicht nur die hübschen, die attraktiven Männer.«

»Wie du meinst«, antwortete Hansi und zog die Schultern hoch. »Fakt ist aber, dass ich, wenn ich durchtrainierte und gutaussehende Männer sehe, immer ein paar Zentimeter zurücktrete. Und du weißt hoffentlich, dass ich nicht zu dieser Anti-Schwulenclique gehöre. Und genau das würde ich dir auch raten. – Wer weiß, jeder dieser Adonisse könnte ein Todesengel sein.«

Esther hatte genug und ging, als die Kollegen der Kripo heraneilten, demonstrativ zu Bruno rüber.

»Hast du die Personalien der beiden Zeugen?«

Bruno nickte, lächelte zögerlich und reichte ihr das Blatt Papier.

»Gut so, dann können wir ja zurück zum Revier.«

VERBRECHEN OHNE NAMEN

02. Mai 1983

Die gestrige Mai-Kundgebung des DGB auf dem Platz vor dem Besenbinderhof hinterm Hauptbahnhof mit etwa 30.000 Teilnehmern, bei der auch Esther aushelfen musste, verging ohne nennenswerte Zwischenfälle. Das Einzige, was sie aufhorchen ließ, war die Forderung des Hamburger Gewerkschaftschefs Hans Saalfeld zur besseren Verteilung der knapper gewordenen Arbeit. Er verlangte von der Politik die Einführung der 35-Stunden-Woche.

Von einer 35-Stunden-Woche war der Kiez weit entfernt. Dort zerbrachen sich Zuhälter und Bordellwirte 24/7 die Köpfe, wie die Verluste der Huren zu substituieren waren. Sie setzten neben Kondomen auf eine neue, für jeden sichtbare Hausordnung: Hygiene, Hygiene, Hygiene. Und ließen dafür das Reinigungspersonal mit Eimer und Lappen rund um die Uhr durch die Flure marschieren. Hauptsächlich zur optischen Beruhigung der Freier. Am liebsten hätten sie zusätzlich in jedem Hurenzimmer eine Art Unbedenklichkeitsbescheinigung an die Wand genagelt, ähnlich wie die Friseure und Maler es taten mit den *Meisterbriefen*. Sie spielten einfach auf Zeit.

Nach dem Frühdienst ging Esther nach längerer Zeit wieder in die Gerhardstraße. Sie wollte Pico und Karina einen Besuch abstatten. Als sie die Stufen der schmalen Holztreppe hinaufstieg, wurde sie oben bereits von Pico in Empfang genommen. Er lehnte an der Wand, die Hände in den Taschen, ein überraschter Ausdruck im Gesicht.

Esther spürte, wie sich in ihr ein wohliges Gefühl breitmachte.

»Lange nicht gesehen!«, begrüßte sie ihn.

»Und da dachte ich bei dem Quietschen doch glatt 'ne Sekunde, es wäre der erste Freier des heutigen Tages. Aber dich nehmen wir natürlich auch.«

»Echt so schlimm?«

Pico nickte.

»Nicht einen! – Und es verschiebt sich alles nach hinten. Vorbei die Zeiten, wo die Freier vor der Arbeit für einen Guten-Morgen-Fick oder in der Mittagszeit auf einen Verdauungs-Quickie vorbeikamen.« Pico winkte nur müde ab. »Mal schauen, was der Abend noch bringt.«

»Und die letzten Tage?«

»Gestern waren es elf Freier, vorgestern siebzehn, vor zwei Wochen noch so um die dreißig.«

Esther verzog keine Miene, zu eindeutig die Fakten.

»Und Karina? Wie geht es ihr?«, wechselte sie das Thema und reichte Pico zur Begrüßung die Hand. »Kann ich zu ihr?«

»Ihr geht's schlecht. Und die Tatsache, dass sie so gut wie nichts mehr abbezahlt, macht die ganze Situation nicht besser. – Aber ja«, Pico zeigte auf Karinas Zimmer, »vielleicht freut sie sich ja *auch*, dich zu sehen?«

Auch?, dachte Esther und lächelte. *Vielleicht freut sie sich ja auch, dich zu sehen?* Das gefiel ihr. Sie hatte es auf jeden Fall genossen, Pico anzutreffen. Sie ging weiter zu Karina und klopfte an die Zimmertür:

»Karina, hallo. Ich bin's. Die Esther. Kann ich reinkommen?«

»Was willst du denn hier?«, erklang es unwirsch aus dem Inneren des Zimmers.

»Bisschen reden. Fragen, wie es dir geht. Ob ich was für dich tun kann.«

»Mir geht's nicht gut. Vielleicht ein anderes Mal. Aber danke, dass du gefragt hast.«

»Lässt du mich trotzdem rein? Ich bleib auch nicht lang. Versprochen. Büdde.«

Da eine erneute Widerrede ausblieb, betrat Esther das Zimmer und setzte sich an das Fußende des mit roter Samtwäsche überzogenen Bettes, auf dem Karina im Schneidersitz hockte und aus dem Fenster schaute. Karina drehte sich zu ihr, lächelte unsicher und reichte ihr die Hand. Sie sah furchtbar aus. Abgemagert, blass und der Fleck am linken Auge war nicht mehr zu übersehen. Sie hatte auch gar nicht mehr versucht ihn zu überschminken. Die Arme, die aus der Bluse herausragten, waren mit weiteren dunklen Flecken übersät. *Oh, mein Gott,* durchfuhr es Esther und sie musste sich beherrschen, nicht gleich loszuheulen. Das hatte sie noch nie gesehen. Das also war das Virus! Sie spürte augenblicklich die Einsamkeit tief in Karinas Seele, und der Schmerz, der unmöglich zu heilen war, war greifbar. Dann gab sie sich einen Ruck und griff nach der Hand. Sie war spröde wie Schmirgelpapier.

»Wie geht es dir, Süße?«, fragte Esther wie betäubt und ärgerte sich zugleich über diese bescheuerte Frage. Wie sollte es Karina schon gehen? Dem Tode geweiht?

Esther stand verunsichert auf, öffnete das Fenster und fuhr sich durch die Haare. Sie stockte, schaute auf ihre rechte Hand und merkte, wie es heiß-kalt durch ihren Körper schoss. Sämtliche Alarmglocken läuteten in ihrem Kopf. Hatte sie sich gerade angesteckt? Eine unendliche Sekunde lang wirkte alles wie ein Standbild, erstarrt in blanker Panik. Sie war durcheinander, fühlte sich aber immer noch für Karina verantwortlich und schob ihre Angst beiseite. Sie setzte sich zurück zu ihr.

»Besser, als es aussieht«, antwortete Karina und zwang sich zu einem zuversichtlichen Gesichtsausdruck.

Doch Esther glaubte kein Wort. Die Angst in ihren Augen war nicht zu übersehen.

»Aber es ist so ungerecht. Da kommt irgendein Vollidiot, steckt mich an und verschwindet 20 Minuten später wieder in der Dunkelheit«, fuhr sie fort. »Und weißt du was? Ich kann ihm noch nicht mal böse sein. Mit Männern zu schlafen ist nun mal mein Beruf und vielleicht wusste er es ja gar nicht. Ich meine, dass er ein Todesengel war. Vielleicht wollte er einfach nur mal Dampf ablassen und Spaß mit einer hübschen jungen Frau haben. – Die ich jetzt aber nicht mehr bin.«

Karinas Stimme versagte. Sie räusperte sich und sprach, kaum hörbar, weiter. Mit jedem weiteren Wort schlug Esther die Tragik weiter ins Gesicht und sie bemerkte, wie sich Karinas Augen mit Flüssigkeit füllten. Sie wollte ihre Hand nehmen, stockte erneut für einen kurzen Moment und nahm sie schließlich. Sie drückte sie fest an sich und wollte sie nie wieder loslassen. Es war ein Verbrechen ohne Namen. Sie ein Opfer ohne Stimme. Es war Karinas Geschichte und Esther verdammt, ihr beizustehen.

HSV – JUVENTUS TURIN

26. Mai 1983

Die Stimmung im wunderschönen Hamburg war ausgelassen, fast euphorisch, zumindest für die HSV-Fans unter ihnen. Gestern Abend hatte der HSV durch einen sehenswerten Linksschuss von Felix Magath Juventus Turin mit 1:0 besiegt und erstmalig den Fußball-Europapokal der Landesmeister in die Hansestadt geholt. »Der Hamburger SV«, schwärmte selbst Bundestrainer Jupp Derwall, der auf der Ehrentribüne in Athen Platz genommen hatte, »hat der Welt gezeigt, wie attraktiv Fußball sein kann. Er hat dem bundesdeutschen Fußball, der nach der Weltmeisterschaft in Spanien in Misskredit gefallen war, einen großen Dienst erwiesen.«

Gegen 13.00 Uhr wurde die Mannschaft mit einer Chartermaschine aus Griechenland in Fuhlsbüttel zurück erwartet. Die Hundertschaften der Polizei waren vorbereitet. Die Davidwache auch, nachdem Tausende Anhänger bereits gestern die Nacht zum Tage gemacht hatten und grölend mit einem Autokorso durch das Viertel gezogen waren. Auch heute Morgen noch waren die Spuren überall sichtbar. Müllberge, wohin das Auge reichte.

»Hast du das Spiel gesehen?«, wollte Johann wissen, der heute mit Esther Fußstreife hatte, als beide die Davidwache Richtung Große Freiheit verließen. »Eigentlich bin ich ja Fan des 1. FC St. Pauli, aber bei einem Europacup-Finale, nun ja, da hab ich mir dann gesagt, Hauptsache Hamburg, und hab' dem HSV die Daumen gedrückt.«

Esther nickte zustimmend.

»Sönke, also mein Freund Sönke, ist ein großer HSV-Fan, so mit Trikot und Schal bei jedem Spiel. Ganz egal, ob im Stadion, vor'm Radio oder wie gestern vor der Glotze. Und, na klar, da habe ich natürlich mit ihm mitgefiebert. Allerdings«, Esther warf gleichgültig die Hände in die Luft, »war es doch auch ziemlich langweilig das Ganze. Sie hätten auch, wenn du mich fragst, getrost nach acht Minuten abpfeifen können. Das Spiel war ja dann bereits entschieden. Danach passierte doch nichts mehr.«

»Langweilig?«

Johann riss die Augen auf, konnte nicht glauben, was er da hörte.

»Ach, was frag ich dich überhaupt. Das war ein Jahrhundertspiel.«

Johann beendete das Gespräch und überquerte am Zebrastreifen die Reeperbahn Richtung Große Freiheit. So eine dumme Antwort ärgerte ihn maßlos. Und es ärgerte ihn, dass er überhaupt versucht hatte mit einer Frau über Fußball zu fachsimpeln. Fußball war, ist und blieb eben Männersache. Und das gestrige Finale war an Spannung nicht zu toppen gewesen, es stand bis zur letzten Sekunde auf des Messers Schneide. Allein schon wegen der Ausnahmetalente Michel Platini, Paolo Rossi und Roberto Bettega. Hätte die *Alte Dame* nur ein einziges Tor gemacht, hätte das Verlängerung bedeutet. Und jeder wusste, zumindest jeder Fußball-Fan, dass das dann alles bedeuten konnte. Vor allem, wenn man wie Juve einen Dino Zoff im Tor stehen hatte. Doch Johann ließ Nachsicht walten, während der Ärger langsam verflog. Er sagte sich, genauso wie es nicht möglich war, einem Blinden zu erklären, was *Farben* sind, war es nicht möglich, einer Frau die Kunst des Fußballspielens näherzubringen. Jede weitere Erklärung reinste Zeitverschwendung. Nicht einmal der größte Philosoph hätte das vermocht. Er entschied sich, die Euphorie über den HSV-Sieg für sich allein zu genießen und die blinde Frau blinde Frau sein zu lassen.

»Weißt du eigentlich«, fragte Johann Minuten später, als beide in die etwa 360 Meter lange Große Freiheit einschlugen, »woher die Große Freiheit ihren Namen hat?«

Esther überlegte, ob sich *Freiheit* auf die hier offen zur Schau gestellte sexuelle Freiheit beziehen konnte. Vielleicht hatte es aber auch etwas mit einer möglichen Zoll-Freiheit im benachbarten Hafen zu tun? Doch letztlich wusste sie es nicht, verwarf beide Ansätze und antwortete nur knapp:

»Nö.«

»Keine Idee?«

Esther schüttelte den Kopf. Entweder sollte Johann sagen, was er wusste, oder einfach die Klappe halten. Sie hasste die Art, wie er von oben herab mit ihr, dem kleinen Dummerchen aus dem 923-Seelen-Dorf, sprach. Sie hätte ihn ja im Gegenzug auch mal etwas in Sachen Anbau Badischer Weine fragen können, oder was er vom Bibeleskäs hielt.

»Wegen der Religionsfreiheit und so ...«

»Ach so.«

Ach so?, dachte Johann und fühlte sich bemüßigt, der Kollegin weitere Erklärungen zukommen zu lassen.

»Also, die dort ansässigen Handwerker und Glaubensgemeinschaften genossen in der damals unabhängigen Stadt Altona Religions- und Gewerbefreiheit. Genauso wie in der Kleinen Freiheit, die da hinten verläuft.« Er zeigte mit der Hand halblinks nach vorne. »Das war damals so was wie 'ne eigene Wirtschaftszone, so wie die Schweiz heutzutage, weißt du?«

»Okay«, antwortete Esther und nickte interessiert.

»Und die St.-Joseph-Kirche da vorne, weißt du, die erinnert uns täglich an diese Religionsfreiheit. Zumindest soll sie es.«

»Ich hatte mich sowieso schon gefragt, wie das sein kann, dass direkt neben Bordellen, Puffs und Sexshows eine katholische Kirche steht. Also, ich find's super, aber schon seltsam.«

»Und jetzt, Esther, weißt du warum! Das heißt, wenn dich einer der St.-Pauli-Touristen anspricht und fragt, hast du die Erklärung. Die Religionsfreiheit«, subsumierte Johann selbstzufrieden, als sich das Funkgerät meldete.

»Peter 15/12 von Michel 1, bitte kommen!«

Esther griff zum Gerät und drückte die Sprechtaste:

»Peter 15/12 hört.«

»Prostituierte schwer verletzt. Friedrichstraße 8. Zweite Etage bei Daniela.«

»Peter 15/12 hat verstanden!«

Als Esther und Johann an Danielas Tür klopften, öffnete eine hübsche Frau, Mitte dreißig, in Dessous und High-Heels. Die blondierten Haare streng zu einem Zopf geknotet. Die Augen waren rot unterlaufen und auf ihrem Gesicht waren deutlich Blutspuren zu erkennen, ebenso auf der Schulter. Die Verletzung an der Schläfe etwa 3 cm lang.

»Sind Sie Daniela?«, fragte Esther und betrat, ohne eine Antwort abzuwarten, das Zimmer. Johann folgte.

»Ja, das bin ich«, erwiderte sie kaum wahrnehmbar.

»Sind Sie allein?«

Schweigen.

Esther schloss die Tür, leise, und gab Johann ein Zeichen, einen Blick ins Badezimmer zu werfen, als sie von dort ein Geräusch wahrnahmen. Es war die Toilettenspülung, die aufgezogen wurde.

»Wer ist im Badezimmer?«, flüsterte Johann, doch Daniela antwortete auch ihm nicht. Dann öffnete sich die Badezimmertür und ein massiger Kerl mit beginnenden Geheimratsecken erschien. Eine goldene Cartier-Panzerkette schmückte den wulstigen Hals, klobige Goldringe zierten die Finger. Ansonsten stand er da, wie Mutter Natur ihn geschaffen hatte, und schaute in zwei auf ihn gerichtete Dienstwaffen.

»Hinlegen«, schrie Esther und zeigte mit der linken Hand zu Boden.

Doch der Mann schaute sie nur mit leeren Augen an, griff vorsichtig nach einem seidenen Morgenmantel, der über einem Stuhl lag, und zog ihn über.

»Hinlegen«, wiederholte Esther. »Auf den Boden. Sofort!«

Die Augen des massigen Kerls wanderten von Esther zu Johann und zurück. Dann legte er sich ohne Widerspruch auf den rot-grün gestreiften Plüschteppich vor Danielas Himmelbett und breitete seine Arme aus.

Johann übernahm und legte ihm die Handfesseln an.

»Wer ist das?«, fragte der Beamte. »Erzählen Sie uns, was passiert ist.«

»Nichts ist passiert!«, ging der seidene Morgenmantel dazwischen, der sich mit Ingo vorstellte. Er drehte den Kopf zu Daniela, die sich aufs Bett gesetzt hatte, und ergänzte: »Kannst du den Bullen sagen, dass nichts passiert ist!«

»Nach *nichts* sieht mir das aber nicht aus. Es schreit doch förmlich nach Körperverletzung am Arbeitsplatz«, erwiderte Johann betont sachlich. Er hasste Männer, die wehrlose Frauen schlugen und so taten, als wäre nichts passiert. Genauso hasste er es, als Bulle bezeichnet zu werden. Er ging davon aus, dass aufgrund der aktuellen Wirtschaftslage Ingos Nerven blank lagen und er sich Luft machen wollte. Er wandte sich an Daniela:

»Brauchen Sie einen Arzt?«

Doch Daniela schüttelte den Kopf und erwiderte, erneut kaum wahrnehmbar:

»Nein, das geht schon.«

»Aber was ist denn nun passiert? Wir benötigen Ihre Aussage, damit wir den Abschaum von der Straße bekommen. Das können wir gleich hier machen oder bei uns auf dem Revier. Und dann ab zum Arzt, der sich Ihre Verletzung anschaut.«

Daniela blickte zu Ingo runter, der den Kopf hob und sie drohend anstarrte, während der restliche massige Körper wie ein Schneeengel in den orange-grünen Fasern, die so dick wie Raupen und so lang wie Strohhalme waren, zu verschwinden drohte.

»Daniela!«, ging Esther dazwischen. »Schauen Sie mich an und sagen Sie endlich, was genau passiert ist. Sie brauchen keine Angst mehr zu haben. Sie sind in Sicherheit!«

Mit einer zurückhaltenden Kühle, die mit dem offensiven Charme des horizontalen Gewerbes nicht das Geringste gemein hatte, antwortete sie nach einem kurzen Moment:

»Das ist mein Freund. Und ich möchte Sie bitten, ihn wieder loszumachen, er hat mit dem Ganzen nichts zu tun.«

»Nichts zu tun?«, fragte Johann. »Und Ihre Verletzung?«

Daniela fasste sich an das Gesicht und strich über die drei Zentimeter.

»Das war eine Verkettung unglücklicher Umstände. Aber Ingo hat damit nichts zu tun. Und ich möchte, dass Sie jetzt gehen.«

»Was denn für 'ne Verkettung?«, fragte Esther und Johann ergänzte:

»Und der Notruf? Hat sich das Telefon auch durch eine unglückliche Verkettung selbst gewählt? – Wie die Kollegin schon gesagt hat, Sie brauchen keine Angst mehr zu haben.«

Doch Daniela blieb bei ihrer Geschichte, erhob sich von der Bettkante und öffnete den Beamten die Tür. Den Beamten blieb keine andere Wahl, sie befreiten Ingo von den Fesseln und zogen von dannen.

»Die sehen wir bald wieder!«, sagte Esther, als beide durch das Treppenhaus zur Straße gingen.

»Sicher werden wir das. Denn Daniela wird weiter die letzten Freier ficken, während Ingos Kopf von der Eifersucht gefickt wird.«

»Moment! Du meinst, der Typ war eifersüchtig? Ein Zuhälter, der eifersüchtig ist?«

»Aber klar doch. Sind doch auch nur Menschen.«

»Aber wie kommst du darauf?«

»Hätte er seiner Süßen sonst ins Gesicht geschlagen? Wohl kaum. Du kennst doch die alte Regel im Milieu? Schlage nie der Ware ins Gesicht. Ist schlecht fürs Geschäft.«

FREIES WOCHENENDE

Endlich wieder zwei gemeinsame freie Tage im Hause Esther-Sönke. Die Wetteraussichten versprachen sommerliche Temperaturen und Sönke wollte die Zeit nutzen, seiner Verlobten in entspannter Atmosphäre auf den Zahn zu fühlen. Sie hatte sich seit der *Frage der Fragen* verändert, war immer später nach Hause gekommen und hatte den Jahrestag vergessen. Er fragte sich, ob sie überhaupt noch wollte. Also wirklich wollte. Oder ob der Antrag auf dem Lübecker Weihnachtsmarkt ausreichend war, um auf der *Was-will-ich-in-meinem-Leben-noch-erlebt-haben*-Liste einen Haken zu machen? Trotz klarem »Jaaaa, ich will!« schien Esther auf ihn unsicher, was sie fühlte. Und noch unsicherer, was sie eigentlich fühlen sollte.

Doch vielleicht rührte ihre Unsicherheit daher, dass sie, wie sie ihm vor ein paar Tagen erzählt hatte, bisher nicht damit gerechnet hatte, überhaupt jemals zu heiraten und Kinder zu bekommen? Sich einfach nie mit dem Gedanken auseinandergesetzt hatte, ohne ihn sich gleich als unmöglich aus dem Kopf geschlagen zu haben. Es ging für Sönke nun darum, entspannte Rahmenbedingungen für zwei perfekte Tage zu schaffen. Und wie startete solch ein Tag? Mit Frühstück im Bett, in dem beide dann noch bis nachmittags liegen geblieben waren und nur deshalb aufstanden, da ein Tisch bei *Dimitri* reserviert war, bevor es im Anschluss in die Spätvorstellung des heimischen Kinos ging. Als Esther am nächsten Tag erneut vom Duft frischer Brötchen, Kaffee und Sönke geweckt wurde, beschlich sie ein seltsames Gefühl. Sie rappelte sich auf, fuhr sich durch die Haare und legte seine Hand in ihre.

»Okay, ganz egal, was du angestellt hast. Ich verzeihe dir!«

»Was meinst du, Liebes?«

Esther blickte auf das reichlich gedeckte Tablett und rieb sich den Schlaf aus den Augen. Sie hatte zuletzt als Kind im Bett gefrühstückt, wenn man mal von den acht Tagen im Krankenhaus absah, als sie sich in der elften Klasse eine Schulterverletzung zugezogen hatte.

»Na, das hier eben. Zum zweiten Mal in Folge Frühstück ans Bett. Also, was ist passiert? Du kannst mir alles beichten.«

Sönke lachte und gab ihr einen Kuss.

»Darf man seine Verlobte nicht einfach nur so verwöhnen? Einfach nur, weil es sie gibt?« Sönke fixierte Esther mit glühendem Blick, ergänzte: »Weil es *dich* gibt!«

* * *

Die darauffolgenden Tage und Wochen vergingen wie im Flug. Esther hatte kaum Zeit, sich über irgendetwas Gedanken zu machen. Weder über Sönkes romantische Auffrischungskur, die sich allerdings schwerpunktmäßig auf die zwei freien Tage begrenzt hatte, noch über Pico oder Rudi. Sie musste im Dienst krankheitsbedingt funktionieren und schob eine Überstunde nach der nächsten.

ZEUGENSCHUTZPROGRAMM

19. Juli 1983

»Esther! Esther! Ich will mit Esther sprechen!«, schrie eine den Polizeikollegen unbekannte und völlig aufgelöste Hure mit zu wenig Stoff am Leib und einer blauen Sporttasche über der Schulter, die Tage später auf der Davidwache erschien. »Ist sie hier? Ich muss mit ihr sprechen.«

Uwe, der heute nicht nur Spätdienst am Wachtresen hatte, sondern auch seinen letzten als Polizist, staunte nicht schlecht. Es kam nur äußerst selten, ach was, eigentlich nie vor, dass eine Prostituierte ins Revier hineinschneite. Uwe zumindest hatte so etwas in den knapp 32 Jahren Davidwache erst zweimal erlebt. Zu groß die Angst der Frauen davor, von irgendwelchen Luden dabei gesehen zu werden. Und entsprechend übel zugerichtet sah sie aus, ihr Gesicht, an mehreren Stellen angeschwollen, glich einem Ballon. Der, der da zugelangt hatte, hatte keinerlei Hemmungen. Uwe schenkte ihr ein warmes Lächeln und antwortete:

»Die Kollegin Esther Lindemann ist auf Fußstreife, kann ich Ihnen denn weiterhelfen?«

Der kleine flachbusige Blondschopf mit den blauumrandeten Augen, der sich mit Birgit vorstellte, senkte den Kopf um 90 Grad und gab den Blick auf drei kahle Stellen frei. Uwe sah, dass sie nicht nur ordentlich Prügel hatte einstecken müssen, sondern dass ihr auch mehrere Haarbüschel herausgezogen worden waren. Dann lupfte sie das Shirt. Der gesamte Oberkörper war übersät mit Hämatomen, einige alt, die meisten frisch.

»Verstehst du jetzt, warum ich mit einer Frau sprechen will?«, fragte sie fordernd.

Uwe nickte sichtlich bestürzt.

»Wissen Sie was, ich rufe die Kollegin per Funk. Einverstanden?«

Birgit setzte sich auf die Holzbank neben Werner, der seit halb sieben im grünen Dress wort- und regungslos dort verharrte.

Keine fünf Minuten später kam Esther ins Revier zu Uwe an den Tresen geeilt, der sie gleich an die Holzbank verwies. Esther schaute sich kurz um. Uwe hatte nicht übertrieben, die Hure sah wirklich schlimm zugerichtet aus, aber es hieß, dass sie vernehmungsfähig sei. *Nun gut*, dachte Esther und wunderte sich nur, woher der Blondschopf ihren Namen hatte. Begegnet war sie ihr jedenfalls noch nie.

»Moin, ich bin Esther Lindemann. Sie wollten mit mir sprechen?«

Birgit stand auf und überragte Esther, auch dank der pinken High Heels, um Kopflänge. Sie lupfte erneut für einen Moment das Shirt.

»Können wir irgendwo ungestört reden? Es bedeutet für mich ein großes Risiko hier zu sein. Und trotzdem werde ich von deinen männlichen Kollegen wie auf einem Präsentierteller im Eingangsbereich platziert. Das ist nicht gut. Nicht gut für mich und meinen Ruf. Gar nicht gut, weißt du?«

Esther schaute zu Uwe und gab ihm ein Zeichen, dass sie in einen der Verhörräume gingen. Uwe nickte und sein Blick folgte beiden, bis sie verschwunden waren.

Esther begann die Vernehmung mit der Aufnahme der Personalien. Birgit Gutemuth, 22 Jahre alt, in Norderstedt geboren und dort immer noch wohnhaft, bei der Mutter. Seit dem 17. Lebensjahr arbeitete sie als Prostituierte, erst auf dem Babystrich in der Schmilinskystraße in St. Georg, dann am Hafen und seit einem Jahr bei Alex in der Davidstraße.

»Alex ist Ihr Zuhälter?«, fragte Esther nach und schrieb alles fein säuberlich in das Notizbuch. Auch dass Birgit am ganzen Körper vor Angst zitterte, entging ihr nicht und wurde ebenfalls notiert.

»Ja, das ist er.«

»Ist er, wenn ich fragen darf, auch Ihr Freund?«

»Gott bewahre, nein! Schon seit zwei Monaten nicht mehr. Ich meine, nicht mehr mein fester Freund. Und seit vorhin gar kein Freund mehr, dieses Arschloch.« Sie schlug die Hände vors Gesicht und schluchzte. Esther schenkte ihr ein Glas Wasser ein und schob es über den Tisch. Es dauerte noch eine Weile, bis Birgit wieder redete.

»Ein besseres Leben …«, begann sie schließlich leise vor sich hinzumurmeln. »Ich wollte doch nur ein besseres Leben für mich und meine Mutter. Weißt du, das hätte sie wirklich verdient gehabt. Sie hat immer nur gegeben und ich wollte …«

Prompt stoppte sie den Einblick in ihr Inneres. Esther wartete einen Augenblick ab, doch das Tor blieb verschlossen. Sie fragte:

»Brauchen Sie eine Pause? Haben Sie Hunger? Soll ich Ihnen etwas vom *Wienerwald* holen lassen?«

Doch Birgit schüttelte nur den lädierten Kopf.

»Wir können wirklich gern eine Unterbrechung machen und wir bringen Sie erstmal zur Untersuchung ins Hafenkrankenhaus.«

Birgit schreckte auf und sah sie verständnislos an.

»Waaas? Du willst mich zurück auf die Straße schicken? Wie stellst du dir das vor? Das überleb' ich keine fünf Minuten!«

Esther hob beschwichtigend die Hände, sie sagte:

»Nein, nein, nein. Ein Kollege würde Sie natürlich dorthin begleiten.«

Birgit drückte den Stuhl weg vom Tisch und stand auf, ging rückwärts zur Wand und blieb dort angsterfüllt stehen. Sie wiederholte, leicht schreiend, während ihr die Tränen vom Gesicht rollten:

»Was ist denn bei dir nicht ganz richtig, Esther? Was verstehst du denn nicht? Wenn mich jemand hier hereingehen hat sehen, dann ist diese Info längst bei Alex. Alles klar?« Birgit klopfte unruhig mit dem Fuß auf den Boden. »Wenn du mich jetzt rausschickst, Esther, bin ich erledigt, dann bin ich tot, arrivederci, futschikado, bye bye, auf Wiedersehen. Verstehst du?« Birgit wischte sich die Tränen weg, versuchte sich zu beruhigen. Schließlich sagte sie, fast tonlos:

»Karina sagte mir, du wärst nett und würdest mir helfen!«

»Karina?«, fragte Esther. »Karina Sachs?«

Birgit nickte.

»Wann sagte sie das?«

»Vor ein paar Tagen! Tut das was zur Sache?«

»Woher kennt ihr euch?«

»Man kennt sich halt. Es gibt im Prinzip drei Familien hier auf'm Kiez. Die Mädchen der *GMBH*, die der *Nutellas* und die der kleinen Zuhälter, wie Alex einer ist.«

»Und Pico?«, schoss es aus Esther heraus.

»Ja. Pico natürlich auch. Und kleiner sind die nur, weil sie weniger Frauen laufen haben, nicht weil sie unbedingt ungefährlicher sind, wie man sieht«, antwortete Birgit und zeigte auf ihren Kopf.

Nach der Klarstellung herrschte betretende Stille. Eine unliebsame Gänsehaut überkam Esther und ihr Puls raste, was weniger an Birgits malträtierter Frisur lag, sondern daran, dass eine wildfremde Person in diesen Worten über Pico sprach. Erklärt zu bekommen, dass er, einfach nur weil er Lude war, automatisch gewalttätig sei und jederzeit in der Lage war, ähnlich geartete Misshandlungen gegenüber Frauen, gegenüber Karina, vielleicht sogar ihr selbst gegenüber durchzuführen, wie sie Alex an Birgit hinterlassen hatte, ließ sie erschaudern, wie es nur unliebsame Geister konnten. Doch bestätigen konnte Esther dies alles nicht. Nichts davon. Immer, wenn sie ihn in der Zentrale aufgesucht hatte, war er freundlich, aufmerksam und hilfsbereit gewesen. Sogar etwas Verletzliches meinte sie bei ihm ausgemacht zu haben. Ihr gegenüber war er immer zuvorkommend. Dabei fiel ihr ein, dass sie sich noch bei ihm für den Verdacht, er hätte Karina ins Gesicht geschlagen, entschuldigen musste. Auch wenn sie alles dafür gegeben hätte, dass Karinas Hautfleck am Auge von einem Schlag hergerührt hätte. Nun war es Esther, der Tränen aus den Augen kullerten. Ihre Gedanken waren längst zu Karina rübergewandert und verharrten an dem Faktum, dass bei keinem Aidserkrankten eine Heilung beobachtet werden konnte. Alle standen dem unbekanntem Erreger hilflos gegenüber, der, wenn er einen erfasste, den sicheren Tod bedeutete. Hastig wischte sie sich die Tränen weg, bevor es Birgit noch auffiel.

»Und was hat sie, was hat Karina über mich gesagt?«

»Dass du mir helfen würdest. Das habe ich doch schon gesagt«, antworte Birgit gereizt und setzte sich zurück an den Vernehmungstisch, nahm das Wasserglas und leerte es.

»Wobei helfen?«

»Na, sieh mich doch mal an. Ich will raus da. Und vor allen Dingen, sieh dir Karina an. Sie ist zu einem Zombie mutiert, totgeweiht. Wir alle sind totgeweiht. Das Geschäft ist auf halb sieben und die Luden tun so, als ob alles okay sei. Scheiße nochmal. Nichts ist okay. Ich gehe doch nicht mit dem Nächstbesten ins Bett, verzichte auf ein Gummi für 50 Mark *Risikoaufschlag*«, Birgit malte mit den Fingern Anführungszeichen in die Luft, »und hole mir die Krätze in meine Muschi. Jeder Fick könnte Selbstmord bedeuten, ein Husten, ein Fleck auf der Haut, ein erstes Anzeichen des Todes«, redete sich der Blondschopf in Rage. »Jeden Morgen, wenn ich aufwache, taste ich mir den Hals nach Lymphknoten ab. Findest du das normal?«

Esther konnte gar nicht so schnell mitschreiben, wie Birgit redete. Doch noch immer wusste sie nicht, was genau passiert war, und ging zum »Du« über.

»Also, was möchtest du, was ich jetzt machen soll? Wollen wir mit einer Anzeige starten?«

»Verdammt nochmal, ja, ich will das Arschloch, das mir das angetan hat, anzeigen.« Birgit zeigte auf ihren Kopf und Oberkörper. »Und als ich letzte Woche bei Karina war und ihr von meiner Situation berichtete, ihr sagte, dass ich aussteigen will und Alex das nie zulassen würde, mich eher totschlagen würde, meinte sie, ich solle zu *Esther* von der Davidwache gehen. Und genau das wollte ich tun. Habe heute Mittag meine Koffer gepackt und wollte die paar Schritte rüberkommen. Doch Alex bemerkte die

Aktion und hatte was dagegen. Er schlug immer wieder auf mich ein, nannte es *Erziehung* und meinte schließlich, das sei für heute Arbeit genug. Dann ließ er mich in meiner Steige zurück und ging. Ich muss Stunden so gelegen haben.«

Esther nahm sich nun die Schreibmaschine und begann die Anzeige gegen Alexander Steenwarder, wohnhaft in der Davidstraße 16, aufzunehmen. Sie kannte das zweistöckige Haus mit den drei Fenstern zur Vorderfassade von einem Einsatz. Damals ging es um Sachbeschädigung. Heutiger Vorwurf: schwere Körperverletzung, Nötigung, Anstiftung zur Prostitution. Dann zog sie das Papier mit den Durchschlägen heraus und reichte es Birgit zur Unterschrift rüber.

»Habe ich alles in deinem Sinne richtig zusammengefasst?«

Das Papier zitterte in Birgits Hand, doch es schien alles korrekt wiedergegeben zu sein. Sie legte die Anzeige beiseite.

»Wenn ich das so unterschreibe, also, wenn ich das jetzt wirklich hier und jetzt unterschreibe, dann …«

»Dann bekommst du natürlich zusätzlich Schutz von uns«, unterbrach Esther und dachte an das Zeugenschutzprogramm der Fachdirektion 65. »Ich bin gleich wieder da.«

Esther verließ den Verhörraum und rannte aufgeregt in die erste Etage, direkt ins Büro des Revierleiters Ludwig Rielandt, erzählte von dem Blondschopf ohne Haar, der geplanten Anzeige gegen einen Zuhälter und verband beides mit der Frage nach möglichem Schutz. Als sie etwa zwanzig Minuten später in den Verhörraum zurückkam, lächelte sie zufrieden und setzte sich an den Tisch.

»Ich war gerade bei meinem Chef. Und ja, wenn du Anzeige erstattest, können wir dich sofort in ein Zeugenschutzprogramm aufnehmen. Also die Kollegen der Kripo. Das heißt, du bist ab sofort in Sicherheit. Keine Schläge mehr, kein Garnichts mehr.«

»Zeugen-Was-Programm?«

In Esthers Kopf schwirrten all die Informationen umher, die Rielandt ihr gerade geliefert hatte. Es war wirklich viel auf einmal gewesen. Um das alles zu verstehen, würde Birgit Zeit brauchen. Doch die hatte sie nicht. Sie versuchte das Kurzprogramm.

»Es dient deiner Sicherheit. Du erhältst eine komplett neue Identität, mit neuem Lebenslauf, neuem Namen, ich glaube sogar neuem Geburtstagsdatum und Geburtsort und, ach ja, einem neuen Wohnsitz.«

»Was meinst du mit neuem Lebenslauf, neues Geburtstagsdatum, mit neuem Wohnsitz? Ich wohne seit meiner Geburt in Norderstedt. Und mir gefällt's dort. Auch mein Geburtstag gefällt mir. Der ist am 21. Juni. Da ist Sommeranfang, weißt du? Da ist immer schönes Wetter. Ich will nicht im Winter Geburtstag haben. Ich hasse den Winter. Da kommt ja auch keiner zum Feiern vorbei.«

»Das tut mir leid, aber das alles musst du dann aufgeben. Du bekommst eine neue Vergangenheit und irgendwo in der Bundesrepublik eine neue Zukunft.«

»Mmmh ...«

»Nicht gut?«, fragte Esther.

»Irgendwo in der Bundesrepublik?«

Esther nickte.

»Müsste also weg aus Hamburg?«

Esther nickte weiter.

»Kann ich mir aussuchen, wo?«

»Nein! Das wäre der Preis!«

»Der Preis für meine Sicherheit?«

Esther nickte wieder und ergänzte:

»Auch gäbe es ein Kontaktverbot mit Freunden und Verwandten. Niemand würde erfahren, wo du wohnst. Dementsprechend darfst du auch niemals, ich wiederhole, niemals Kontakt in dein altes Leben aufnehmen. Du musst alles hinter dir lassen. Alles, was auf die Vergangenheit hinweisen könnte.«

»Warum denn das?«

»Wenn du das Arschloch anzeigst, ist davon auszugehen, dass er sich rächen will. Jedenfalls hast du das vorhin gesagt.« Esther blätterte ihre Notizen durch, bis sie die betreffende Stelle fand. »Du sagtest wörtlich, dass *Alex dieses nie zulassen würde, mich eher totschlagen würde.«*

Birgit nickte und bestätigte, während der gesamte Körper unverändert zitterte.

»Ja, davon ist auszugehen.«

»Und deshalb darfst du mit deiner alten Welt keinen Kontakt mehr haben, da davon auszugehen ist, dass der Typ mit deiner Familie und deinen Bekannten Kontakt aufnehmen wird, um herauszubekommen, wo du dich aufhältst.«

»Verstehe.«

Esther sah, wie es in Birgits Kopf ratterte. Sie hoffte so sehr, dass sie das Stück Papier unterschreiben würde.

»Ach ja. Solltest du jemals gegen die Kontaktbeschränkung verstoßen, stoppt das Programm automatisch.«

»Nee, nee. Das habe ich jetzt verstanden. Mit meiner Mutter läuft es zurzeit ohnehin nicht besonders flauschig. Und sonst habe ich keinen großen Freundeskreis. – Aber was ist mit Mausi?«

Esther schaute irritiert.

»Mausi?«

»Mein Kater, der immer auf mich aufpasst. Was passiert mit ihm?«

»Wo ist denn Mausi?«

»Drüben, bei Alex noch.«

»Dann wird es schwer. Denn, wie gesagt, wenn du die Anzeige unterschreibst, bringen wir dich zur Untersuchung ins Krankenhaus und übergeben dort direkt an die Kollegen der Kriminalpolizei.«

»Kann ich mir das noch überlegen? Und Mausi holen?«

»Natürlich, Birgit, aber der Schutz gilt erst nach der Unterschrift.«

»Aber du kannst mich doch jetzt unmöglich alleine nach Hause schicken.«

»Ich kann dich auch 24 Stunden in Gewahrsam nehmen. Dann kannst du in Ruhe nochmal über alles nachdenken.«

»Was ist mit meiner Mutter? Auch wenn wir uns gerade nicht gut verstehen, müsste ich das doch mal mit ihr besprechen.«

Esther schüttelte den Kopf.

»No way!«

»No way?«

»Nein. Du darfst auf keinen Fall mit ihr darüber sprechen. Und zwar zum Schutz deiner Mutter. Das Zeugenschutzprogramm ist eine Sache zwischen dir und uns.«

Birgit schaute auf das Papier, zog es mit der Hand zu sich und las es leise durch. Danach sagte sie:

»Also in 24 Stunden oder jetzt sofort?«

»Ja, oder irgendetwas dazwischen.«

»Oder irgendetwas dazwischen«, wiederholte sie, schaute kurz zu Esther und las das Schriftstück ein drittes Mal. Dann bat sie um einen Stift.

* * *

Zwitschervogel, Lampenbraut, Schlange, Nestbeschmutzer, Judas waren nur einige Bezeichnungen, die die nächsten Tage im Milieu die Runde machten, während Alex Steenwarder in Untersuchungshaft saß und nicht glauben konnte, warum Birgit ihn mit ihrer Aussage so sehr belastet hatte. Er war sich keiner Schuld bewusst. »Auf dem Kiez«, gab er vor dem Haftrichter zu Protokoll, »habe es stets einen Unterschied zwischen legal und legitim gegeben und er hätte zeitlebens nach diesen Regeln gelebt und würde auch weiterhin zu dem stehen, was er getan hat. Nur leider hätten die Menschen, die nun über ihn urteilen müssen, nie in dieser Welt gelebt.«

Abseits des Gerichts waren die Sympathien in dieser Sache klar verteilt. Aus Sicht des Kiezes hatte Alex nichts Falsches gemacht und nur das getan, was die momentane wirtschaftliche Krise von einem Luden erforderte, um das Schiff auf Kurs zu halten. Selbst die anderen Huren, die weiter erbittert um jeden Pfennig kämpften, hatten nur verständnislos mit dem Kopf geschüttelt. Schließlich mussten sich *alle* an die Kiezgesetze halten: kein Kontakt zur Polizei und absolute Loyalität zum Zuhälter.

* * *

Esther gehörte zur anderen Fraktion. Sie fühlte sich gut und in ihrer Berufswahl bestärkt. Zum ersten Mal konnte sie einem Opfer helfen. Also wirklich helfen. Starthilfe für ein neues, vielleicht ein besseres Leben geben. Sie war *Freund und Helfer* und gleichzeitig präsentierte sie sich als Garant für *Recht und Ordnung*. Genauso, wie sie es in der Polizeiakademie vorgelebt bekommen und in ihrem Amtseid geschworen hatte. Sie wünschte Birgit nur das Allerbeste für ihre Zukunft, wie auch immer diese aussehen würde. *Apropos ungewisse Zukunft*, schoss es ihr durch den Kopf und sie musste an Karina denken. Ihr konnte sie nicht mehr helfen, sie hatte keine Zukunft, ihr konnte sie nur noch eine gute Freundin sein, die sie auf den letzten Wochen begleitete.

ZWEI POLE

Esther befand sich in vielerlei Hinsicht zwischen zwei Polen. Himmelhochjauchzend durch die Aufnahme Birgits in das Zeugenschutzprogramm und zu Tode betrübt durch die Hilflosigkeit gegenüber Karina. Warum nur war sie so gefühlsbeladen, wenn es um den Job ging? Warum konnte sie nicht ihre Emotionen in der dritten Etage abgeben, wenn sie sich die Uniform überstreifte, so, wie es ihr nicht nur die Kollegen rieten. Beim Thema Männer dasselbe Bild, auch hier die beiden Pole. Sönke, ihr Verlobter, der alles für sie tun würde, der sie heiraten und eine Familie gründen wollte, auf der einen, und Pico, der unnahbare, gefährliche Gegenentwurf, der allerdings Esthers gut verschlossenes Landei-Herz auf Anhieb mit sanften Fingerspitzen weit aufgestoßen hatte und all ihre einstudierten Abwehrmechanismen herunterfahren ließ. Sie hätte nicht gewusst, wie sie reagieren würde, hätte er sie gefragt. Ganz gleich, sie war Sönke eine finale Antwort schuldig, das wusste sie.

Doch erstmal wollte sie ihr Augenmerk auf Karina legen und dass das gleichbedeutend war, dass sie Pico öfter sah, nahm sie dabei nur allzu gerne in Kauf. Karinas Zustand verschlechterte sich indes rapide. Irgendwann konnte sie sich gar nicht mehr alleine um sich kümmern und wurde ins Barmbeker Krankenhaus verlegt. Sie wog nur noch 35 Kilo, hatte Fieber, Husten und Dyspnoe und die Röntgenbilder verhießen nichts Gutes.

»Wir sind dabei, es zu korrigieren«, hatte der Oberarzt gesagt und wie beiläufig ein Medikament erwähnt. Doch der Blick, der seine Worte begleitete, war eindeutig. Es gab nichts mehr zu korrigieren, ihr die Tage so angenehm wie möglich zu machen, war alles und bedeutete gleichzeitig eine ganze Menge. Auch wenn das hieß: Verabreichung von Schmerzmitteln bis zum Anschlag.

Tief erschüttert ging Esther vom Krankenhaus zur U-Bahnstation Barmbek und fuhr mit der U3 die zehn Stationen über Kellinghusenstraße, Schlump und Sternschanze zum Spätdienst nach St. Pauli. Sie setzte sich, nahm die *Hamburger Morgenpost*, die nebenan auf dem Sitz lag, und blätterte nach dem Comic-Strip, als sie eine ihr bekannte Stimme wahrnahm:

»Ist das nicht die Kleene? Kommst wohl vom Nebenjob? Aber nicht gleich die Kollegen anstecken, die brauchen wir noch.«

Ausgerechnet Rudi!, dachte Esther, legte die Zeitung beiseite und setzte ein gekünsteltes Lächeln auf.

»Na, das ist ja eine Überraschung. Auch Spätdienst?«

»Aber sicher, Mädel. Einer muss die Straße ja zusammenhalten, was?«, antwortete er und ließ sich mit einem Seufzer der Bestätigung gegenüber in den Sitz plumpsen. »Allerdings heute nicht mit dir. Leider!«

Esther straffte die Schultern und lachte ins Leere. Sollte sie ihn jetzt, außerhalb des Dienstes, einfach mal darauf ansprechen, was sein beschissenes Problem mit ihr war, und dann mit der Antwort leben? Oder wartete er nur auf solch eine Gelegenheit?

»Du hast mit Hansi Fußstreife!«, fuhr Rudi fort. »Außer du möchtest tauschen und mit mir in den Wagen mit den bequemen Sitzen?!«

Dann fuhr die U-Bahn in die Station *St. Pauli* ein. Beide gingen am Operettenhaus und dem Wachsfigurenkabinett vorbei, wo Esther Rudi am liebsten hingewünscht hätte, zur Wache. Dort, das altbekannte Spiel. Während Esther sich auf den letzten Metern der Illusion hingab, Rudi könnte vielleicht heute die schwere Eingangstür öffnen, beantwortete er dieses Gedankenspiel, indem er direkt davor stehen blieb und sich eine Marlboro anzündete. Ohne ein weiteres Wort zu sagen, betrat Esther das Gebäude allein und zog sich im Dritten um. Unten wartete bereits Hansi mit dem ersten Notruf:

»Moin! Einsatz in der Hein-Hoyer-Straße 8, drittes OG, bei Familie Schühler. Männlicher Leichenfund, offensichtlich stranguliert. Soeben reingekommen.«

Die Hein-Hoyer-Straße war die Verlängerung der Davidstraße Richtung Schanze und bestückt mit vielen tollen Restaurants aus aller Herren Länder. Im Prinzip handelte es sich um die gehobene Fressmeile auf St. Pauli und heute Nachmittag, mal wieder, um einen Tatort.

Dort angekommen liefen beide den breiten Hauseingang hinauf, wo bereits Rudi, noch in Privatklamotten, neben der strangulierten Leiche hockte und eine erste Vernehmung mit der Ehefrau, einer Helga Schühler, durchführte.

»Und so, am Tisch sitzend, mit dem Halstuch um den Hals, haben Sie ihn vorgefunden?«

»Ja, Herr Wachtmeister.«

»Hatten Sie Streit?«

»Nö, eigentlich nicht, Herr Wachtmeister.«

»Was heißt denn hier *eigentlich nicht, Herr Wachtmeister*?«, fragte Rudi. Dann quälte er sich aus der unbequemen Hockposition, richtete sich auf und strich sich durch das schüttere Haar. »Und sowieso, Sie können das *Herr Wachtmeister* nun mal weglassen. Außerdem bin ich Kommissar. Nur mal so. Ist aber auch ganz gleich.«

»Also, alles wie immer halt«, antwortete die Ehefrau leicht überfordert. »Ist nicht immer einfach mit Rolf. Ich sag' nur Alkohol, schon immer Rolfis bester Freund ...«

Helga Schühler machte eine charakteristische Handbewegung, als würde sie aus einer Flasche trinken und sie über die Schulter nach hinten entsorgen. »Aber ich war das nicht. Ich habe ihn so vorgefunden. Genau so hat Rolfi dagesessen, als ich von meiner Schicht nach Hause kam.« Sie ging einen Schritt auf den Wohnzimmertisch zu, zog sich einen Stuhl hervor.

»Was machen Sie da? Sind Sie von allen guten Geistern verlassen?«, fragte Rudi verdutzt. »Sie können sich doch nicht an den Tisch zu Ihrem toten Mann setzen. Das ist ein Tatort, Mädchen. Nix mit Anfassen und Spuren verwischen!« Rudi schüttelte den Kopf und schaute sich in dem mit Bubble-Muster in gelb, orange auf braun tapezierten Wohnzimmer um. Auch die Möbel waren passend dazu braun, hier und da mit eingewebten Zweigen in gelb und orange. Vier Sessel, drei Fußschemel, zwei Beistelltische und Stehlampen, überall überlappende Teppiche sowie der Esstisch, Rolf Schühlers vorübergehende Ruhestätte. Überall Plunder, dass man kaum gehen konnte. »Alle, die nicht von der Rechtsmedizin, Kripo oder Spusi sind, raus hier. Sofort«, fuhr Rudi fort, klatschte zweimal in die Hände und schaute zu Esther: »Das gilt auch für dich, Kleene. Du kannst jetzt mit der Helgalein in die Küche gehen, ihr was zu trinken geben und sie dann rüberbringen. Sie ist eine wichtige Zeugin. – Mindestens.«

Er holte sein Notizblock aus der Jacke, kritzelte etwas hinein, bevor er in die große Runde ergänzte:

»Und kann bitte jemand endlich diesen verblödeten Fernseher ausstellen. Das ist ja nicht zum Aushalten. Danke!«

Auf dem Weg zurück zur Wache hatten Esther und Hansi alle Mühe, Helga Schühler zu beruhigen. Da sie darauf bestand, frische Luft schnappen zu müssen und einen klaren Kopf zu bekommen, entschieden Hansi und Esther, die Zeugin, die 400 Meter zurück zur Wache ausnahmsweise zu Fuß zu beschreiten.

»Das muss ja ein Schock gewesen sein, Ihren Mann so aufgefunden zu haben«, begann Esther auf dem Bürgersteig und hoffte auf ungezwungene Erkenntnisse in freier Wildbahn. Es war etwas anderes, eine Person in einer angespannten Atmosphäre auf dem Revier zu befragen oder, scheinbar unbemerkt, bei einem lütten Klönschnack auf der Straße. So zumindest Esthers Kalkül. Und dieses sollte aufgehen.

»Ja, das war es. Es war zwar nicht immer einfach mit ihm, aber nun, endlich, nach 37 Jahren Ehe, schienen auch wir endlich mal Glück zu haben.«

Esther wurde hellhörig.

»Glück haben? Inwiefern?«

»Rolf war vor zwei Wochen nach knapp 42 Jahren mit einer, ich sag' mal, satten Abfindung von Blohm + Voss, der großen Schiffswerft hier am Hafen, ausgeschieden. In vier Monaten scheide auch ich aus dem Betrieb aus. Wir wollten verreisen. Endlich mal nach Italien fahren. Nun hätten wir uns das alles leisten können.«

Trinker, Abfindung, Kneipe und dabei zu viel gequasselt ... Hatten wir hier schon das Mordmotiv?, dachte Esther und schaute zu Hansi, der ihr, als könne er Gedankenlesen, zuflüsterte:

»Lass' das mal die Kripo machen. Ist nicht unser Job!«

4. Teil

Das Herz hat seine Gründe,
von denen die Vernunft nichts weiß.

Pascal Blaise

DIE WEISSE DAME

Der Kiez, ein schillernder Ort, an dem sogar der Seitensprung von der Steuer absetzbar war, lebte seit jeher von den Huren und Prostituierten. Dieses Viertel, dessen Zentrum der Hans-Albers-Platz war, existierte erst durch die Frauen. Dennoch waren diese Spielfiguren nur Menschen zweiter Klasse. Es handelte sich um rohes Fleisch, das Geld brachte. Demütigung, Gewalt und Ausbeute waren an der Tagesordnung. Doch selbst die zweite Klasse schien durch AIDS überholt. Sie stiegen weiter ab und wurden durch eine neue *Dame* ersetzt. Einer Dame, die ausnahmslos *alles* mit sich machen ließ. Die nie Widerworte gab, sich bei Bedarf strecken ließ und dabei noch Träume erfüllte: der *Weißen Dame*, wie das Kokain genannt wurde.

Die Männer hingegen waren die unangefochtenen Könige, die Krönung der Schöpfung, das Maß der Dinge. Ganz gleich in welcher Gestalt sie den Kiez bespielten. Als Zuhälter, als Bordellwirtschafter oder als Freier. Doch die wachsende Ansteckungsangst vor AIDS brachte das Geschäft weiter zum Erliegen, bis es komplett versiegte. Die Freier hatten ihre Liebe zur ehelichen Treue neu entdeckt und blieben zu Hause. Notgedrungen entdeckten nun auch die Huren ihr Zuhause neu und verwandelten die eigenen vier Wände zu einer lasziven Lust-Oase. Ein plüschiges XXL-Bett, dekoriert mit kitschigen Kissen und überzogenem Satinlaken, eine Handvoll Präservative auf dem Nachttisch und eine Lampe mit rotem Fransenschirm am Fenster. Fertig war das *Homeoffice* fernab des Molochs Reeperbahn. Sie inserierten mit flotten Sprüchen in den hiesigen Tageszeitungen. Kalkül des Ganzen: Das Angebot der sexuellen Dienste im häuslichen Ambiente sollte die Freier fühlen lassen, sie seien so sicher wie bei Muttern.

Und die Luden ließen sie machen. Sie selbst probierten sich an der *Weißen Dame* und entwickelten sich zu Dealern und Großdealern weiter. Sie kauften und verkauften, was der Markt hergab. Schnell entwickelte sich die neue Droge zu einem einträglichen Geschäft und versorgte nicht nur St. Pauli. Die Einnahmen fingen nicht nur die Verluste der Prostitution durch den tödlichen Virus auf, sie übertrafen die Erwartungen bei Weitem und riefen Neider auf den Plan. Neben der *GMBH* und den *Nutellas* stieg auch die *Chikago-Bande* aus dem Dunstkreis des früheren Eiscafés *Chikago* am Hans-Albers-Platz, der Zuhältergruppe um Reinhard *Ringo* Klemm, ein. Alle flogen auf einer weißen Wolke sieben, während sich das Klima weiter abkühlte.

Für die Davidwache bedeutete der schrittweise Tod des alten Kiezes, bei dem es hart, aber berechenbar zuging, die Geburt von etwas Neuem, etwas Unkalkulierbarem. AIDS und Drogen überschwemmten die Meile gleichermaßen. Aus dem vorherigen Kampf der Straße wurde ein unberechenbarer Krieg mit neuen Regeln und unbekannten Spielern. Und die Crew von Revier 15 mittendrin.

»Peter 15/12 von Peter 15, bitte kommen!«, ertönte es über Funk.

Esther nahm das Gerät und antwortete:

»Peter 15/12 hört.«

»Frau wurde Handtasche geklaut. Der Täter ist flüchtig. Im *Bayrisch Zell.*«

»Peter 15/12 hat verstanden.«

Esther und Thomas eilten die Reeperbahn runter und betraten das *Bayrisch Zell.* Die Bedienung des Tanzlokals trug Tiroler Hut und Tracht. Eine von ihnen winkte die Beamten zu sich. Sie hatte langes glattes Haar und ihre Brüste, so groß wie Wassermelonen, die aus dem Dekolleté quollen, flogen zum Takt der Blasmusik auf und ab.

»Hier sind wir! Hier drüben!«, rief sie über die Köpfe hinweg und zeigte auf eine Frau, die zusammengeknüllt auf einem Stuhl saß und regungslos Löcher in die Wand starrte.

Die Beamten bahnten sich einen Weg an den Tischen vorbei, die jeder über ein eigenes Telefon verfügten, jene diskrete Kennenlernhilfe, die das *Bayrisch Zell* auf St. Pauli über Nacht legendär gemacht hatte. Denn statt angerufen zu werden, wie es für die Frauen üblich war, ergriffen sie in diesem Etablissement selbst den Hörer. Anhand der gut sichtbaren Tischnummern konnten sie jeden beliebigen Kerl, der an einem anderen Platz saß, anrufen, ins Gespräch kommen, eine Runde tanzen oder gleich ganz verschwinden. Gar nicht erst gekommen wäre wohl am liebsten Ruth Breuer, zumindest heute nicht, und erst recht hätte sie sich gewünscht, nie das Telefon bedient und Tisch 13 angerufen zu haben. Doch ihr Mann war lediglich nur zwei Tage auf Montage in Kiel und sie wollte was erleben. Also keinen Seitensprung oder so, also jedenfalls nicht auf Teufel komm raus. Es ging ihr um was anderes. Sie wollte mal wieder gesehen, vielleicht sogar etwas angehimmelt und umschmeichelt werden. Ein, zwei Komplimente abgreifen. All dies versprach Harald Lupfer, wie sich der Mann von Tisch 13 nach ihrem Anruf bei ihr vorgestellt hatte.

»Dabei bin ich sogar ein wenig abergläubisch und hätte es besser wissen müssen«, begann Ruth Breuer den beiden Beamten in den Notizblock zu diktieren und schüttelte immer wieder den Kopf über die eigene Dummheit. »Sie müssen wissen, dass ich an meinem 13. Geburtstag, also genau an meinem Geburtstag, einen Unfall mit meinem neuen Fahrrad hatte. Also, es war nicht wirklich neu, aber ich hatte es bekommen. Von meinem älteren Bruder. Und zum Dank dafür habe ich mir bei der ersten Fahrt gleich das linke Bein zerschmettert.« Sie stand auf und ging um den Tisch herum. »Sehen Sie? Selbst nach fast 50 Jahren humpel ich immer noch.«

Dann setzte sie sich wieder zurück an den Tisch und Esther nutzte die Pause, die Gesprächsführung an sich zu reißen, während das Melonen-Dekolleté eine Karaffe Wasser brachte.

»Dann erzählen Sie bitte von Anfang an. Am besten von der Sekunde, als Sie mit dem Harald Lupfer Kontakt aufgenommen haben. Was wissen Sie über ihn und was genau wurde gestohlen?«

»Meine Handtasche. Ein Erbstück meiner Mutter. Gott hab' sie selig.«

Das Opfer hob in einer Geste der Verzweiflung die Hände, verstummte, begann dann von Neuem:

»Eine wirklich tolle und so starke Frau. Die hätte dem die Leviten gelesen, da gehen Sie mal von aus.«

»Frau Breuer«, ging Esther dazwischen, »erzählen Sie uns die gesamte Geschichte, und zwar von Anfang an.«

»Aber das mach ich doch!«

»Von Anfang an, bitte!«

»Gut, aber meinem Mann erzählen Sie nichts davon, versprochen? Ich meine, ich habe nichts Falsches gemacht. Ich wollte doch nur mal raus. Raus aus der kleinen Wohnung und zurück ins Leben.« Sie schaute sich um. »Auch wenn das kein Vergleich mehr ist zu früher. Früher war das hier rappeldickevoll.«

»Frau Breuer?«, setzte Esther erneut an und versuchte Blickkontakt aufzunehmen. »Frau Breuuuuer?«

»Ja?«

»Mögen Sie uns die Geschichte von Anfang an erzählen? Und ja, ich denke, so wie es sich für uns anhört, werden wir Ihren Mann diesbezüglich nicht befragen müssen. – Also, bitteschön!«

Dann, endlich, erzählte Ruth Breuer, in rosigen Worten von dem verbalen Techtelmechtel mit Harald. Sie sprach davon, dass er ganz begeistert war von ihrem »tollen Lächeln«, »witzigen Humor« und ihren »wunderschönen Augen«. Die Beamten erkannten sofort, dass dieser Mann sie sehr verletzt haben musste, was weniger an dem Verlust der Handtasche lag, wo noch knapp 28 Mark drinnen gewesen sein sollen, sondern daran, dass die Komplimente nicht das Geringste zu bedeuten hatten. Als sich irgendwann ihre Blase nicht mehr kontrollieren ließ und sie zur Toilette musste, hatte sie wegen ihres Gehfehlers bereits ein mulmiges Gefühl gehabt, aber weiter gehofft. Bis sie schließlich zurückkam. Für einen wie Harald war sie wohl nicht gut genug. Er war weg, mitsamt der Handtasche. Dann war ihre Geschichte zu Ende erzählt. Noch bevor Esther etwas sagen konnte, stand Ruth Breuer wortlos auf. Ihr war bewusst geworden, dass die Demütigung durch eine Anzeige nur in die Länge gezogen werden würde und ihr nichts davon zurückbringen konnte, was sie suchte. Sie verzichtete kurzerhand auf die selbige und bedankte sich bei den Beamten für's Zuhören und die geopferte Zeit. Dann humpelte sie zurück in ihr altes Leben.

Auch für die Fußstreife 15/12 ging das Leben weiter. Doch die Traurigkeit der alten Dame zerriss ihnen fast das Herz, aber was sollten sie machen. Ohne Anzeige kein Auftrag. Sie hofften nur, dass sie das alles wegstecken und vergessen konnte, bis ihr Mann aus Kiel wieder zurückkam.

»Hunger?«, fragte Thomas, als er vor der Tür frische Luft in seine Lunge ließ. »Mir ist irgendwie nach Kartoffelpuffern mit Apfelmus.«

»Um diese Uhrzeit? Dein Ernst?«

»Warum denn nicht? Ist doch lecker!«

»Wie du willst. Dann lass' uns zur *Heißen Ecke* gehen. Dort sollen die ja wie bei Mutti schmecken«, schlug Esther amüsiert vor, als sich das Funkgerät meldete.

»Peter 15/12 von Peter 1, bitte kommen!«

Esther antwortete:

»Peter 15/12 hört.«

»Fahrraddiebstahl. Nobistor 16. Zwei Drogensüchtige, etwa 18 bis 20 Jahre, einer in Bomberjacke, der andere in schwarzer Jeansjacke, etwa 1,70 groß, haben zwei Rennräder geklaut und sind zu Fuß in Richtung Millerntor unterwegs.«

»Zu Fuß? Warum das?«

»Das wissen wir nicht, wahrscheinlich sind die Räder nicht fahrtüchtig.«

»Okay, prima, dann laufen die uns ja direkt in die Arme. Peter 15/12 hat verstanden. Wir übernehmen.«

Kaum hatte Esther das Funkgerät weggepackt, erblickten sie zwei Jugendliche, die jeweils ein Rennrad schoben. Eines von ihnen hatte einen Platten.

»Wer sein Rad liebt, der schiebt«, begrüßte Thomas die beiden, zog sich die Handschuhe über und baute sich vor den blassen Fixern auf. Esther assistierte und stellte sich seitlich in den Weg.

»Was wollt ihr?«, fragte der Typ in der Jeansjacke im harschen Ton. »Dürfen wir jetzt nicht mal mehr hier entspannt entlanglaufen?«

»Wir wollen, dass ihr die Fahrräder in Ruhe abstellt und euch ausweist! Einer nach dem anderen. Und alles ganz langsam.«

»Ist das so?!«, kam nun die Bomberjacke zu Wort. »Und wir wollen hier ganz entspannt entlanglaufen. Hat doch mein Kumpel eben schon gesagt.«

»Aber erst ausweisen«, bat Thomas erneut und spürte die Nervosität der beiden. »Also, stellt die Fahrräder ab, macht keinen Quatsch und weist euch aus.«

Die Bomberjacke schaute zu Esther und wieder zurück.

»Was will denn das *bambino* hier? Ist heute schulfrei?«

Thomas ging einen Schritt auf die Junkies zu und hob beschwichtigend die rechte Hand.

»Ich bitte euch das letzte Mal, stellt die Fahrräder ab und weist euch aus.«

Doch die beiden dachten gar nicht daran. Angriff schien für sie die beste Verteidigung. Die Bomberjacke provozierte weiter:

»Jetzt erkenn ich dich erst, Bulle. Du bist das Riesenarschloch, das Großmaul, das der *ragazza* hier imponieren will.« Er schaute zu seinem Kumpel, als wollte er sich eine Portion Bestätigung abholen. »Und weißt du was?«, nun ging auch er mit dem Rad einen Schritt auf Thomas zu, während er den Mund zu einer Schnute formte. »Wenn ihr Witzfiguren nicht gleich ganz schnell Land gewinnt und die Straßenseite wechselt, huste ich euch mal 'ne ordentliche Portion AIDS-Schleim ins Gesicht, *capisci*?«

Das war zu viel!

Thomas ging auf den Möchtegern-Italiener zu und riss ihn mit einem gezielten Griff an der Kleidung hart zu Boden. Der Fixer schrie auf, sprang aber sofort wieder auf die Füße, fluchte und spuckte Thomas eine fette Mische aus Blut und Speichel ins Gesicht. Purer Hass loderte aus seinen Augen.

Von unbändiger Wut gefasst, sprang Thomas über das Rad und versuchte es nochmal, während ihm der Auswurf das Gesicht runterlief. Dieses Mal nahm er sich die Kehle vor und drückte ihm die Luft ab, riss ihn erneut zu Boden.

»Kein Mucks will ich mehr hören, Wichser!«, drohte er mit giftiger Stimme.

Dann drehte er ihn blitzschnell auf den Bauch, bog ihm die Arme nach hinten und zerrte so lang an den Dingern, bis er die *Hamburger Acht* angelegt hatte. Kaum hatte der andere Junkie, der in der Jeansjacke, begriffen, was geschehen war, wurde er von Esther ebenfalls auf den Gehweg niedergedrückt, bis jeder Widerstandsvorsatz wich. Dann schlossen sich auch bei ihm die Handfesseln um die Gelenke.

»Kannst jetzt die Kollegen rufen, dass sie das Gesindel abholen, ich muss ins Krankenhaus«, sagte Thomas mit glasigen Augen und wischte sich mit dem Handrücken den Rotz von der Wange. Doch der Schock stand ihm tief ins Gesicht geschrieben. Hatte die Bomberjacke ihn angesteckt? War auch er nun totgeweiht? »Und dann«, ergänzte er leise, »schauen wir, ob wir den Scheißkerl nicht wegen *versuchten Mordes* drankriegen.«

MULTIORGANVERSAGEN

Einige Wochen später gelangten erste Zahlen an die Öffentlichkeit. Eine AIDS-Grobstatistik besagte, dass rund 80 Prozent der mit dem Virus infizierten Fixer und Homosexuelle waren. Weitere zehn Prozent hatten sich bei Bluttransfusionen angesteckt. Acht Prozent waren Intimpartner der drei Hauptrisikogruppen. Bei den restlichen zwei Prozent, so die Erläuterung der Gesundheitsbehörde, muss davon ausgegangen werden, dass sie die Zugehörigkeit zu einer der Hauptinfektionsgruppen erfolgreich vertuscht hatten.

Esther dachte an den Kollegen Bruno, der von allen hinter vorgehaltener Hand nur abfällig »Schwulibert« genannt wurde. Sie mochte ihn, musste aber zugeben, dass die Andeutungen und Mutmaßungen der Kollegen gepaart mit dem Nicht-Wissen über das Virus, bei ihr Spuren hinterließen. Auch sie erwischte sich bei dem Gedanken, er könnte sie vielleicht durch eine unbedachte feuchte Aussprache anstecken. Sie schämte sich dafür, aber sie konnte sich dem nicht entziehen, es war, wie es war. Und die Vorstellung, auch ihn möglicherweise irgendwann wie Karina mit zig Schläuchen sehen zu müssen, war furchtbar. Bei Thomas hatte es glücklicherweise bereits vor einiger Zeit schon Entwarnung gegeben. Die Ärztin im Hafenkrankenhaus hatte die Speichel- und Blutreste vom Handschuh, den er nach der Verhaftung in der Tasche verstaut hatte, im Labor untersuchen lassen. Ergebnis: negativ. Die Bomberjacke hatte geblufft. Thomas nannte den Tag des Ergebnisses seinen zweiten Geburtstag im Jahr. Er besorgte eine Flasche besten Sekt und trank diesen nach einer gemeinsamen Schicht mit Esther. Wo? Genau da, wo die beiden die Fahrraddiebe gestellt hatten, direkt auf dem Gehweg, nur ein paar Meter vom *Bayrisch Zell* entfernt. »Man sollte die Feste feiern, wie sie fallen«, hatte Thomas gesagt und damit so was von recht gehabt. Es war einer dieser Momente, die nie zu Ende gehen dürften. Auch Esther war mit dem Ergebnis eine tonnenschwere Last abgefallen. Hatte sie sich seit dem Einsatz eine Mitschuld an der Rotzattacke gegeben und sich immer wieder gefragt, wie sie anders hätte reagieren können. Hunderte Male hatte sie seitdem die Situation durchgespielt. Durchgespielt, wie Thomas und sie aus dem Tanzlokal kommend über die Reeperbahn patrouillierten, er irgendwas von Kartoffelpuffern faselte, der Funkspruch reinkam und wie sie dann plötzlich den beiden Halbstarken gegenüberstanden. Frech, angriffslustig und übermütig. Der Rest ging viel zu schnell. Die Reflexe hatten das Handeln übernommen. Da half es ihr wenig, dass Thomas gebetsmühlenartig wiederholte, dass das, was der Möchtegern-Italiener gemacht hatte, zum alltäglichen Risiko eines Schutzpolizisten gehörte. »Früher waren es die Fäuste«, hatte er gemeint, »jetzt haben sie *Spucken* als weitere Waffe für sich entdeckt.«

Die heutige Spätschicht lief dagegen spuck- und weitestgehend gewaltfrei ab. Es waren zwei Einsätze von Ruhestörung, beide in der Kastanienallee, einmal um acht, dann um halb zehn. Ein Schwarzfahrer, der sich weigerte, sich dem Kontrolleur gegenüber auszuweisen. Ein Diebstahl im *Eros-Lunch*, 2 Flaschen Schnaps und eine Stange Zigaretten. Eine Vermisstenanzeige, ein achtjähriger Mischling aus der Detlev-Bremer-Straße war verschwunden und Esther wollte morgen bei Doris nachfragen, ob sie was gehört, gesehen oder ihn mit Leckerlies bereits adoptiert hatte. Und, nicht zu vergessen, noch die verschwundene Rente der 84-jährigen Lina Schollmeier aus Riga, die seit 1928 in der Annenstraße wohnte und seit April 1945 verwitwet war.

Schollmeier hatte im *Goldenen Handschuh* am Hamburger Berg mit zwei jungen Männern, so um die 60, um die Wette getrunken. Gegen sieben ging's los, Schnäpse und Korn. Alles an sich, wie sie meinte, ein geselliger Abend, bis sie, da war es um neun rum gewesen, festgestellt hatte, dass die Moneten flöten waren. Doch verloren hatte sie sie nicht.

»Sie müssen wissen, junge Dame«, sagte sie bei der Aufnahme der Anzeige zu Esther, »dass ich die Rente immer unter'm schwarzen Strumpfband aufbewahre. Eigentlich ein ziemlich sicheres Versteck. Und wenn *ich* mal zahlen muss, weil grad' keine Kavaliere unterwegs sind, dann bin ich runter zum Klo und hab' 'nen Schein geholt.«

Esther staunte nicht schlecht.

»Sie sind runter und haben dann die Scheine zur Bezahlung rausgeholt?«, vergewisserte sie sich, damit sie alles so detailliert wie nur möglich in die Schreibmaschine reinhauen konnte.

»Ja. Wie gesagt, eigentlich ein gutes Versteck. Besser als daheim unterm Kopfkissen.«

»Und das Wechselgeld? Wohin dann damit?«

»Wechselgeld war Trinkgeld oder Anzahlung für die nächste Runde und blieb auf'm Tresen«, klärte sie Esther über ihre Gepflogenheiten auf.

»Könnten Sie bitte einmal aufstehen und Ihren Rock anheben?«, fragte Esther. »Ich möchte mich vergewissern, ob Sie …«

»Sie glauben mir nicht, oder?«, unterbrach Lina Schollmeier und stand wie gefordert auf. Sie zog den karierten Faltenrock so weit hoch, bis sich ein dunkles Strumpfband abzeichnete. »Sehen Sie? Da hinter lag meine Rente, Schein an Schein, ordentlich aufgereiht.«

»Sie müssen verstehen, wenn ich eine Anzeige aufnehme, muss ich die Aussagen, wenn möglich, gleich auf ihre Richtigkeit überprüfen. Das alles stärkt ihre Beweislast vor Gericht.«

»Ist schon recht, Frau Wachtmeisterin. Ist schon recht«, antwortete Lina Schollmeier und setzte sich wieder.

»Aber haben Sie den Diebstahl denn gar nicht bemerkt? Ich meine, wenn sich da plötzlich eine fremde Hand an Ihrem Oberschenkel abarbeitet?«

»Doch, doch. Natürlich habe ich das gemerkt. Aber ich dachte, er meint es ernst«, antwortete die betagte Rentnerin betrübt und rührte Esther zu Tränen.

* * *

Am nächsten Tag machte Esther einen kurzen Umweg über die Gerhardstraße. Kaum auf der Hühnerleiter, erschien Pico am oberen Ende. Sein Gesicht war voller Sorgenfalten, er wirkte traurig.

»Was denn los? Wieder nur fünf Freier?«, fragte Esther und strich ihm, oben angekommen, über die verwuschelten Haare.

Doch Pico reagierte nicht und zog es vor, wortlos zurück in die Küchenzentrale zu gehen. Dort setzte er sich und nahm die brennende Zigarette aus dem überfüllten Aschenbecher.

»Nun sag' schon, wieviel waren es bis jetzt? Fünf? Sechs? Vier?«, wiederholte Esther, setzte sich gegenüber auf den Stuhl und wischte mit der Hand über den verdreckten Holztisch.

Doch Pico antwortete immer noch nicht. Stattdessen inhalierte er tief und lange. Dann brach er sein Schweigen und zeigte auf die Zigarettenschachtel:

»Du auch?«

Esther wurde skeptisch.

»Du weißt, dass ich nicht rauche?«

»Aber es beruhigt!«

Pico schob die Kippen über den Tisch, sprach weiter:

»Karinas Mutter rief mich heute …«

»Neiiiiiiinnnn! Bitte sag das nicht!«, ging Esther schreiend dazwischen, schmiss die Schachtel Zigaretten auf den Boden und schlug so lange mit den Handflächen auf den Tisch, bis sie vor Schmerzen brannten. Pico ließ sie gewähren und erzählte langsam weiter. Doch was er sagte, hörte sie nicht mehr. Sie schaute auf seinen Mund, sah, wie sich seine Lippen bewegten, aber nichts bei ihr ankam. Dann, Minuten, vielleicht auch nur Sekunden später, war der Ton plötzlich wieder eingeschaltet und ein ganzer Schwall Worte rasselte wie Hagelkörner auf sie nieder.

»Verstorben! Gestern Nacht! Friedlich eingeschlafen! Unsere Tochter kommt endlich zur Ruhe! Um die Beerdigung kümmern! Am Boden zerstört! Unser einziges Kind! Wohl das Beste so! Danke für alles! Dankeschön auch an die Polizeibeamtin Esther Lindemann!«

Esther nahm sich ein Glas aus dem Hängeschrank, schenkte Wasser ein und trank daraus. Wie betäubt ging sie zum Fenster und fragte:

»An was ist sie nun letztlich gestorben?«

»Multiorganversagen.«

Esther schaute auf die Uhr am Handgelenk, längst hätte sie in Harburg sein wollen, mit Sönke im Baumarkt. Laminatböden für das Schlafzimmer aussuchen, vielleicht noch Farbe für die eine Wand im Wohnzimmer kaufen, da, wo die Stehlampe und das Bücherregal standen. Er war der Meinung, dem Wohnzimmer würde ein weiterer Farbklecks guttun, er dachte an ein zartes Grün oder Blau und meinte wohl damit die Beziehung. Doch Esther konnte unmöglich aufbrechen. Nicht jetzt. Selbst wenn sie es gewollt hätte, was sie nicht wollte, hätten ihr die Beine den Dienst versagt. Stattdessen blieb sie am Fenster stehen und schaute regungslos auf die nahezu menschenleere Straße.

»Und nun?«, fragte sie nach einer endlosen Zeit des Schweigens.

»Was meinst du?«

»Was willst du machen? Das Geschäft mit der käuflichen Liebe ist tot, tot wie Karina.«

Pico nickte und zündete sich die nächste Zigarette an.

»Muss mir eine neue Einnahmequelle suchen.«

»Du meinst Kokain, wie die anderen Idioten?«

Pico schaute erschrocken zu Esther. Manchmal vergaß er einfach, dass sie Polizistin war.

»Fragst du mich das jetzt als Esther aus dem Südschwarzwald oder als Wachtmeisterin Lindemann von der Davidwache?«

Esther drehte sich zu ihm.

»Dein Ernst?«

»Was?«

»Na, diese beschissene Frage eben.«

Pico zuckte mit den Schultern.

»Was meinst du? Verstehe nicht.«

Esther kam zurück zum Tisch, setzte sich aber jetzt auf den Stuhl direkt neben Pico.

»Denkst du wirklich, wenn ich als Wachtmeisterin hier wäre, würde ich dich hochnehmen? Denkst du wirklich, dass ich so bin, du Blödmann?«

Pico schaute sie unglücklich an. Natürlich glaubte er es nicht, aber seine Verzweiflung, was er jetzt tun musste, war groß. Mit den verbliebenen fünf Mädchen nebenan ließ sich kein Blumentopf mehr gewinnen. Er brauchte was Neues.

»Ich habe nicht wie du eine Ausbildung gemacht. Ich bin nach der Neunten von der Schule geflogen und seitdem bin ich mein eigener Chef. Ich kann mich jetzt nicht in irgendein Büro verkriechen, Papiere von links nach rechts verschieben und zwischendurch an der frischen Luft mit Hansi, Thommy oder Clausi rumspazieren.«

»So wie ich, meinst du?«, fragte Esther.

»Ja, so wie du. – Wenn ich nichts tue, verdiene ich auch nichts. Das ist nun mal das Los eines Unternehmers!«

Pico Augen füllten sich mit Flüssigkeit. Die Ereignisse der letzten Wochen hatten, wenn auch kaum merklich, sehr an seinem Nervenkostüm gezerrt. Mehr als er zuzugeben im Stande war und mehr als Esther erahnt hatte. Sie beugte sich zu ihm rüber und nahm ihn in den Arm, drückte ihn fest an sich und küsste ihn schließlich. Erst auf die Wange, dann auf den Mund. Sie war selbst überrascht über ihr eigenes Handeln, aber sie war mit Pico so schnell, so unkompliziert vertraut geworden, dass es sich richtig anfühlte. Dann verließen beide die Küchenzentrale und verschwanden in Picos Zimmer.

CLUB 88

Die Ermittlungen gegen die Bomberjacke wegen *versuchten Mordes* und *versuchten Totschlags* §§ 211, 212, 222, 223, 224 Abs. 2 StGB gegenüber Polizeihauptmeister Thomas Schlagloch auf der Hamburger Reeperbahn wurden seitens der Staatsanwaltschaft nach kurzer Zeit eingestellt. Zwar war der Vorsatz gegeben, der als Voraussetzung für Mord sowie Totschlag vonnöten war, doch nicht die Möglichkeit der Vollendung. Ziemlich ernüchtert hatte Thomas den Bescheid aufgenommen und Esther bei der heutigen Nachtschicht davon berichtet, als der nächste Notruf reinkam:

»Peter 15/1 von Peter 15, bitte kommen!«

»Peter 15/1 hört!«, antwortete Thomas.

»Schießerei im Club 88. Verstärkung durch die Nachbarreviere wird ebenfalls angefordert.«

Thomas schaute zu Esther rüber, die augenblicklich Blaulicht und Martinshorn einschaltete und das Steuer herumriss. Er antwortete:

»Peter 15/1 hat verstanden. Sind unterwegs.«

Vor'm *Club 88*, Diskothek und berüchtigter Luden-Treffpunkt, hatte sich bereits eine Menschentraube angesammelt. Im Gewühl entdeckte Esther Hansi, der mit ersten Zeugen sprach und ging zu ihm rüber, sie wollte sich ein Bild machen.

»Was denn passiert?«, fragte sie.

»Du kennst doch Wilhelm und Rainer, oder?«

Natürlich kannte Esther die beiden Zivilfahnder, nickte mit dem Kopf und fragte:

»Was ist mit den beiden?«

»Die sind vor etwa zwanzig, fünfundzwanzig Minuten wegen eines Drogendeals dort rein. Doch irgendein Arschloch hat gequatscht oder sie erkannt. Gleich als sie die Disko betraten, wurde *Der Kommissar* von Falco abgespielt, und prompt waren alle gewarnt. Dann ging alles sehr schnell. Zwei oder drei Schüsse. Einen hat's ziemlich schwer erwischt.«

»Wen hat es erwischt?«, schrie sie aufgebracht und zerrte an seinem Arm, »Hansi, wen hat es erwischt?«

Natürlich waren sich die verdeckten Ermittler der Gefahren ihres Tuns bewusst. Und allemal kannten sie ihr Klientel. Luden, Drogendealer, Wirtschafter. Das *Who is Who* der Brutalität, die, erst einmal in die Enge getrieben, vor nichts zurückschreckten. Hinzu kam noch, dass die Kiezgrößen die *Weiße Dame* nicht nur verkauften, sondern auch in Übermaßen konsumierten. Die Hemmschwelle sank im gleichen Tempo, wie die Gewaltspirale anstieg.

»Keinen von uns. Die Idioten haben sich selbst versucht den Garaus zu machen, zumindest fast«, erlöste Hansi und zählte auf: »Ein Albaner, ein Deutscher.«

Esther drehte den Kopf und erblickte Thomas, der sie zu sich winkte und im Club verschwand. Esther folgte und sah hinter der Tanzfläche einen Mann auf dem Boden liegen, der gerade von einem Rettungsteam auf eine Trage gehievt wurde. Bei genauerer Betrachtung entdeckte sie zwei Einschusslöcher in der Brust. Rechts von der Tanzfläche, auf einem Stuhl, saß eine weitere Person, anscheinend unverletzt, in Handschellen. Thomas erzählte, dass der Kollege Rainer nach dem Schusswechsel sofort instinktiv je einen Zeigefinger in die Einschusslöcher gesteckt hatte, um die Blutung zu stoppen, und dem Zuhälter so vermutlich das Leben gerettet hatte.

Dann trafen auch die Kollegen der Kripo und Spusi ein und übernahmen. *Manno!*, dachte Esther und ergab sich dem Schicksal eines Schutzpolizisten. Bevor es richtig spannend wurde, war der Fall schon wieder weg. Nur selten, und dann meist bloß für wenige Minuten, konnte Esther den anrückenden Tatortgruppen bei der Arbeit über die Schulter schauen. Wie letztlich die Ermittlungen ausgingen, erfuhr sie, wenn überhaupt, nur beiläufig über gut vernetzte Kollegen oder aus der Zeitung.

Esther und Thomas stiegen zurück in den Peterwagen und machten einen Zwischenstopp beim *Minigrill* in der Clemens-Schultz-Straße 79. Thomas hatte Hunger, aber vor allen Dingen Redebedarf wegen des Bomberjacken-Bescheids. Er merkte, wie sein Ärger darüber größer wurde, dass der Typ nur wegen Fahrrad-Diebstahls eine Bewährungsstrafe erhalten hatte, obwohl er seinen Tod willentlich in Kauf genommen hatte.

»Häh? – Sei doch einfach nur froh, dass der Möchtegern-Italiener kein AIDS in sich trug und dich mit der Rotzattacke mangels Erkrankung gar nicht erst infizieren konnte, Thomas«, sprach Esther, die gedanklich noch bei den Fingern in den Einschusslöchern war, auf ihn ein. »Ich bin es auf jeden Fall, das kannste mir aber glauben.«

»Ja, schon, es ist nur so, dass …«

Doch Esther unterbrach, auch wenn sie den Kollegen irgendwie natürlich verstehen konnte.

»Jetzt mal ehrlich, Thomas. Wärst du lieber infiziert und dafür der Typ im Knast? Ich denke nicht.«

»Nee, natürlich nicht«, antwortete Thomas und gab der Kollegin recht, während beide Currywurst mit Pommes, Pflichtprogramm einer jeden Nachtschicht, gereicht bekamen.

»Peter 15/1 von Peter 15, bitte kommen!«, knisterte es wenige Minuten später aus dem Funkgerät. Thomas schmierte sich mit einer Papierserviette Mund und Finger sauber und drückte auf die Sprechtaste.

»Peter 15/1 hört!«

»Person mit verdächtiger Tasche in der Seilerstraße, vor Haus 39, von der Fußstreife überprüft. Inhalt nicht genau zu spezifizieren. Möglicherweise eine Bombe. Kollegen brauchen Verstärkung. Sofort.«

»Peter 15/1 hat verstanden. Sind unterwegs.«

Der Satz war noch nicht verhallt, da saßen die beiden Beamten bereits im Wagen und fuhren über die Hein-Hoyer-Straße die 400 Meter zum angegebenen Standort, wo sie auf Hansi und Bruno trafen.

»Wir versuchen nicht allzu viel Aufsehen zu erregen, deshalb haben wir auf eine Absperrung verzichtet«, versuchte Hansi das ungewöhnliche Setting zu erklären, denn wenn die Kollegen nicht instruiert worden wären, dass da möglicherweise eine Bombe vor ihnen in der Tasche deponiert war, hätte man nicht darauf kommen können. Doch die beiden wollten einer Panik der Bewohner und Touristen vorbeugen, bis sie durch das Aufräumkommando Klarheit hatten. »Als wir den Kerl überprüft haben, weil er sich, nachdem er uns erblickt hatte, verdächtig benahm, und ihn fragten, was in der großen Tasche sei, hatte er nur lapidar geantwortet, eine Bombe«, sagte Hansi und schluckte hohl, sein Adamsapfel sprang auf und nieder. »Dann öffnete ich sie und siehe da«, er zeigte mit dem gestreckten Arm auf die zu zwei Drittel geöffnete Tasche, »sah ich verschiedene farbige Kabel und einen Metallblock.«

Esther erschrak, dachte an Rammstein und schaute zu dem Taschenbesitzer, der in Handschellen am Zaun gefesselt dastand, und lauschte. Er war schon einiges über sechzig, trug eine braune Lederhose, dazu ein flatterndes rosa Hemd, das weit aufgeknöpft war, darüber einen dunklen Mantel mit Schulterpolstern und Föhnfrisur.

»Die Kollegen vom MEK sind unterwegs. Aber ihr könnt ja schon mal den Scheißkerl in Gewahrsam nehmen. Wir behalten die Tasche im Auge und wollen, wie gesagt, nicht allzu viel Aufsehen darum machen …«

Thomas griff sich den Flatterhannes und die drei fuhren zurück zum Revier, wo sie ihn in die letzte freie Zelle im Untergeschoss verfrachteten. Bei der anschließenden Wohnungsdurchsuchung in Hamburg-Hamm wurde eine weitere selbstgebastelte Bombe und fünf mit der Schreibmaschine getippte Seiten gefunden, die eine gewisse Nähe zur RAF aufwiesen. Noch in den Morgenstunden wurde er dem Haftrichter zugeführt.

FARBKLECKS

Am nächsten Tag fuhren Esther und Sönke zum nahegelegenen Baumarkt. Dort angekommen, stiegen sie auf dem Parkplatz aus, betraten die große Halle und wandten sich direkt zum Tresen rechts vom Eingang mit dem Anliegen, Farben und Bodenbeläge zu finden. Sönke hatte sich für *Buche* als Schlafzimmerbodenbelag und für eine hellblaue Wand im Wohnzimmer entschieden. Esther war das gerade ziemlich egal, sie hatte bereits ihren Farbklecks bei Pico bekommen.

Und ihre Stimmung schwankte seitdem zwischen Schmetterlingen, Erleichterung, Zorn und Melancholie. Sie war auch von Pico einfach gegangen, ohne sich zu verabschieden. Eigentlich ungewöhnlich, doch sie konnte das Gefühl nicht einordnen, geschweige denn wusste sie, wohin sie es führen wird. Geführt wurde sie jetzt erstmal von Sönke, und zwar zum Gang für Wand- und Deckenfarben. Dort zog er verschiedene Farbtöpfe aus den Regalen hervor, hielt diese hoch und präsentierte sie Esther:

»Du, sag' mal, welche Farbe findest du besser, also für die Wand im Wohnzimmer?« Und ohne eine Antwort abzuwarten, setzte er fort: »Also eigentlich müssten wir die Farben ja mal bei Tageslicht begutachten. Glaubst du, wenn wir einen Verkäufer fragen, dass wir mit den Töpfen vor die Tür gehen können?«

Doch Esther zog nur die Schultern hoch. *Himmel! Was macht sie bloß hier?,* dachte sie und verspürte nicht die geringste Lust mit zwei, drei oder mit wie vielen Farbtöpfen auch immer gleichzeitig oder nacheinander vor die Tür zu marschieren. Sie wollte ohnehin kein Hellblau fürs Wohnzimmer. Sie wollte eigentlich überhaupt keine Farbe fürs Wohnzimmer, genauso wenig wie Buche fürs Schlafzimmer. Und die bunte Stehlampe, die in der Bude rumstand, war auch das Allerletzte. Billiger 60er-Jahre-Scheiß. Und überhaupt: Sie brauchte einen Tapetenwechsel.

Sönke verdrehte die Augen und entschied sich für Topf drei, eine edelmatte Wandfarbe mit erlesenen Farbpigmenten für eine maximale Farbtiefe.

»Gut, dann nehmen wir diesen hier, okay?«

»Ist mir egal!«

Esther erschrak über ihren strengen Ton.

Auch Sönke fuhr kurz zusammen, doch sein Blick ruhte scheinbar unbeeindruckt auf ihrem Gesicht. Zur Schadensbegrenzung schob sie ein »Tut mir leid!« und »Ja, okay. Lass uns die nehmen« hinterher.

»Prima, dann brauchen wir jetzt nur noch einen Fußbodenbelag für's Schlafzimmer.«

Sönke hievte die Wandfarbe auf den Einkaufswagen und ging voraus zu Gang F, während Esther klar wurde, dass sie mit ihm sprechen musste.

***

Der restliche Tag plätscherte wie ein Sonntagnachmittagsheimatfilm an ihr vorbei. Kaum waren sie wieder zurück in Harburg-Hausbruch, begann Sönke voller Enthusiasmus die kleine Wand mit der steinblauen Schönheit zu bestreichen und war erstaunt darüber, dass ein einziger Farbanstrich ausreichte, dann ging er ins Schlafzimmer, um sich des Fußbodens anzunehmen.

»Hey, Schatz, ist es okay, wenn ich jetzt mit dem Belag beginne?«

Esther, die im Bett weggedöst war, richtete sich auf und setzte ein müdes Lächeln auf.

»Jetzt?«

»Wenn es passt? Bin gerade im Flow, weißt du?«

Obwohl Esther in der Vergangenheit nie vor Auseinandersetzungen zurückgeschreckt war und seit der Davidwache noch mehr gelernt hatte, für ihre Sachen einzustehen, erschien es ihr unsinnig, gerade jetzt, in diesem Moment, das ganz große Fass aufzumachen. Sie wollte auch nicht der

Spielverderber sein, der Sönke von dem Vorhaben, die Wohnung aufzumöbeln, abbrachte.

»Aber klar«, antwortete sie, schob die Bettdecke beiseite und stand auf. »Weißt du was, ich gehe draußen spazieren. Das Verlegen dauert ja sicherlich etwas länger und dann stehe ich dir zumindest nicht im Weg.«

Sönke bejahte, riss die Baumarkt-Verpackung auf, damit das Laminat atmen konnte, und begann damit, das Schlafzimmer auszuräumen. Wenig später verabschiedete sich Esther und verließ die Wohnung. Sönke schaute ihr aus dem Fenster nach, als ihn ein seltsames Gefühl beschlich. *Merkwürdig*, dachte er, *sie geht sonst nie »einfach nur so« spazieren.* Sönke ließ Fußbodenbelag Fußbodenbelag sein, nahm sich eine Jacke und folgte ihr. Er war sich sicher, sie würde Richtung Bahnhof gehen und in die S-Bahn steigen. Ob er sie dann weiter verfolgen würde oder nach ihrer Rückkehr befragen würde, wusste er jetzt noch nicht. Zu ruhelos, zu angespannt war er. Es ist einfach etwas komplett anderes, als Polizeibeamter fremde Personen zu beschatten oder als Verlobter die zukünftige Ehefrau und Mutter seiner Kinder. Esther jedenfalls schien keinen Verdacht zu schöpfen. Sie ging zielstrebig Richtung Bahnhof. Doch dort angekommen, stieg sie nicht wie erwartet, die Stufen hinab, sondern ließ das Gebäude links liegen und schritt weiter Richtung Grünflache. Ein erster Stein fiel von Sönkes Herzen. Erleichtert fragte er sich, was er hier eigentlich machte. Er schämte sich plötzlich wegen seiner Gedanken und wollte umdrehen, bevor er noch entdeckt werden würde, doch irgendetwas hielt ihn davon ab. Er konnte nicht kehrtmachen. Sönkes Kopfkino lief bereits und malte in den buntesten Farben mit bestechender Genauigkeit aus, was trotzdem noch alles passieren konnte. Denn, wenn Esther nicht die S-Bahn nahm, dann besuchte sie vielleicht jemanden daheim? Doch wieder falsch. An der nächsten Straßenecke bog sie rechts ab und setzte sich in ein Café. Allein. Er beobachtete sie von der gegenüberliegenden Straßenseite durch das Fenster. Einen Augenblick dachte er daran, einfach hinüberzugehen, sich zu ihr zu setzen, ihr zu sagen, dass er sie liebte, und sich zu vergewissern, dass alles okay war. Er wog gerade die Vor- und Nachteile dieser Entscheidung ab, als er bemerkte, wie sie wieder aufstand und das Café verließ. Zurück in Richtung Wohnung. Sönke hatte alle Mühe, hinter der Eiche nicht entdeckt zu werden, während sein Blick nicht von ihr abließ. Ja, tatsächlich! Mit zügigen Schritten schien sich Esther auf den Heimweg zu machen. *Verdammte Scheiße*, dachte Sönke und überlegte panisch, wie er seine Verlobte unbemerkt überholen konnte. Die einzige Chance dazu bot der S-Bahnhof. Wenn sie auf der Höhe des Gebäudes war, würde er im Affentempo runter- und am anderen Ende wieder hochflitzen und dann, ohne sich umzuschauen, einfach nur noch rennen. Rennen, bis er zu Hause war. Sönkes Herz raste, als der Bahnhof in Sichtweite kam. Doch statt erneut daran vorbeizugehen, war sie es nun, die die Treppe zur Unterführung nahm. Sönkes Herz stand kurz vorm Kasper. Er folgte ihr mit etwa 20 Meter Abstand runter zum Bahnsteig und sah, wie Esther in letzter Sekunde in eine abfahrbereite S-Bahn Richtung Hamburg sprang und seine Welt eine andere wurde.

WILDE TIERE

Esthers Wille, Esthers Emotionen, Esthers Verstand rangen miteinander wie wilde Tiere, als sie am nächsten Morgen zusammen mit Sönke zum S-Bahnhof ging. Sönke hatte gestern Abend auf ein klärendes Gespräch verzichtet und spielte auf Zeit. Wenn er nur das gemeinsame Nest zu Hause schön gemütlich machte, würde sich der Rest ergeben. So seine Strategie. Er wünschte ihr am Hauptbahnhof einen schönen Dienst und stieg aus der Bahn, die auch Esther vier Stationen später, an der Station Reeperbahn, verließ.

Vorbei an Obdachlosen, die ihre wenigen Besitztümer um sich geschart hatten und in Hauseingängen ihrem Alkoholgenuss nachgingen, und lauter Musik, die immer noch aus dem einen oder anderen Laden zu hören war, ging sie zur Frühschicht. Trotz Müdigkeit war das breite Grinsen nicht aus ihrem Gesicht zu bekommen. Auch nicht, als sie wenige Meter später Rudi vor der Eingangstür zur Wache sah. Im Gegenteil. Sie war in Geberlaune, schenkte ihm ein entspanntes »Guten Morgen« und betrat das Revier 15. Als sie zehn Minuten später umgezogen im Wachraum eintraf, traf sie erneut auf Rudi, der mit dem Funkgerät wedelte.

»Planänderung, Kleene. Wir haben heute gemeinsam Streife.«

Esthers Grinsen verblasste. Hatte sie doch eigentlich nach dem Dienstplan mit Claus Einsatz gehabt. Aber es lohnte sich nicht, das zu thematisieren. Es wird sicherlich einen Grund dafür gegeben haben. Sie folgte ihm zum Peterwagen 15/3, wo er sich hinter das Steuer setzte. Nachdem sie eingestiegen war, spürte sie, wie er nur auf ihre Frage nach dem *Warum* wartete. Doch sie wollte ihm diesen Gefallen nicht tun, griff nach dem Gurt und schnallte sich an. Dann sagte sie:

»Fertig gekämmt, gestriegelt und geschminkt. Von mir aus können wir los!«

Rudi drehte den Zündschlüssel im Schloss um und setzte sich in Bewegung. Esthers Coolness brachte ihn für Momente aus der Balance. Dann fragte er:

»Willst du gar nicht wissen, warum *wir* heute Dienst haben? Weil, ich mein' ja nur, eigentlich hättest du mit Clausi Streife gehabt.«

»Ach echt? Verstehe«, ließ sie ihn unbeeindruckt auflaufen. »Aber ist doch okay so. Zumindest für mich!«

In Rudi brodelte es, er konnte nicht länger an sich halten und lieferte ihr die Antwort auf die nicht gestellte Frage.

»Ich hab dich gestern gesehen! Mit Pico! Fickt ihr?«

Esther erschrak. Darauf war sie nicht vorbereitet. Und sie ärgerte sich maßlos über sich selbst. Sönke daheim hatte nicht den Hauch einer Ahnung und ausgerechnet Rudi roch Lunte. Dabei waren sie gestern nur kurz im *Café Berg* gewesen, wo normalerweise nur Taxifahrer, Prostituierte und Kellner ihren Kaffee tranken und keine neugierigen Kollegen.

»Ach ja?«

»Ja. Im *Café Berg*. Und dann seid ihr zu ihm. Ganze zwei Stunden. Wusste gar nicht, dass er solange kann?!«

»Neidisch?«

Rudi bremste ab und fuhr rechts ran. Er drehte sich zum Beifahrersitz.

»Du gibst es also zu?«

»Ich gebe gar nichts zu!«, antwortete Esther gereizt.

»Zuhälter reitet Bullen ein. Was für ein gefundenes Fressen! Ich lach' mich tot!«, sprach Rudi weiter und fuhr sich amüsiert mit der Hand über sein schütteres Haar. »Oder besser noch: Polizistin macht zweite Ausbildung, dieses Mal direkt bei ihrem Zuhälter!«

Esther atmete tief durch, zählte leise bis drei, in der Hoffnung, ihre Coolness wiederzufinden. Dann sagte sie:

»Haben wir's jetzt?«

Rudi beugte sich wieder zurück, betätigte den Blinker und fuhr weiter. Als sie beim *Café Berg* vorbeikamen, bremste er ab und fragte:

»Heute mal Lust auf'n Kaffee mit mir?«

* * *

Zurück im Aufenthaltsraum, dessen olfaktorischer Dunst sich heute aus Testosteron, Männerschweiß, Zigarettenrauch und verbrannten Brötchen zusammensetzte, nahm Esther einen Kaffee und schmiss sich zu den Kollegen auf den letzten freien Stuhl. Sie fühlte sich mittlerweile angekommen in der Truppe. Und die unausgesprochene Frage, die anfangs wie ein Damoklesschwert im Raum schwebte: *»Wie stellt sich wohl die Neue an?«* war nach einer gewissen Eingewöhnungszeit, mit Ausnahme von eigentlich nur noch Rudi, weitestgehend beantwortet. Es wurde von Monat zu Monat entspannter, kollegialer, fast freundschaftlich. Die Kollegen sahen, was sie zu leisten imstande war, dass sie ohne Wenn und Aber Überstunden schrubbte und respektierten sie dafür. Und so wie sich die männlichen Kollegen an eine Frau in Uniform in ihrer Schicht gewöhnten, ging es auch den Leuten auf der Straße. Wachtmeisterin Lindemann gehörte mittlerweile zum festen Inventar im Bezirk. Das Bild der weiblichen Streifenpolizistin widersprach nicht mehr dem gelernten Frauenbild der 3 Ks aus Kinder, Küche, Kirche. Ein Fortschritt, wie Esther empfand. Und gerade deswegen vermisste sie auch eine Kollegin in der Belegschaft. Eine Frau, eine Freundin, mit der sie sich nicht nur über die jobbedingten Männer auslassen konnte, sondern, vielleicht sogar auch, über ihre privaten.

Wie gern hätte sie mit dieser Frau über ihre beiden Pole gesprochen: einerseits der treue Sönke, auf den sie sich immer verlassen konnte, der mit beiden Füßen auf einem soliden Beamtenfundament stand. Ein good guy von der Waterkant eben! *Frau wusste, was Frau bekam.* Oder das genaue Gegenstück, einen Gangster und Abenteurer, wo niemand ahnen konnte, was der nächste Tag brachte? Sicherheit oder Unsicherheit? Berechenbarkeit oder Unberechenbarkeit? Langeweile oder Abenteuer? Die Antwort schien einfach und erforderte doch großen Mut. Schaffte sie es ein zweites Mal, die Komfortzone zu verlassen?

Dann platzte Rudi in den Aufenthaltsraum hinein und verkündete mit donnernder Stimme:

»Kaffeekränzchen ist vorbei, Esther! Schlägerei im *Handschuh.*« Er klatschte zweimal in die Hände. »Hopp, hopp! Worauf wartest du?«

* * *

Nach Dienstschluss war Esther immer noch nicht weiter, was ihre Männer anging, und wenn sie sich nicht gleich den Frust von der Leber reden konnte, würde sie platzen. So viel stand fest. Es musste eine Frau her. Am besten eine, die weder Pico noch Sönke kannte. Mittlerweile dürfte es auch eine Fremde sein. *Vielleicht Monika? Von der David-Quelle?* Sie würde ihr ein paar Bierchen ausgeben und über alles sprechen? Andererseits kannte Monika den Bärenführer. Das war zu eng. Nicht gut! Esther zog sich um, ging gedankenverloren von der Davidwache rechts den Spielbudenplatz entlang und zermarterte sich weiter das Hirn, als sie am *Western Store* vorbeikam. *Gerda?*, schoss es ihr durch den Kopf und sie stolperte kurzerhand in den Laden rein. Doch die Hütte hatte gerade eine Busladung Touristen reingeschmissen bekommen. Gerda fiel aus. Mist! Resigniert verließ Esther den *Western Store* wieder, überquerte am Millerntorplatz die Reeperbahn und ging über die Simon-von-Utrecht-Straße zurück Richtung Große Freiheit, wo sie einige Minuten später links zum S-Bahnhof Reeperbahn einbog. Als sie die Schmuckstraße kreuzte, entdeckte sie Berta, wie sie mit aufgestecktem Haar, ausladendem Dekolleté und Hasenfelljacke, heute in ruhigerem Fahrwasser, herumstolzierte. Als sie Esther erblickte, rief sie sie zu sich.

»Esther! Olá Esther! Olá!«

Esther ging, wie von Geisterhand geführt, auf Berta zu.

»Hallo Berta! Geht's dir gut?«

»Mas claro«, antwortete der Trans in Frauenklamotten und fügte nach einem prüfenden Blick noch hinzu: »Aber was ist los bei dir, Süße?«

Esther lächelte verlegen. Es war ihr immer noch ein Rätsel, wie es sich bei dieser Schönheit um einen Mann handeln konnte. Berta war in ihren Augen einfach perfekt. Groß, makelloses Gesicht mit einer Figur zum Dahinknien. Und nichts, also gar nichts, deutete auf das Falschspiel hin.

»Also, minha querida, was ist passiert?«, fragte Berta mit funkelnden Augen unter den überlang geschwungenen Wimpern.

Doch Esther wiegelte ab.

»Ist nix, alles in Ordnung. Ich gehe nur etwas spazieren, hatte noch keine Lust nach Hause zu fahren. – Kennst du das nicht?«

»Oh meu Deus, você está apaixonado.«

Esther lachte und legte den Kopf in den Nacken.

»Was meinst du?«

Berta ging einen Schritt auf sie zu und nahm sie in den Arm.

»Oh mein Gott«, habe ich gesagt, »du bist ja verliebt!«

Esther spürte, wie sich Wärme in ihrem Körper ausbreitete. Nicht nur durch die Umarmung dieser fremden Mann-Frau, sondern auch, weil die Bemerkung voll in ihr Herz getroffen hatte.

»Wollen wir reden? Wir können gehen ins *Gretel und Alfons*, wenn du wollen? Ist sowieso nix los jetzt. Acordado?«, blieb Berta am Ball und drehte Esther, immer noch in ihrem Arm, vorsichtig um die eigene Achse Richtung Gaststätte, die sich etwa 30 Meter entfernt direkt neben dem *Salambo* in der Großen Freiheit Nummer 29 befand.

Gesagt, getan. Und so betraten beide die Kneipe, an deren Wänden allerlei Krimskram hing. Esther entdeckte Bilder von Hans Albers über Freddy Quinn bis zu den Beatles, zwei davon sogar von allen signiert. Dazwischen baumelten Taue mit Seemannsknoten. Auf der Eckbank, neben der Musikbox, die gerade *Rote Lippen soll man küssen* vor sich her trällerte, ließen sie sich nieder.

»Das ist hier mein Stammplatz, komme immer her, wenn ich brauche Ruhe, wenn ich muss durchatmen, wenn alles ist zu viel. So wie dir jetzt, minha querida«, sagte Berta und orderte bei Inge die erste Runde:

»Wie immer, bitte!«

Berta schenkte Esther ein Lächeln und befreite sich mit einer geschmeidigen Bewegung von der viel zu engen Hasenfelljacke. Sie atmete aus.

»Das Teil bringt mich noch um. Aber das gehört dazu, wenn man will zeigen, was man hat«, kommentierte sie und nahm Esthers Hand.

»Okay, meu amor, ich bin ganz Ohr!«

Esther lächelte zurück und begann bei einer Runde Schnaps von Pico, ohne seinen Namen zu erwähnen, und Sönke zu erzählen. Schmückte aus, wie glücklich sie mit ihm noch bis vor Kurzem war und dann eines Tages Pico oben auf der Hühnerleiter stand.

»Hühnerleiter? Was soll das sein?«, gackerte Berta dazwischen und wedelte mit den beiden leeren Gläschen so lange umher, bis Inge mit der Flasche vorbeikam und ordentlich nachschenkte. »Was denn für Hühner?«, fragte sie und bildete mit den Lippen ein tonloses »Drehst du jetzt völlig durch, Süße?«.

Esther lachte, sie mochte Bertas Humor und wiegelte ab.

»Nein, nein. Ich meinte damit die Holztreppe in seinem Haus. Viel zu steil und viel zu eng eigentlich, verstehst du?«

»Eng ist doch gut, nicht?«

Esther verdrehte die Augen und sprach einfach weiter. Doch das, was Pico beruflich trieb, streifte sie nur marginal. Er sei eine Art Betreuer, Künstlerbetreuer, Lebenskünstler. So was eben.

»Habt ihr schon zusammen gefickt?«, fragte Berta unverblümt und durchdrang sie plötzlich mit einem Blick, dass Esther vor Schreck keine Luft mehr bekam und eine Hand zur Kehle zog. Zum ersten Mal kam der männliche Teil von Berta zum Vorschein.

»Äh, nein. Also … nicht so richtig.«

»Was soll heißen das? Nicht so richtig? Sim ou não? Ja oder nein?«

»Ich meine damit ...«, stammelte Esther weiter und war sich gar nicht mehr so sicher, ob sie dieses Thema überhaupt mit jemanden, mit einem Mann, besprechen sollte, »... nicht Vollgas gegeben.«

»Ach, ihr Deutschen! Hühnerleiter, Vollgas geben? Was denn das schon wieder?«

Esther lachte erneut, wie auch Berta, die ganz scheu mit den Augen rollte und zurück in ihrer Rolle war.

»Also, nein. Wir haben noch nicht miteinander geschlafen. Wir haben rumgemacht, also rumgefummelt, aber nicht mehr. Okay?«

Berta sah sie mit einem verständnislosen Gesichtsausdruck an.

»Warum aber nicht, wenn er denn so toll ist, wie du immer sagen?«

»Weil ich in einer Beziehung bin, weil ich verlobt bin, vielleicht?«

»In der du anscheinend aber nicht mehr sein wollen, vielleicht?«, erwiderte Berta wie aus der Pistole geschossen und hob die leeren Gläschen, sie brauchten Nachschub, dringend. Dann sprach sie weiter:

»Wenn du hast die Auswahl zwischen *dois homens*, also zwei Männern, Süße, entscheide dich immer für den zweiten.«

»Für den zweiten?«

Berta nickte, während Inge an dem Tisch vorbeikam und die Flasche nach dem Auffüllen gleich dort stehenließ.

»Warum denn das?«

»Wenn mit dem ersten alles perfekt sein, es nicht gäbe einen zweiten!«

Rumms! Das saß. Wie das nächste Gläschen Schnaps. Esthers Zunge wurde lockerer und entspannter. Sie wurde neugieriger und wechselte das Thema:

»Kann ich dich denn auch mal was fragen?«, meinte Esther und grinste verheißungsvoll.

»Alles, minha querida!«

»Kommen auch Männer zu dir, die wissen, dass du ... ähh ... ich meine, die Männer, die zu dir kommen, wissen die eigentlich, dass du ... ähh ...?«

»Dass ich neben zwei wundervollen Brüsten auch habe einen Schwanz?«

Esther leerte das Schnapsglas und bejahte:

»Ja, das war meine Frage.«

»Naturalmente. Und um deine nächste Frage gleich zu beantworten, viele meiner Stammfreier haben eine *grande fascínio,* große Faszination deswegen und wollen ausleben Fantasien. Andere wollen einfach nur spielen mit einem Schwanz oder Schwanz in sich spüren, ohne sich mit das Thema Schwulsein auseinanderzusetzen. Você entende? Andere Stammfreier mögen gerne Schwänze und Brüste zusammen. Was auch immer, es geht um Abwechslung, verstehst du? Um Neugier, um Neues, um Suche nach dem Kick. Und für das Rest, ist es eine Überraschung groß. Meist eine böse Überraschung groß. Nicht gut. Das sind die Freier, vor denen du musst aufpassen. Niemand wissen, wie reagieren dann.«

Berta leerte ihr Gläschen und summte etwas von:

»*In der Schmuckstraße laufen Damen nah und fern, doch die Damen, das sind Herrn.*«

Zufrieden mit sich und der Welt füllte Berta erneut die Gläschen und fragte:

»Und du, minha querida? Bist du bereit für etwas Neues?«

MANCHMAL MUSS ES EBEN MUMM SEIN

Liebe, also die echte, nicht die käufliche, war ein absolutes Gefühl, auch wenn es bis heute keine allgemeingültige Definition gab. Der Mensch war von vielen Formen der Liebe umgeben, die zusammen das Leben vervollständigten. Die griechische Mythologie ging sogar noch einen Schritt weiter, sie unterschied drei Haupttypen von Liebe: *Eros*, *Philia* und *Agape*. Die sexuelle Hingabe, das Verlangen. Die freundschaftliche Zuneigung, die spätestens dann an Gewicht gewann, wenn die körperliche Leidenschaft nachließ. Und die seelische Verbindung zwischen zwei Menschen, die eigentliche, die wahre bedingungslose Liebe. Jede von ihnen war eine bestimmte Ebene, hatte ihre eigene Schönheit und zusammen bildeten sie die Fülle der menschlichen Existenz. Von Picos menschlicher Existenz hatte Esther über Umwege von Karina erfahren und es war, als hätte der Kiez die beiden zusammengeführt, um ihnen die Möglichkeit zu geben, etwas Besonderes zu entdecken.

An diesem Morgen strahlte Esther im Bad ihr Spiegelbild an, und das strahlte zurück. Schön, stark, sexy – und verliebt. Ja, Berta, sie war bereit, Neues zu entdecken! Doch hatte sie auch den Mumm? Den Mumm, sich auf eine neue Reise innerhalb der laufenden einzulassen, ein bürgerliches, spießiges Leben aufzugeben, um sich einem weiteren Abenteuer voller Ungewissheiten zu stellen? Esther schloss die Augen und ließ die Gedanken zu Pico wandern, nickte dreimal und versprach sich selbst den Mut zu haben, sie zu erkunden. Sie jauchzte kurz, öffnete den dreiteiligen Allibert-Schrank und begann sich fertig zu machen. Im Anschluss ging es wie gewohnt mit Bus und Bahn zum Dienst. Mit Sönke hatte sie nicht viel geredet. Am Hauptbahnhof, wo Sönke die Bahn verließ, ein flüchtiger Abschiedskuss, und dann noch die letzten vier Stationen Jungfernstieg, Stadthausbrücke, Landungsbrücken und Reeperbahn. Sie stieg aus und ging Richtung Davidwache, als eine unsichtbare Kraft sie auf der Höhe des Hans-Albers-Platzes rechts abbiegen ließ und sie zur Gerhardstraße führte. Sie schaute auf die Uhr, 5:47 Uhr. Sie rannte die Hühnerleiter zu Picos Zimmer hinauf und schmiss sich für eine Minute zu ihm ins Bett. Kaum war er erwacht, sauste sie schon wieder los und stand um 6:03 Uhr uniformiert mit einem breiten Grinsen über'm Gesicht im Wachraum und wartete auf Thomas, der seit der Spuckattacke zu einem Freund geworden war. Ihm wollte sie sich heute anvertrauen, von ihren Plänen erzählen und vorsichtig vorfühlen, wie der Umzug bei der Belegschaft ankäme.

»Bist du dir sicher?«, fragte der Kollege überrascht beim Rundgang, als sie durch die heruntergekommenen ein- bis zweistöckigen Betonklötze, die vor zwanzig Jahren noch als neuester Schrei modernster Glaspavillons gefeiert wurden, auf dem Spielbudenplatz patrouillierten. »Ich meine, das ist echt 'ne heikle Kiste. Polizeibeamtin und Zuhälter?! Ging's nicht 'ne Nummer kleiner? Und auch noch gleich zusammenziehen? Kann mir beim besten Willen nicht vorstellen, dass das dem Rielandt schmeckt.« Thomas schaute zu Esther. »Aber bei der Liebe steckt man nicht drin, richtig?«

»Pico ist kein Zuhälter«, erwiderte sie trotzig.

»Was isser denn dann?«

»Nun ja«, begann sie und spielte bedeutungsschwanger mit den Händen vor dem Körper. »Ich würde sagen, Wirtschafter, eine Art Hotelier, Unternehmer vielleicht? Zurzeit sind ohnehin nur zwei Zimmer belegt. Schau dich doch um. Überall tote Hose, dank AIDS!«

»Schon recht, ich sag' ja auch nur. Mach mal halblang und bleib' etwas in der Deckung«, antwortete Thomas und hoffte nicht erneut etwas Falsches von sich gegeben zu haben.

»Was meinst du denn jetzt schon wieder mit *in Deckung bleiben*?«

»Ich würde es erstmal nicht an die große Glocke hängen. Möglichst die Zeit mit deinem Unternehmer genießen, schließlich sind wir nur einmal jung, aber so eher …«, Thomas suchte nach den richtigen Worten und blieb beim altbewährten, » … naja … eben etwas in Deckung bei dem Ganzen bleiben. Verstehst du?«

Esther verstand und musste einsehen, was für ein gefundenes Fressen das für die Kollegen im Revier sein würde. Natürlich würden die allesamt ihre Mäuler zerreißen und sie wäre wieder Gesprächsstoff Nummer 1. Erste weibliche Praktikantin, erste weibliche Schutzpolizistin und nun erste Kollegin, liiert mit einem Gauner und Zuhälter …

Thomas drehte bei und bog in die Taubenstraße zur Esso-Tankstelle ab, dem eigentlichen Marktplatz von St. Pauli, als sich das Funkgerät der Fußstreife meldete:

»Peter 15/11 von Peter 15, bitte kommen!«

»Peter 15/11 hört!«

»Auto aufgebrochen und das Radio entwendet. Angeblich hat niemand was gesehen. Es handelt sich um einen roten Audi 100. Halter des Fahrzeuges ist ein gewisser Ralf-Peter Krohn, wohnt in der Kastanienallee 37, zweites Stockwerk. Er und seine Frau warten beim Fahrzeug, Kastanienallee 24. Schaut euch das mal an.«

»Peter 15/11 hat verstanden. Sind unterwegs.«

* * *

Thomas' Worte hallten auch nach Dienstschluss nach. *In Deckung bleiben* hieße ja nichts anderes als den Ball erstmal schön flachzuhalten. Doch Esther musste nicht nur den Ball flachhalten, sie musste überhaupt erstmal mit Sönke über die neue Aufstellung sprechen und den richtigen Moment dafür abwarten. Doch wann war das? Beim Frühstück? *Beide noch müde!* Beim Abendbrot? *Beide schon wieder müde!* Am freien Tag?

Gab es überhaupt den perfekten Moment? Esther hatte Zweifel. Als eine Person, die gerne fotografierte, war Esther es gewohnt, durch Vorbereitungen, eine bestimmte Situation, eine bestimmte Stimmung zu erzeugen, einem Sujet eine bestimmte Bühne zu bereiten, um den perfekten Moment zu erschaffen. Bei der Fotografie hatte sie die Möglichkeit, Momente zu verdichten oder überhaupt erst entstehen zu lassen und so in das fertige Bild einzugreifen. Aber gab es den perfekten Moment im Zwischenmenschlichen? Gab es den richtigen Moment, dem Verlobten die Entlobung kundzutun? Vor allem, wenn dieser Mensch nie wirklich etwas Falsches getan hatte? Wohl kaum, resümierte Esther, als sie in Harburg-Hausbruch die Wohnungstür aufschloss.

»Bin wieder zu Hause!«, rief sie zur Begrüßung durch den schmalen Flur und sah einen Lichtspalt unter der Badezimmertür. Sie hörte den Wasserhahn laufen und klopfte:

»Du Sönke, kann ich reinkommen?«, fragte Esther, während sie nervös mit dem Anhänger ihrer Kette spielte.

»Einen Moment.«

»Ich dachte, wir …«

»Willst du wieder ins Kino?«, unterbrach Sönke und kam aus dem Badezimmer heraus, gab ihr einen Begrüßungskuss und nahm ihre Hand. »Was möchtest du dir anschauen? Oder möchtest du nach Lübeck?« Er strahlte sie an. »Wir könnten ja auch in Lübeck ins Kino?«

Esther schluckte schwer und sah in Sönkes vertrautes Gesicht. All die Erinnerungen waren augenblicklich präsent, das gemeinsame Lachen, die gemeinsamen Ausflüge, der verregnete Tag, als er sich in der Polizeikantine ungefragt mit Kartoffelklößchen, Bohnen und Fleisch an ihren Tisch gesetzt hatte, als er sie fragte, ob sie zu ihm ziehen wollte, und als sie es tat. Sie zwang sich zu einem Lächeln.

»Nein, weder noch«, antwortete sie mit ernstem Ton. »Ich muss dir was sagen.«

»Aber klar doch«, antwortete Sönke sanft und führte sie an der Hand in die Küche. »Möchtest du auch ein Glas Wein?«

Wieso nur in Herrgottsnamen war er heute so charmant?, dachte Esther und wusste nicht so genau, wie sie ihm ihr Vorhaben beibringen sollte. Sie setzte sich und nahm das Weinglas entgegen.

»Auf uns!«, sprach Sönke und hob das Glas. Dann schaute er sie an: »Also, Liebes, erzähl, was liegt dir auf dem Herzen, ich bin für dich da.«

* * *

»Esther!«, rief Rudi am nächsten Tag den weiblichen Nachwuchs aus dem Aufenthaltsraum zu sich an den Wachtresen. »Kundschaft!«

Esther griff sich die Dienstmütze und kam nach vorne geeilt, wo ein abgerissener Typ, knallblauer Lederanzug, das Hemd bis zum Bauchnabel geöffnet und weißen Stiefeln, neben Rudi stand und eine Anzeige loswerden wollte.

»Moin, Sie möchten eine Anzeige aufgeben? Was ist denn passiert?«, begrüßte sie ihn und setzte ihre Mütze auf.

Der Typ musterte Esthers schöne Züge. Jung, unverbraucht, fast unschuldig, wie er fand.

»Wer bist du denn?«, fragte er knapp und schaute verdutzt zu Rudi. »Ist das deine Neue?«

Rudi konnte sich ein Lachen nicht verkneifen, er antwortete:

»Hab dir doch von der erzählt. Die ist jetzt für uns alle da. Brauchst du Hilfe, frag' nach ihr. Brauchst du ein offenes Ohr, frag' nach ihr, brauchst du was anderes, frag' nach ihr. Sie hilft dir bestimmt. Sie ist gut, so wie man auf der Straße hört.«

Esther konnte nicht fassen, was Rudi von sich gab. Er schien überhaupt keine Grenzen mehr zu kennen, provozierte sie nun sogar *coram publico.*

»Mir ist ein Wellensittich entflogen, ne? So ein blau-weiß gefiederter mit einer ganz besonderen Stimme. Wart' mal.« Die blaue Lederklamotte spitzte ihren Mund und gab Vogelgezwitscher von sich. »Hörst du? Hast du gehört? So in etwa klingt Pfiffikus. Eigentlich 'ne treue Seele. Aber nu ist er durchs

Badezimmerfenster zum Hinterhof raus und von da auf die große Rotbuche. Wenn wir uns beeilen, sitzt er da vielleicht noch, richtig?«

Esther blieb ruhig.

»Haben Sie es schon bei der Feuerwehr versucht? Als die Katze des Nachbarn meines Cousins Hinnerk getürmt ist, hat der die 112 gerufen«, antworte Esther. Ihr Ton hatte etwas Bürokratisches, ihr Blick dazu sprach Bände. »Und wenn Sie sich beeilen, dann sitzt der Piepmatz sicherlich auch noch da.«

Der Typ schaute zu Esther wie zu einer Verrückten. Dann drehte er sich fragend zu Rudi und wieder zurück zu Esther.

»Häh?«

»Wenn Sie wollen, können wir auch von hier aus die Feuerwehr benachrichtigen, sollen wir das machen? Dann kommen Sie bitte mit, damit ich gleich die Anschrift von dem Vogel aufnehmen kann.«

»Nee, nee, lass mal«, antwortete der Typ und drehte mit dem Zeigefinger kleine Kreise neben seiner Schläfe. An Rudi gerichtet nuschelte er noch, bevor er das Revier verließ:

»Dein Ernst? Die Alte spinnt doch völlig! Lass mich bloß in Ruhe mit der.«

Doch das sollte für Esther, die, wie sie fand, klasse reagiert hatte, nur der Anfang des heutigen Tages gewesen sein. Was folgte, war die Verlängerung in Form einer gemeinsamen Spätschicht mit Rudi, der außer sich war, und weiter provozierte. Beginnend beim ersten Einsatz von Michel 1: *»Ein Raub an der Station Reeperbahn, Geschädigter am Kopf durch eine abgebrochene Bierflasche verletzt, der Täter ist flüchtig«* bis zum bitteren Ende um kurz nach zehn im *Eros-Lunch* bei Currywurst und Pommes. Doch sie blieb dabei, was sie sich vorgenommen hatte, sie würde sich nicht bei Rielandt ausheulen.

Als sich Esther nach der Spätschicht umgezogen hatte und die große Holztür des Reviers in das brodelnde Leben aufstieß, kam auch Thomas die Stufen heruntergeeilt. Er hatte heute mit Stephan Fußstreife gehabt.

»Wollen wir noch 'nen Absacker nehmen, Esther? Im *Blauen Peter*?«

Esther wollte und bejahte.

Am Hamburger Berg 19 angekommen, begann Thomas von der heutigen Schicht zu erzählen, wie sie zusammen mit zwei Zivilfahndern einen Typen aus der Diskothek am Spielbudenplatz verhaftet hatten, weil er im Besitz der *Weißen Dame* war.

»Weißt du, das war so'n waschechter St. Paulianer, spindeldürr, abgeranzt, fertig. Und dann, als er checkte, was wir von ihm wollten, schrie der den ganzen Laden platt. Der hörte gar nicht mehr auf damit, war kaum zu bändigen, hüpfte ständig hin und her, bis der Wilhelm vom DJ-Pult eine Schere geholt hatte und ihm kurzerhand die knallrote Lederkrawatte auf Höhe der Brust durchschnitt.« Thomas stand auf und schnitt mit zwei Fingern eine fiktive Krawatte in der Mitte ab. »Schnipp, schnapp. – Und dann war Ruhe im Karton, aber so was von. Dem Typen war vor Schreck die Luft und Spucke weggeblieben. War nicht ganz so regelkonform von uns, weiß ich, aber echt wirksam. Nun hockt er bei uns in 'ner Zelle und wartet auf ein Taxi Richtung Dammtor.«

»Echt jetzt?«, fragte Esther. »Der Typ hat nichts mehr gesagt? Sich nicht beschwert?«

»Nö! Der war stumm wie ein Karpfen.«

Thomas lachte keuchend und stieß mit Esther an, während aus der Musikbox *Too Shy* von Kajagoogoo erklang.

»Der Wilhelm, ich glaub's nicht«, flötete Esther und bemerkte innerlich, wie sie begann, die Schicht mit Rudi zu verarbeiten. Sie schaute sich die grölenden Leute im *Blauen Peter* an. Es war schon erstaunlich, wie viele Gesichter sie bereits kannte und wie viele Geschichten sie über diese hätte erzählen können. Ihr Blick wanderte weiter zum großen Fenster hinaus. Sie sah ein Pärchen auf der Straße tanzen. Doch was genau sollte das bitteschön sein? Rumba? Cha Cha Cha? Einen Tango konnte Esther jedenfalls ausschließen, dafür fehlte dem Mann eindeutig Feuer unter'm Hintern. Sie selbst hatte nie einen Tanzkurs belegt, obwohl Dieter sie so oft damit genervt hatte. Hätte sie damals nachgegeben, hätte er aufgehört und sie eine Antwort auf den Straßentanz. Dann war ihr Blick wieder zurück im *Peter*, beim Bier und Thomas, der sie erwartungsvoll anschaute.

»Uuuund ..?«

»Hast du was gesagt, Thomas?«, fragte sie irritiert.

Thomas lachte breit und nickte kurz.

»Wo bist du schon wieder mit deinen Gedanken, bei Pico?«

Esther deutete mit dem gestreckten Arm Richtung Fenster.

»Schau mal die beiden da. Sehen die nicht glücklich aus?«

Thomas drehte den Kopf und schaute den beiden einen Moment zu, dann sagte er:

»Was soll das denn sein? Also ein Tango ist das nicht!«

Esther hob die Schultern, dann das Glas.

»Nun erzähl schon, hast du es ihm gesagt?«

»Du meist Sönke, das mit Pico?«

Thomas nickte.

»Genau das meine ich.«

»Ja, nein, ich wollte.«

Esther stand auf, ging zum Tresen, kam mit zwei vollen Biergläsern zurück und setzte fort:

»Als ich gestern nach Hause kam, hatte ich mir fest vorgenommen, es Sönke zu sagen. Schließlich hat er ein Anrecht darauf, die Wahrheit zu kennen. Doch dann kam er aus dem Badezimmer, schaute mich so verschmitzt an, weißt du, so wie früher, als ich ihn kennengelernt hatte. Und er roch so gut, war den ganzen Abend total lieb zu mir. Ich konnte es einfach nicht übers Herz bringen. – Kennst du das?«

Thomas hob die Augenbrauen und wich mit dem Oberkörper ein Stück zurück.

»Lass mich mal da bitte raus, Esther. – Aber klar, natürlich kenne ich das.«

»Von daher hatte ich ihm gestern Abend dann nur gesagt, dass ich mit dem Gedanken spiele, vielleicht doch zu studieren, um die Chance zu bekommen, weiter Karriere machen zu können, irgendwann Kommissarin Lindemann werden zu können. Und das fand er gut.«

»Das war alles?«

»Ja. Schlimm?«

»Nein, überhaupt nicht«, befand Thomas und spülte mit einem großen Schluck runter, während Kajagoogoo von David Bowies *Let's Dance* abgelöst wurde. »Und was ist mit Pico? Dem Umzug?«

»Da werde ich jetzt erstmal in Deckung bleiben, denke ich.«

Esther fühlte sich auf St. Pauli zu Hause und Pico hatte einen großen Anteil daran gehabt. Seitdem sie ihn näher kannte und ihm vertraute, fühlte sie sich unbesiegbar. Der Gedanke, den Kiez eines Tages zu verlassen, nicht vorstellbar. Doch da gab es auch noch Sönke sowie das Thema *Karriere*. Sie wollte in den gehobenen Polizeidienst. Es nervte sie einfach, dass sie als Schutzpolizistin nur die *Erstaufnahme* am Tatort oder Fundort machen durfte, nie die finalen Aufklärungsergebnisse der Straftaten, zu denen sie gerufen wurde, bekam. Nicht zu vergessen der Lieblingskollege Rudi *Rammbock* Hippert, dessen Spitznamen man hätte noch unzählig erweitern müssen. Esther fielen Begriffe wie »Arschloch«, »Riesenarschloch« und »Wichser« ein. Dennoch: Um ihm auf Augenhöhe begegnen zu können, musste sie ebenfalls Kommissarin werden. Viele unbeantwortete Fragen. Nur eine war vorerst geklärt. Die mit dem angedachten Umzug zu Pico. Die hielt sie erstmal unter Verschluss.

SCHNEE IN CHINATOWN

September 1984

Der Himmel über der sündigen Meile war getränkt von glitzerndem und verheißungsvollem Licht, als Esthers und Thomas' Nachtschicht mit dem Peterwagen 15/1 zum ersten Einsatz ins *Hong-Kong,* am Hamburger Berg 14, führte. Die Bar mit integriertem Hotel sollte, so rumorte es seit Jahrzehnten in der Gerüchteküche, nicht nur über versteckte Tunnelgänge und Opiumhöhlen verfügen, sie war auch gleichzeitig eines der letzten Überbleibsel des ehemaligen sehr belebten Chinatowns auf St. Pauli, welches durch die *Gestapo* in einer sogenannten *Chinesenaktion* im Jahre 1944 durch Massenverhaftungen und Internierungen nahezu ausgelöscht wurde.

Esther stoppte den Peterwagen vor der 14. Beide rannten zum Empfangstresen, ließen sich die Zimmernummer sowie den Ersatzschlüssel geben und stiefelten die Stufen in den ersten Stock hoch. Sie klopften.

»Hier ist die Polizei. Bitte öffnen Sie die Tür.«

Nichts geschah.

Esther schaute zu Thomas und nickte ihm zu.

»Wir gehen hinein.«

Sie löste den Sicherungsriemen ihres Holsters, während Thomas den Schlüssel ins Zimmerschloss steckte und nach links drehte, bis es leise klackte. Dann stießen beide Beamten die Tür auf, traten einen Schritt hinein und erschraken. Das Hotelzimmer glich einer Raumkapsel, die in den vergangenen Stunden in die Tiefen des Universums gerauscht war. Und mittendrin Kapitän und Kollege Bruno, der als verlassener Bettvorleger nur in Feinripp-Unterhose mit Inkontinenzeinlage bekleidet breitbeinig auf dem kalten Boden lag. Esther schaute zu Thomas und wieder zurück. Ausgerechnet »Schwulibert« Bruno! Die Szenerie mutete seltsam komisch an und hätte das Zeug gehabt, zu einer Art *Dinner for One* für

Arme verklärt zu werden. Esther hatte alle Mühe, nicht gleich loszukichern, und sicherte die P6 im Holster. Dann schaute sie sich weiter in der kleinen Kapsel um, entdeckte rote Büstenhalter und sexy Negligés, ebenfalls auf dem Boden verteilt, sowie vier große rote Scheine auf dem runden Tisch vor dem Fenster. Daneben vier Sektgläser mit Lippenstiftspuren, davor eine *Line* weißer Substanz, die länger war als jede andere, die Esther jemals davor gesehen hatte.

»Schau mal, 2.000 Mark!«, sagte sie mit weit aufgerissenen Augen, »und jede Menge Koks.«

Es gab keinen Zweifel daran, dass im Zimmer 04 eine Party stattgefunden hatte, bei der der Kollege den Absprung verpasst hatte. Absicht? Falle? Hatte er die Grenze zwischen Freund und Feind, zwischen Recht und Unrecht überschritten? War er jemandem zu nahe gekommen und wurde deshalb als Bauernopfer zurückgelassen? Oder als letzte Warnung? *»Polizeibeamter auf St. Pauli bei Drogenorgie erwischt«*, was für ein gefundenes Fressen für die Presse. Offiziell hatte Bruno heute seinen freien Tag gehabt. Und wenn die gesamte Situation nicht so surreal, einem schlechten B-Movie entsprungen, gewirkt hätte, hätte er ihr sogar leidgetan. Von Bruno hatte sie alles erwartet, von Männerpartys bis zum Aufenthalt auf einer AIDS-Station, aber keine Koks- und Bumsorgie mit Prostituierten.

»Mensch, Bruno«, reagierte Thomas als Erster, hockte sich zum Kollegen, mit dem er so viele Einsätze gehabt hatte. »Hörst du mich? Soll ich einen Notarzt kommen lassen?«

Bruno richtete sich auf und griff sich mit der Hand an den Kopf, er sagte:

»Mann, hab' ich Kopfschmerzen!«

Thomas schaute zu Esther, die ins Badezimmer marschierte und mit einem Glas Wasser zurückkam.

Thomas half ihm hoch und geleitete ihn zum Bett, um sich anzuziehen. Es schien, als hätte er jeden Halt verloren, und nur widerwillig gab er

Stück für Stück seinen Leidensweg zu Protokoll. Dass er einem Tipp gefolgt, dass er erst unten an die Bar, später aufs Zimmer gekommen und dabei in eine Falle getappt sei. Wie man ihn mit K.-o.-Tropfen betäubt hätte, danach gäbe es nur noch einen gewaltigen Filmriss. Und trotz Risses verstrickte er sich in Widersprüche, als er plötzlich mal von zwei oder drei Prostituierten, mal von vier oder fünf Luden, die im Zimmer zugegen gewesen sein sollten, sprach und bei lästigen Nachfragen seitens Thomas sich dann auf Erinnerungslücken berief.

»Du, ich kann dir das beim besten Willen nicht mehr genau sagen«, antwortete Bruno, fasste sich an den Kopf und verlangte nach mehr Wasser.

»Aber Bruno«, insistierte Thomas, der nur allzu gern das Ereignis hier unter den Teppich gekehrt hätte. Doch es schien mehr dahinter zu stecken und es war fraglich, ob das noch als Kavaliersdelikt unter Kollegen gewertet werden konnte. »Wir wollen dir doch helfen, aber dafür musst du uns was an die Hand geben, mit dem wir arbeiten können. Nenn' uns Ross und Reiter der Party.«

»Woher soll ich denn wissen, wie die Nutten heißen? Wir wissen doch beide, dass die sich nie mit dem echten Namen vorstellen. Sagen wir einfach Manuela, Petra, Gina und Mariella. Einverstanden?«

Thomas stockte. Brunos Fassade als zurückhaltender, braver, fast biederer Kollege bröckelte mit jeder weiteren Silbe, er verlor langsam die Geduld.

»Hey, du sagtest doch eben, dass hier ein Deal mit Luden abgelaufen sein soll, dass du einen Tipp bekommen hättest. Richtig? Was interessieren mich dann die Namen der Weiber? Entscheide dich, Bruno, es geht um deinen Arsch! Waren es nun Luden, Huren, beides oder nichts davon?«

Bruno, der sich mittlerweile angezogen hatte und nervös umher lief, schaute zu den 500-Mark-Scheinen und zur *Koks-Line*. Er fasste sich erneut an den Kopf und zog die Schultern hoch.

»Keine Chance, ich weiß es einfach nicht mehr. In meinem Kopf ist nur ein schwarzes Loch.«

Der Filmriss begann erneut zu wirken und Thomas hatte die Schnauze voll. Er verlegte die Wirkungsstätte des Verhörs von Zimmer 04 vom ersten Stock des *Hong-Kong-Hotels* hinüber zur ersten Etage des Revier 15, in Rielandts Büro.

BLEIVERGIFTUNG

Mitte November 1984

Die nächsten Tage und Wochen regnete es viel auf dem Kiez. Typisch Hamburger Schietwedder eben und nicht ungewöhnlich für einen November. Es waren noch gut sechs Wochen bis zum Jahreswechsel 1984/85 und Esther musste sich endlich klar werden, in wieweit sie das Studium an der Polizei-Fachhochschule wirklich wollte. Die Anmeldefrist lief Ende Januar ab.

Sie war gerade auf dem Weg zum Revier, als sie am Kiosk bei Henri den Zeitungsschlagzeilen entnahm, dass Dietmar Traub, ehemaliger Friseur und Zuhälter im *Palais d'Amour* und im Milieu schlicht *Lackschuh-Dieter* genannt, in einem Waldstück in Bayern erschossen aufgefunden wurde. Persönlich begegnet war sie ihm nie, trotzdem gingen ihr Nachrichten wie diese an die Nieren. Sie konnte und wollte sich einfach nicht daran gewöhnen, dass immer mal wieder Kiezgrößen durch eine *Bleivergiftung* starben. Auch, wenn seit *Sachsen-Franky* fast auf den Tag genau zwei Jahre vergangen waren. Doch seit wenigen Wochen lebte es sich für die schweren Jungs auf und neben St. Pauli wieder gefährlicher. Im September erwischte es *Bayern-Peter*, wie der Wirtschafter und Teilhaber der Bordelle *Hammer Deich* und *MB-Club* Peter Pfeilmeier betitelt wurde. Er wurde mit einem Kopfschuss in seinem Pontiac Firebird tot aufgefunden, dasselbe 180-PS-Gefährt übrigens, das *Chinesen-Fritz* bis zu dessen Hinrichtung gehört hatte.

Und letzte Woche hatte es Charly Lienau, zwielichter Sunnyboy, Lottogewinner und Diskobetreiber des *Jingle* aus Pinneberg bei Hamburg, erwischt, der erst von hinten mit drei Schüssen niedergestreckt und im Anschluss in ein Ölfass einbetoniert wurde, welches wenig später im

Hamburger Osterbekkanal treibend aufgefunden wurde. Doch das Auffällige an der Ermordung von *Lackschuh-Dieter* war, dass er wie *Chinesen-Fritz* ein Partner von *Wiener-Peter* war, der sich nun auch seine Bordell-Anteile unter den Nagel reißen konnte und dem übrigens bis zum heutigen Tage keinerlei Beteiligung an Schroers Hinrichtung in der *Ritze* vor drei Jahren nachgewiesen werden konnte.

Im Aufenthaltsraum des Reviers angekommen, war *Lackschuh-Dieter* auch dort Gesprächsthema, und die Hypothese, dass es sich möglicherweise um einen Serienkiller, um einen Auftragsmörder handeln konnte, erhielt so neue Nahrung. Esther erfuhr, dass von den Kollegen der Kripo ein Abgleich gemacht wurde, welche denkbaren Straftäter sich zum Zeitpunkt der letzten Morde in Freiheit, in Haft oder auf Freigang befanden. Oder aber war eine neue Spielfigur auf dem Brett aufgetaucht, die für diese *Jobs* nach St. Pauli eingeflogen wurde? Und, nicht weniger wichtig, wer stand noch auf der Liste?

* * *

Wer auf des Auftragkillers Liste stand, war also noch unklar. Klar hingegen war, wer auf Esthers heutiger Frühschichtliste stand. Als sie Thomas erblickte, gab sie ihm ein Zeichen und beide starteten um kurz nach sechs ihren Rundgang ins noch dunkle und mit fünf Grad durchaus frische Viertel. Überall lag Müll herum und ein undefinierbarer Geruch von rauer Menschlichkeit durchzog den Bezirk.

»Hört das denn nie auf?«, fragte Esther und bezog sich auf die neuerlichen Schüsse. »Ich meine, haben es die Leute nicht schon schwer genug auf'm Kiez? Erst AIDS, dann Koks. Warum noch diese Hinrichtungen?«

»Was willste machen? Die menschlichen Abgründe sind grenzenlos. Du weißt doch, letzten Endes geht es um Kontrolle, Macht, Revierverteidigung und Ausweitung. Schlicht, es geht um Kohle.« Thomas zündete sich eine Zigarette an. »Machen wir uns nichts vor, die Wahrscheinlichkeit, dass sich die Zuhälter, die Drogendealer, dass sich die Unterwelt ändert, liegt bei unter einem Prozent, maximal«, setzte er fort und deutete mit Daumen und Zeigefinger einen klitzekleinen Abstand an. »Entweder wir spielen mit, geben unser Bestes oder suchen uns was anderes.«

Esther nickte. Natürlich wusste sie um die menschliche Natur. Doch es war ein Unterschied, darüber Bescheid zu wissen oder es hautnah mitzuerleben.

»Apropos was *anderes* suchen. Ich finde es übrigens gut, wenn du dich für ein Studium einschreibst. Ich denke, du wärst eine gute Kommissarin.«

Esther blieb abrupt stehen. Aus der Ferne erblickte sie Pico, wie er gemeinsam mit einer Frau aus der Haustür in der Gerhardstraße trat. Die junge Frau war Mitte, vielleicht Ende zwanzig, was bei dem übertriebenen Make-up schwer zu sagen war, groß, brünett und mit einem strahlenden Lachen versehen. Der Anblick verlieh ihr einen brutal stechenden Schmerz in der Herzgegend.

»Was ist mit dir?«, fragte Thomas. »Du siehst mir etwas blass um die Nase aus!«

Doch Esther antwortete nicht und Thomas folgte ihrem Blick Richtung Gerhardstraße, sah, wie zwei Personen, ziemlich vertraut, auf sie zukamen und wie der Mann Esther beim Vorbeigehen kurz, fast nicht wahrnehmbar, zunickte.

Langsam löste sich Esthers Starre, während Thomas eins und eins zusammenzählte und begriff, um wen es sich gerade gehandelt haben musste.

»War das Pico? Äh … ich meine dein Pico?«, fragte er, nahm die Dienstmütze vom Kopf und fuhr sich mit der Hand durchs Haar.

Doch Esther schwebte noch in einem Paralleluniversum, abgeschnitten vom Hier und Jetzt, randvoll mit Bildern von gemeinsamen Stunden aus genau diesem Gebäude in der Gerhardstraße, von dem sie noch vor wenigen Tagen gedacht hatte, es könnte auch ihr Zuhause werden.

Als die Bilder schließlich ausgeträumt waren, blickte sie zu Thomas.

»Ich glaub', ich brauch' jetzt 'nen Kaffee, 'nen echt starken Kaffee.«

* * *

Ganz Polizeibeamtin, die sich mehr und mehr mit dem Gedanken vertraut machte, über ein Studium in den gehobenen Dienst vorzurücken, wollte Esther Antworten. Sie ging nach dem Frühdienst rüber zur Gerhardstraße, öffnete die Haustür und trabte die Hühnerleiter hinauf. Sie hatte keinen Plan, was sie Pico alles vor den Latz knallen wollte, aber es hatte sich in den letzten acht Stunden jede Menge angestaut. Kaum hatte sie die letzte Stufe erklommen, kam er aus der Küchenzentrale heraus, erblickte sie, und nahm sie freudig in den Arm. Esther blieb regungslos und wartete einen Moment, ob er etwas zu seiner Entschuldigung sagen würde. Doch Pico schwieg, was sie nicht überraschte. Er brauchte sicher noch Zeit, die richtigen Worte zu finden. Dann löste er die Umarmung und ging voraus in die Küche. Dort durchbrach er das Schweigen.

»Hatte mich schon gefragt, wann du endlich vorbeikommst. War irgendwie blöd heute Morgen, aber ich war mir unsicher, ob es dir recht wäre, wenn ich dich vor deinem Kollegen begrüßt hätte.« Pico stellte das Fenster auf Kipp. »Hast du Hunger? Kann uns etwas zaubern.«

»Du kannst kochen?«, fragte sie argwöhnisch. »Hast du deiner Freundin auch schon was gekocht? Sie sah vorhin so, nun ja, beschwingt aus.«

Pico lachte.

»Du meinst Jutta? Ja, der habe ich auch schon was gekocht, oft sogar. Allerdings ist meine kleine Schwester nicht besonders beeindruckt von meinen Kochkünsten. Vielleicht ist das ja bei dir etwas anderes?«

Kleine Schwester!? Esther gefiel, was sie hörte, doch sie versuchte sich nichts anmerken zu lassen. Sie kam sich regelrecht albern vor, dass sie auf Picos Schwester eifersüchtig gewesen war, zumindest etwas, und entspannte sich prompt. Sie setzte sich neben Pico, nahm seine Hand und legte diese in die Ihrige.

»Du hast eine Schwester?«, fragte sie befreit und zog den Ton zum Ende des Satzes kindlich nach oben.

»Äh … ich … ja. Eigentlich sogar zwei. Jutta und Christa.« Dann fixierte er sie mit seinen stahlblauen Augen und fragte:

»Und, meine liebe Esther, haste nun Hunger?«

»Davon kannst du mal ausgehen, mein allerliebster Pico. Ich vergehe vor Hunger«, erwiderte sie mit genießerischer Wollust und gab ihm einen Kuss …

* * *

Brunos Drogenexzess im *Hong-Kong* hatte Folgen, für ihn und möglicherweise auch für die alteingesessenen Kollegen auf dem Revier. Rolf Lange, Hamburgs Innensenator und langjähriges Mitglied der Hamburger Bürgerschaft, hatte nach Bekanntwerden des Vorfalls, dass ein Beamter der Hamburger Davidwache mit Rauschgift verhaftet worden war, die Frage aufgeworfen, ob Kollegen, die auf St. Pauli arbeiteten, nicht besser in einem Rhythmus von fünf Jahren ausgewechselt und auf andere Dienststellen verlegt werden sollten. Er wollte damit einer etwaigen Versuchung, auf die dunkle Seite zu wechseln, entgegenwirken. Brunos Kollegen waren außer sich und hätte er nicht schon eingesessen, sie hätten persönlich dafür gesorgt. Natürlich erst, nachdem sie ihn geteert, gefedert und auf's Feuer gesetzt hätten.

»Was für ein dämliches Kollegenschwein«, redete sich Rudi im Aufenthaltsraum in Rage. »Was denkt sich der *Schwulibert* nur dabei, uns mit seiner Bumserei und Kokserei und was auch noch er alles in diesem Zimmer bei vollgestopfter Nase so getrieben hat, so komplett in die Scheiße zu reiten.«

»Und überhaupt, wie stellt sich der *Lange* das vor?«, fragte Moritz. »Sollen dann die Kollegen, die jahrelang auf einer der *Dornröschenwachen* ihre Eier geschaukelt haben, nach St. Pauli kommen und übernehmen? Wie soll das gehen? Die wissen doch gar nicht, was harte Polizeiarbeit ist. Spätestens nach der ersten Schicht würden die verzweifelt nach *Mama* rufen, weil sie sich soooo alleine und überfordert fühlen.« Moritz legte den Kopf zur Seite, schob die Unterlippe vor und riss beide Augen auf sowie die Arme nach vorne. »Mama! Mama! Mama!«

»Richtig«, mischte sich nun auch noch Stephan ins Tribunal ein. »Nur weil es ein schwules schwarzes Schaf in der Herde gibt, sollen wir unser Viertel verlassen. Nee, Alter, das kannst du getrost vergessen. Da mach' ich nicht mit.«

Auch Esther empfand diesen Vorschlag als Unverschämtheit des Innensenators den ehrlichen Kollegen gegenüber. Wo bitte bliebe das Menschliche? Jedoch konnte sie sich beim besten Willen nicht vorstellen, dass es soweit kommen würde, was es letztlich auch nicht tat, und hielt sich mit ihrer Einschätzung als Kollegin, die noch keine fünf Jahre auf dem Revier tätig war, zurück.

NULL-TOLERANZ-STRATEGIE

Mitte Januar 1985

Der Begriff *Null-Toleranz-Strategie* bezeichnete eine Polizei-Strategie der Kriminalitätsbekämpfung, in dessen Rahmen die Beamten bereits präventiv rigoros einschritten, wenn Verstöße in Form von Ordnungswidrigkeiten begangen wurden, die sich also noch unterhalb des Straftatbestands befanden, wie beispielsweise öffentliches *Herumlungern*, *aggressives Betteln* oder *Parken ohne Parkscheibe*. Für den Ersten Polizeihauptkommissar und Revierleiter der Davidwache Ludwig Rielandt war Esthers Liaison mit Pico so ein *Vergehen* in der Öffentlichkeit. Doch er glaubte an den Hamburger Modellversuch mit den weiblichen Schutzpolizistinnen und wollte ihn, wenn irgendwie möglich, erfolgreich zu Ende bringen. So rief er Esther eines Tages im Januar 1985 nach Schichtende ins Dienstzimmer.

»Sie wollten mich sprechen, Chef?«, fragte Esther und blieb im Türrahmen stehen. Es roch nach frischem Kaffee, Zigarettenqualm und Rielandts Eau de Cologne.

»Kommen Sie rein«, flüsterte der Revierleiter und winkte sie zu sich. Er hatte den Telefonhörer zwischen Kinn und Schulter geklemmt, wartete auf eine Reaktion am anderen Ende der Leitung. Nach unzähligen Freizeichentönen legte er unverrichteter Dinge den Hörer auf die Gabel, machte sich eine Notiz in die blaue Aktenmappe und schob sie beiseite.

»Wie geht es Ihnen?«

»Alles gut, Herr Rielandt.«

»Und zu Hause?«

»Ebenso, danke der Nachfrage.«

Rielandt stand auf und schloss das Fenster.

»Erinnern Sie sich noch an unser erstes Feedback-Gespräch? Da waren Sie drei Monate auf der Wache. Das war im November. November ’82.«

Esther nickte. Sie konnte sich nur zu gut daran erinnern, wie sie mit Herzklopfen in den ersten Stock zitiert wurde und nicht den blassesten Schimmer davon hatte, was der Chef von ihr wollte.

»Wunderbar, denn ich kann mich auch noch sehr gut daran erinnern. Wir sprachen davon, dass Sie die Erste auf dem Revier sind, eine Vorreiterrolle innehaben. Dass Sie die erste bewaffnete Uniformierte im Bezirk sind und nicht nur deshalb eine ganz besondere Verantwortung tragen. Für die Menschen hier vor Ort, für die Kollegen, für sich selbst, aber auch für die nächsten Generationen weiblichen Nachwuchses. Sie erinnern sich?«

Esther nickte und musste zwangsläufig an den Vorschlag des Innensenators Rolf Lange denken. Wurde sie gerade versetzt? Von St. Pauli zu einer Dornröschenwache? Jetzt schon? Sie dachte an ihren Lebenslauf und antwortete:

»Ja, das tue ich. Und ich bereue nicht einen einzigen Tag auf der Wache. Ich fühle mich sehr wohl und kann mir nicht vorstellen, woanders meinen Dienst zu tun.«

Rielandt setzte sich zurück an den Schreibtisch und fischte einen Zettel aus der überfüllten Ablage. Ließ ihn aber noch umgedreht auf der Schreibtischplatte liegen.

»Das weiß ich, und darüber freue ich mich. Ich höre auch von den Kollegen nur Gutes. Sie erfüllen alle meine in Sie gesteckten Hoffnungen bei Weitem. Sie sind einfühlsam, wirken bei Streitigkeiten auf der Straße deeskalierend, agieren klug, besonnen und respektvoll, können aber auch, bei Bedarf, ordentlich zupacken. Von dieser Seite, von meiner Seite, eine Eins mit Auszeichnung.«

Esther begann zu lächeln, wenn auch zaghaft.

»Doch wir sprachen damals auch von Ihrer eigenmächtigen Aktion mit der Befragung der Eltern von Karina Sachs in Blankenese. Richtig?«

»Richtig«, erwiderte Esther und spürte, wie ihr das Blut ins Gesicht stieg. Sie wusste, dass das ein Fehler war, verzichtete aber auf eine wiederholende Erklärung dessen, da Rielandt noch nicht fertig war.

»Und damals waren wir so auseinandergegangen, dass das Verhalten kein gutes Bild auf unsere Arbeit, auf unsere Außenwirkung wirft. Richtig?«

»Ja«, gab Esther reumütig zu und fragte sich, was auf dem umgedrehten Papier stand.

»Und nun geben Sie mir erneut Anlass, mich über Ihr Verhalten als Beamtin und als Vorreiterin zu wundern«, spann Rielandt den Faden weiter und drehte den Zettel. Dort waren mit einem blauen Kugelschreiber Daten mit Uhrzeiten und Notizen aufgelistet. »Sie waren, einem Kollegen zufolge, in den letzten Wochen vermehrt bei einem gewissen Pico Mönnich, einem stadtbekannten Wirtschafter und Drogendealer. Privat, wohlgemerkt. Und Sie können sich vorstellen, dass das für das Außenbild der *Hamburger Polizei* nicht sonderlich …«

»Kein Drogendealer«, grätschte Esther dazwischen und versuchte im selben Moment wieder vom Gas zu gehen. »Nein, also, ja. Ich kenne Herrn Mönnich, aber ich habe nie Drogen in seinem Umfeld wahrgenommen.«

»Was ist das mit Ihnen beiden?«

Nun war es Esther, die aufstand und zum Fenster ging. Sie drehte sich zu Rielandt und fragte:

»Darf ich?«

Rielandt nickte und Esther stellte das Fenster auf Kipp. Dann setzte sie sich zurück und erklärte, dass Pico ein Freund, ein guter Bekannter, sei und dass das, was Rudi über sie erzählen würde, nicht im Ansatz wahr wäre.

»Sie meinen, der Kollege Rudi Hippert hat mir diese Liste gegeben?«, fragte der Revierleiter.

»Nicht?«

»Das kann ich Ihnen nicht sagen«, antwortete er und lächelte schmal. »Ich weiß«, gab er sich schwammig, »dass Sie es mit dem einen oder anderen Kollegen nicht einfach haben. Mir ist auch zu Ohren gekommen, dass Sie gerade zur Anfangszeit von Kollegen zum Kühlschrankputzen verdonnert wurden, doch Sie haben sich niemals beschwert, niemals aufgegeben, sondern immer versucht durch Leistung zu überzeugen.« Rielandt stand auf und schloss das Fenster. Draußen herrschten klirrende 2 Grad und die Frischluftzufuhr musste reichen. »Und ich schätze Sie ganz außerordentlich für Ihre Resilienz diesbezüglich, Frau Lindemann. Und ich glaube nach wie vor an Sie! Wie gesagt, es wurde nicht eine einzige Beschwerde Ihrerseits an mich herangetragen, obwohl wir des Öfteren bei den verschiedensten Gelegenheiten zusammensaßen. Das zeugt von einer großartigen Charaktereigenschaft, mit der Ihnen bei der Polizei Hamburg alle Türen offenstehen. Und ich freue mich, dass wir das mit Pico Mönnich geklärt haben. – So! Ich habe gesagt, was ich sagen wollte. Für mich ist damit das Thema erledigt.«

Rielandt nahm den Zettel und zerriss ihn vor Esthers Augen, warf die Fetzen in den Papierkorb.

»Und nun wünsche ich Ihnen einen schönen Feierabend, Kollegin Lindemann!«

* * *

Bis halb zwei Uhr morgens starrte Esther wie gebannt auf den Schwarz-Weiß-Fernseher. Die einzige Bewegung, zu der sie sich imstande fühlte, war das Drücken der Fernbedienung. ARD, ZDF, RTL plus, SAT.1, die regionalen dritten Programme, SAT. 1, RTL plus, ZDF, ARD, doch überall war bereits Sendeschluss. Selbst die neuen aufstrebenden Privaten hatten bereits die Segel gestrichen. Sie ging zu Bett und dachte an Rudi. *Es war an der Zeit, den Scheißvogel über den Nestrand zu werfen. Nur wie? Wie schön wäre es gewesen, wenn er statt Bruno im »Hong-Kong-Hotel« den Drogen und Prostituierten gefrönt hätte. Doch dafür war er zu schlau, dieser Scheißkerl.*

Der nächste Morgen begann, wie wenige Stunden vorher die Nacht geendet hatte, mit Rudi. Sie machte sich frisch und war vor dem Spätdienst mit Sönke zum Frühstück verabredet. Sie wollte nach ihrem Einzug in die Kastanienallee unweit des Reviers zu Anfang des Monats auf neutralem Boden mit ihm reden. Sie wollte ihm sagen, dass es kein Zurück geben würde, auch nicht nach drei oder sechs Monaten. Mit Pico hingegen wollte sie erstmal auch nicht zusammenziehen. Sie fühlte sich zwar wie ein Starkmagnet zu ihm hingezogen, doch sie wollte nicht alles auf eine Karte setzen. Karriere und Beziehung.

»Du weißt, dass es nicht deine Schuld ist, oder?«, begann Esther bei Kaffee und belegten Brötchen. »All unser Streit in letzter Zeit, meine schlechte Laune, für all das kannst du nichts. Ich bin es, die aus der Spur gelaufen ist, und ich bin es, die Zeit für mich, für meine Arbeit, mein Studium, was in einem halben Jahr beginnt, brauche.«

Sönke ließ geräuschlos die Luft aus der Lunge, während sein Magen einen Sturzflug machte. Er hatte auf andere Signale gehofft, ihr geglaubt, wenn sie in den unzähligen Gesprächen vor dem Auszug immer wieder davon sprach, dass den beiden Abstand guttun würde, um sich wiederzufinden. Doch sie hatten sich verloren. Esther hatte ihn verloren und Pico gefunden, oder umgedreht.

»Du willst es also machen? Kommissarin werden?«, fragte Sönke nach einem Moment und fasste sich an den Bauch. Er versuchte, sich den Schock nicht anmerken zu lassen, und lächelte tapfer.

»Ich habe mich zumindest angemeldet, ja. Aber ich bin mir noch nicht sicher, da das bedeuten würde, von St. Pauli Abschied zu nehmen.«

»Ich würde es gut finden«, antwortete Sönke, nahm ihre Hand und gab sich dem unwiderruflichen Todesstoß der gemeinsamen Beziehung hin.

EIN HOCH AUF DIE LIEBE

Anfang Februar 1985

Sie hatte keine Ahnung, warum sie sich so zu Pico hingezogen fühlte. Doch hatten sich ihre Blicke, später ihre Körper, so verhakt, dass sie gar nicht anders konnte. Und nur mit Mühe hatte sie ihrer Stimme im Kopf widerstehen können, nicht gleich von Sönke zu Pico zu ziehen, sondern einen *Umweg* über eine eigene Anderthalb-Zimmer-Wohnung in der Kastanienallee zu nehmen. Im Nachklang zum Rielandt-Gespräch natürlich ein weiser Zug, hätte es sonst sehr wahrscheinlich das Ende der noch jungen Polizeikarriere bedeuten können. Doch stattdessen war Esther, offiziell Single, nun auch wohntechnisch auf St. Pauli angekommen. In der selbst kreierten Abgeschiedenheit ihrer Bleibe kam sie zur Ruhe und konnte in Gedanken das weitere Vorgehen planen, berufsmäßig wie privat. Nachts war sie meist bei Pico. Ihr war es egal, ob Rudi in der Dunkelheit an irgendeiner Ecke stand und sie beobachtete, um sie beim Chef anzuschwärzen. Sie versuchte durch ihre Arbeit, nicht durch ihr Privatleben zu überzeugen und erkannte, dass die Liebe wichtiger war als alles andere. Und genau das wurde ihr auf dem Hamburger Kiez vorgelebt. Hier fragte niemand »Wer ist sie?«, »Wer ist er?«. Deshalb wollte sie hierhin. Und jetzt, wo sie fester Bestandteil des Bezirks geworden war, sah sie nicht ein, warum das nicht auch für sie gelten sollte. Beamtin hin, Beamtin her.

Sie dachte an Sönke, an die vergangenen knapp vier Jahre. Wusste, wie sie ihm, der ihr nur das Allerbeste wünschte, wehgetan haben musste. Warum eigentlich verletzte man immer nur die Guten und Arschlöcher wie *Rammbock-Rudi* schienen emotional unantastbar? Sie wusste es nicht, strich sich durch die Haare und lächelte gequält. Dann schwebten ihre Gedanken zu

Pico und ihr gequältes Lächeln wich einem befreitem. Sie wollte alles dafür tun, dass ihr neues Glück nicht ebenso unter den Händen davonglitt. Ungeduldig rutschte sie auf dem Stuhl im Schreibbüro hin und her und sah auf den Haufen Papier vor sich. Längst hätte sie die Berichte der heutigen Schicht niederschreiben müssen:

> B*ewaffneter Überfall* auf die Spielhalle neben dem *Petite Fleur* auf der Reeperbahn

> *Beamtenbeleidigung* vor'm *Handschuh* am *Hamburger Berg*

> Versuchte Vergewaltigung in der Annenstraße, bei deren Befragung Esthers Körper die gesamte Zeit von einer Gänsehaut überzogen war, so tief hatte ihr dieser Notruf zugesetzt. Doch es hatte auch etwas Bereicherndes gehabt. Zum ersten Mal hatte Esther in den Augen des vermeintlichen Opfers wahrgenommen, wie überglücklich es war, sich einer weiblichen Polizeibeamtin anvertrauen zu können.

> G*efährliche Körperverletzung* am Bahnhof Reeperbahn, bei dem nach jetzigem Sachstand ein seit Dezember 1983 per Haftbefehl gesuchter Mann einem 37-Jährigen auf dem S-Bahnsteig mehrere Schläge ins Gesicht versetzte und den Geschädigten anschließend gewaltsam zu Boden brachte. Der Geschädigte aus Hamburg-Billstedt erlitt daraufhin stark blutende Gesichtsverletzungen und wurde mit Verdacht einer Nasenbeinfraktur ins benachbarte Krankenhaus gebracht. Zuvor soll der Geschädigte beim Ausstieg aus einer S-Bahn der Linie S 21 eine am Bahnsteig stehende Bierflasche des Beschuldigten mit dem Fuß ins Gleisbett *befördert* haben. Bei der anschließenden Verhaftung wurde der Schläger plötzlich ganz reumütig und bat bitterlich um Vergebung.

Vergebung?! Esthers Arbeit auf dem Hamburger Kiez war ein aneinandergereihtes Lehrstück in Sachen Vergebung und Verzeihung. Erst auf die Fresse geben, um im Anschluss, wenn man erwischt wurde, noch doller um Entschuldigung zu betteln. Doch hätte die Frau aus dem Kassierbereich der Spielhalle dem Täter, der sie mit vorgehaltener Waffe bedroht hatte, verzeihen können? Oder sollen? Oder die junge Frau aus der Annenstraße, Mutter eines kleinen Kindes, der nur durch das Einschreiten eines aufmerksamen Nachbarn Schlimmeres erspart blieb? Hätte sie ihrem Peiniger die Hand der Vergebung ausstrecken sollen? Oder können?

Andererseits reifte in Esther aber auch die Überzeugung, dass man, um glücklich zu sein oder zu werden, irgendwann genau dieses tun musste. Zumindest innerlich. Innerlich vergeben, verzeihen, um zu vergessen. Schließlich müsste man die belastende Vergangenheit loslassen, um sich befreit nach der Zukunft ausstrecken zu können. Sie jedenfalls wollte es im Fall von Rudi tun. Sie wollte sich nicht mehr über seine Person, seine Anwesenheit und sein Gehabe ärgern müssen und freute sich darauf, heute Abend mit Pico zum Steindamm, in unmittelbarer Nähe des Hauptbahnhofs, zu fahren, um dort im *City-Kino* den Film *Ghostbusters* zu schauen.

* * *

Doch statt Kino wurde Esther von Pico in St. Georg zunächst in einen heruntergekommen Laden, im Pulverteich, gezogen, der so auch eins zu eins auf der Reeperbahn hätte stehen können. Vor dem Gebäude stand eine Traube Menschen, die geduldig auf den Einlass wartete, dahinter ein Türsteher. Als er Pico entdeckte, winkte er ihn zu sich, sodass beide durch den spärlich beleuchteten Eingangsbereich in den Innenraum gelangten, der von allem Überflüssigen befreit war. Zur Rechten und Linken ein Tresen und am hinteren Ende eine kleine Bühne mit einem Mikrofonständer.

Irgendwann betraten zwei Transvestiten von einem Lichtkegel begleitet das Geschehen, während aus den Boxen Abbas *Dancing Queen* ertönte. Doch die Doubles waren nicht im Ansatz mit der Grazie und unnahbaren Anziehungskraft einer Berta gesegnet. Die Perücken, rot und blond, unter den überdimensionierten Hüten, übertrieben, die Gesichter überspachtelt, die Kostüme zu eng, zu kurz, zu billig. Es war ihr persönliches Waterloo. Verzweifelt versuchten die Trash-Girls Ordnung in ihre Choreographie zu bringen und suchten die Nähe zum Publikum nicht nur durch Worte, sondern durch *Antatschen*. Sie stiegen von der Bühne hinab und begrüßten Freiwillige mit einem beherzten Klaps auf den Po. Es war eine gruselig-groteske Vorstellung, wie Esther fand, und sie merkte erst gar nicht, dass Pico verschwunden war. Unruhig schaute sie sich um und ging im Raum umher, bis sie am Tresen Jutta entdeckte, die sich angeregt mit einem Fremden unterhielt. Sie trug ein Top und Blue Jeans. Ein Tuch bedeckte ihre Haare, sie schien ungeschminkt. Ganz offensichtlich arbeitete sie in dem Laden. *Irgendwie merkwürdig*, dachte sie, und ihr Blick schweifte weiter durch das Publikum, bis sie von links ein Bier gereicht bekam. Pico war zurück.

»Wo warst du?«, fragte Esther.

»Habe uns zwei Biere besorgt«, antwortete er und führte die Flasche zum Mund.

»Und davor? Habe dich nirgends gesehen.«

»Musste kurz was abklären. Alles gut. Bin ja wieder da. Und wenn du ausgetrunken hast, können wir ins Kino rüber. Dann schaffen wir es noch.«

Esther lächelte und sagte:

»Habe deine Schwester gesehen!«

»Meine Schwester?«, fragte Pico erstaunt und guckte entsprechend. »Wann denn?«

»Na hier!«, Esther deutete mit dem Arm Richtung linken Tresen. Doch sie war nicht mehr da. »Ähh, da vorne hatte sie eben noch gestanden.«

Pico schaute irritiert zum Tresen.

»Du meinst Jutta?«, fragte er, um sich zu vergewissern.

Esther nickte und trank einen großen Schluck Bier.

»Wo genau? Ich sehe sie nicht.«

»Kannst du ja auch nicht. Sie ist ja nicht mehr da. Aber sie stand eben noch genau an der Ecke vom Tresen, hatte sich mit 'nem Typen unterhalten.«

Pico ging zum Tresen, während ein in einem weißen Anzug gekleideter Conférencier in High-Heels mit gewehrmaschinenartiger Schnelligkeit auf der Bühne erschien und das Trans-Duo *Abba* unter tobendem Applaus abmoderierte. Dann wies er in Superlativen auf die nächste Showeinlage hin. Er plauderte in französischem Akzent davon, dass *maintenant* eine ganz besondere *Surprise* aus dem *Big Apple* auf sie wartete, *simplement génial,* und thematisierte Skurriles, was sich meist alles unter der Gürtellinie abspielte. Doch Esther hatte nur Augen und Ohren für Pico. Sie folgte jeder seiner Bewegung, sah, wie er sich am Tresen umschaute, dann mit dem Barkeeper sprach. Schließlich kam er mit hochgezogenen Schultern und heruntergezogenen Mundwinkeln zurück.

»Du musst dich geirrt haben.«

»Nein, ich habe mich nicht getäuscht«, beharrte Esther und zeigte erneut auf den Tresen. »Was hast du den Barkeeper gefragt? Arbeitet sie etwa hier?«

Doch Pico zuckte nur mit den Schultern.

»Keine Ahnung. Würde mich aber wundern. Ist eigentlich nicht so ihr Ding hier. Sie ist eher so der Schanzen-Typ, alternative Mucke und so, wenn du verstehst.« Pico stürzte die Flasche in sich hinein. »Jetzt sollten wir aber mal los, wenn wir den Film noch sehen wollen.«

MOLLY 80-60-90

Mitte/Ende April 1985

Esther bemerkte, wie sich Hitze in ihr ausbreitete. Sie hatte zwar nichts gesehen, war aber vor elf Wochen als Erste am Tatort in der Annenstraße gewesen und hatte Sabine Plath, die behauptet hatte, nur dank eines aufmerksamen Nachbarn um Haaresbreite einer versuchten Vergewaltigung entkommen zu sein, befragt. Allein der Gedanke daran versetzte sie erneut in Schockstarre und plötzlich waren die Bilder zurück, wie sich Rudi bei einer der ersten gemeinsamen Dienste am Fischmarkt im Peterwagen über sie gebeugt hatte, sie verbal einzuschüchtern versucht hatte und seine dreckige Hand über ihre Brust gleiten ließ. Sie wollte nicht so weit gehen zu behaupten, dass der Kollege versucht hatte sie zu vergewaltigen, aber er hatte ihr eindringlich gezeigt, wie unvorbereitet und schutzlos sie ihm in diesem Moment ausgeliefert war. Esther wischte sich Schweißperlen von der Stirn. Sie musste sich zwingen, an etwas anderes zu denken, um weitere Stressreaktionen des Körpers zu verhindern. Sie griff instinktiv in die Innentasche, nahm ein Foto ihrer Eltern aus dem Portemonnaie. Das strahlende Lächeln der beiden, wie sie glücklich auf der dunkelgrünen Couch vor dem großen Wohnzimmerfenster saßen, hatte ihr schon so über manche Beklemmungen hinweggeholfen. Sie strich mit dem rechten Zeigefinger über die Gesichter und lächelte kurz. *Würde sie es auch schaffen, in vierzig oder fünfundvierzig Jahren auf solch einem innigen Foto abgelichtet zu sein?*

»Frau Esther Lindemann?«, fragte ein Justizbeamter und holte sie abrupt aus der ungewissen Zukunft zurück in das Ziviljustizgebäude. »Das Gericht wäre so weit!«

Esther, komplett in Uniform gekleidet, erhob sich und folgte dem älteren Mann in den Gerichtssaal 2 des Landgerichts Hamburg am Sievekingplatz. Der Raum war zur Hälfte gefüllt und sie sah den Angeklagten Thomas Wiegand sowie Sabine Plath jeweils mit einem Anwalt an ihren Tischen sitzen. Für Esther, als Zeugin, war der kleine Tisch in der Mitte, direkt vor dem Richter Waldowski vorgesehen. Sie setzte sich und trank einen Schluck aus dem für sie bereits aufgefüllten Wasserglas.

»Sind Sie Frau Polizeihauptwachtmeisterin Esther Lindemann?«, fragte Waldowski und schenkte ihr eine Andeutung eines Lächelns.

»Ja, äh … also nein … also nicht mehr«, stammelte Esther, sichtlich um Korrektheit bemüht. »Genau genommen bin ich seit Ende Januar nicht mehr Polizeihauptwachtmeisterin, sondern Polizeimeisterin, Herr Richter. Also, wenn das einen Unterschied macht.«

Waldowski schaute zu seiner Rechten und strafte den Referenten mit einem kurzen Blick, der den Dienstgrad fehlerhaft eruiert hatte und überschrieb diesen in seiner Akte. Dann blickte er sanftmütig zur Zeugin.

»Macht es denn für Sie einen Unterschied?«

»Ich denke schon. Ja, das macht es«, antwortete Esther und ertastete mit der rechten Hand den Anhänger ihrer Kette unter der Bluse.

»Sehr gut, Frau Polizeimeisterin Lindemann. Wir sind ja schließlich der Wahrheitsfindung verpflichtet.« Der Richter schaute erneut in die Akte. »Ist es denn dann hoffentlich richtig, dass Sie am 22. September 1958 in Wetzikon, in der Schweiz, geboren wurden?«

»Ja, das ist korrekt.«

»Wohnhaft in der Kastanienallee 7, erster Stock, in 20359 Hamburg?«

»Ja, das ist korrekt.«

»Ist es ebenso richtig, dass Sie zusammen mit einem Kollegen am 4. Februar 1984 um 11:43 Uhr im Rahmen des Streifendienstes über einen Notruf zur *Annenstraße 17* gerufen wurden und dort in der Wohnung auf die hier anwesende Sabine Plath erstmals gestoßen sind?«

»Auch das ist korrekt.«

»Sie haben Frau Plath niemals zuvor gesehen oder gesprochen? Auch sind Sie nicht mit ihr verwandt oder verschwägert?«

»Nein.«

»Gut, dann schildern Sie dem Gericht bitte, was an diesem 4. Februar, einem Samstag, genau passiert ist. Wie haben Sie sie vorgefunden? Wie war Ihr Eindruck vor Ort?«, forderte der Richter auf.

»Nun ja, ich traf auf Frau Plath, die völlig aufgelöst neben dem Nachbarn, Herrn Willy Lübberstedt, saß und am gesamten Körper zitterte.«

»Ist Herr Lübberstedt ebenfalls in diesem Saal anwesend?«, fragte der Richter.

Esther schaute zu den Zuschauern und sah den Nachbarn am hinteren Ende sitzen. Es war nicht unüblich, dass sich Zeugen nach erfolgter Aussage in den Zuschauerbereich setzten und von dort dem weiteren Prozess folgten.

»Ja«, antwortete sie und zeigte auf einen Mann mit akkuratem Scheitel und grauem Anzug, der ihr unsicher zulächelte.

»Ich halte hiermit fest, dass die Zeugin Lindemann Herrn Willy Lübberstedt einwandfrei als die Person erkannt hat, die bei dem Einsatz in der Wohnung von Sabine Plath ebenfalls anwesend war.«

»Wo genau saßen die beiden?«, unterbrach der Anwalt des Angeklagten.

Esther schaute nach links.

»In der Küche. In der Küche habe ich die beiden angetroffen. Dort saßen sie an einem kleinen Tisch, auf dem unzählige gebrauchte Taschentücher lagen.«

»Unzählige Taschentücher also?«

Der Anwalt ließ den Satz in der Schwebe, die Worte versanken in der angespannten Atmosphäre des Gerichtsgebäudes. Als keine konkrete Frage folgte, drehte Esther den Kopf Richtung Richter und setzte fort:

»Dort habe ich beide, unabhängig voneinander, befragt. Im Anschluss wurde Frau Plath, die am Hals sowie an den Oberschenkeln Kratzwunden aufwies, zur Untersuchung in das Hafenkrankenhaus in der Seewartenstraße gebracht. Auch hatte ich ihr ein Gespräch mit einem Psychologen nahegelegt.«

»Einem Psychologen nahegelegt? Wie das?«, fragte der Angeklagten-Anwalt erneut und stand, um der Frage genügend Ausdruck zu verleihen, auf. »Verfügen Sie über medizinische Kenntnisse? Sind Sie Ärztin? Oder ist Ihnen selbst Ähnliches, also das, was meinem Mandanten fälschlicherweise vorgeworfen wird, zugestoßen?«

Er schmiss ihr die Sätze förmlich ins Gesicht, schnaubte und warf entgeistert die Hände in die Luft.

Unsicher schaute Esther zum Richter, der allerdings wie die anderen Anwesenden im Saal auf eine Antwort wartete. Sie drehte sich zurück zum Anwalt und antwortete:

»Nein, weder das eine noch das andere. Nein. Es war lediglich als gut gemeinter Rat gedacht.«

Der Anwalt lächelte zufrieden und setzte sich wieder.

Dann reichte Richter Waldowski einem Gerichtsdiener eine Kopie des Einsatzberichtes vom besagten Tag, welcher an Esther weitergereicht wurde.

»Ist das der von Ihnen verfasste Bericht, Frau Polizeimeisterin Lindemann?«

Esther scannte die beiden Zettel kurz ab und bestätigte mit fester Stimme:

»Ja. Diesen Bericht habe ich im Anschluss geschrieben.«

»Gibt es aus Ihrer Sicht etwas hinzuzufügen? Hat sich im Nachhinein etwas Neues ergeben, das in Ihrem Bericht fehlt? Neue Erkenntnisse beispielsweise.«

»Nein, Herr Richter. Wir haben den Fall im Anschluss an die Kollegen der Kriminalpolizei, Abteilung Sexualdelikte, weitergereicht. Mir ist seitdem nichts mehr diesbezüglich zu Ohren gekommen.«

Waldowski schaute zum Staatsanwalt sowie zu den Anwälten vom vermeintlichen Opfer und Angeklagten.

»Haben Sie, meine Herren, noch Fragen an die Zeugin?«

Alle drei verneinten.

»Keine weiteren Fragen! Gut, dann entlasse ich Sie, Frau Polizeimeisterin Lindemann, hiermit aus dem Zeugenstand und danke Ihnen für Ihre Zeit.« Waldowski legte den Untersuchungsbericht beiseite. »Wenn Sie Auslagen hatten, um zum heutigen Termin zu kommen, dann können Sie sich diese im Zimmer 034 umgehend zurückerstatten lassen.«

»Nein, das wird nicht nötig sein.«

Esther war erleichtert. Sie erhob sich und verließ den Gerichtssaal, wo im Vorraum bereits der Kollege Thomas Schlagloch auf seine Aussage wartete.

* * *

Zurück im Revier schritt Esther direkt in den Aufenthaltsraum und war froh, dass dort keiner der Kollegen war. Sie brauchte ein paar Minuten für sich. Niemals hätte sie gedacht, wie anstrengend es sein würde, vor Gericht aussagen zu müssen, dabei wurde sie noch nicht einmal vereidigt. Sie nahm sich einen Kaffee und blätterte gedankenlos die *Morgenpost* durch, als wenig später Rudi reinkam und sich ebenfalls einen Kaffee eingoss. Dann stellte er sich hinter sie und zeigte mit seinen Nikotinfingern auf die Zeitung.

»Studierst wohl die Kleinanzeigen? Bist du heute wieder dabei? Lass mal sehen.«

Der Kollege entriss ihr das Boulevardblatt und schlug die Doppelseite TREFFPUNKTE auf, in denen geschätzte 200 Huren aus Hamburg, Schleswig-Holstein, Niedersachsen und Bremen/Bremerhaven seit dem Virus in privater Atmosphäre inserierten. Lustvoll las er die jeweiligen Überschriften vor:

»MOLLY 80-60-90, 2 SUPER-GIRLS, BLONDE KINDFRAU, EINE SÜNDE WERT, BRANDNEU, KUSSMUND, BLONDER TRAUM, TABULOSE SKLAVIN, LADY CHRISTINA.«

Rudi schaute von der Zeitung auf, fragte:

»Bist du Christina?«

Er zuckte kurz mit den Schultern und las weiter:

»CITY-NORD, BLUTJUNG, GR. 34.«

Rudi schaute erneut auf, schüttelte den Kopf, setzte fort:

»BLOND, VOLLBUSIG, LANGBEINIG.«

Zum wiederholten Male fixierten Rudis Augen Esthers Körper.

»Nee, zu klein.«

Dann legte er die Zeitung beiseite, trank einen Schluck aus der Kaffeetasse und legte sich fest:

»Christina! Ich bleibe bei Christina! Äh … bei Lady Christina natürlich!«

Esther hatte genug Mist gehört. Sie zeigte mit einem gekrümmten Finger auf die Stirn und verließ den Raum, bevor noch ein Unglück passierte, als ihr Rudi nachrief:

»Was sagt eigentlich dein Zuhälter-Freund dazu? Oder machst du das auf eigene Rechnung?«

DIE ZIEGE ZUR GÄRTNERIN MACHEN

Juni 1985

Die Wut in Rudi wurde von Woche zu Woche, von Schicht zu Schicht größer und entwickelte sich somit diametral zu Esthers. Sie raubte ihm buchstäblich die Lust, und, schlimmer noch, den inneren Frieden. Wie konnte es die Hamburger Innenbehörde nur so weit kommen lassen? Hier wurde, so Rudi, vermeintliche Zustimmung mit unvermeidlicher Zumutung verwechselt, aber Hauptsache, die Weiber machten schöne Augen und wackelten mit dem Arsch. Frauen bei der Schutzpolizei? Auf Streife? Echt jetzt? Die Ziege zur Gärtnerin machen? Hatte Hamburg keine anderen Probleme? Luden, Nutten, Obdachlose, AIDS, Dealer, Drogen? Er war außer sich. Maximal genervt setzte er sich an den Tisch im Aufenthaltsraum und blätterte durch die heutige Ausgabe der *Morgenpost*. Die blöden Weiber gehörten hinter den Herd, ins Kinderzimmer und ins Bett, und wenn sie brav gewesen sind, konnten sie auch mal zum Italiener ausgeführt werden. Aber als gleichberechtigter Partner, mit 'ner P6 bewaffnet, im Peterwagen? Wie das schon aussah! Er jedenfalls hatte auf dem Revier keinerlei Verwendung für *Schönwetter-Tussis*, die darauf warteten, dass man ihnen die Türen öffnete, und die männlichen Kollegen, vom Balzen blind, nur von der Arbeit abhielten. Nicht zu vergessen, dass sie durch Schwangerschaften und Frauenkrankheiten Planstellen blockierten, die die Männer dann durch noch mehr Überstunden ausgleichen mussten. Dass die anderen Kollegen in den letzten Monaten, einer nach dem anderen, umgefallen waren, das anscheinend alles verdrängt und ihre anfänglich vorgebrachten Vorurteile abgebaut hatten, kotzte ihn ebenso an. Wahrscheinlich waren sie schon ganz meschugge geworden. Was für Waschlappen, die Idioten! Die werden sich noch wundern. Nicht auszudenken, wenn eines Tages eines von diesen stöckelnden Weibsbildern die

Vorgesetzte sein würde. »*Einmal zum Diktat, Herr Hippert!*«, oder wie? Rudi schüttelte angewidert den Kopf und schob sich eine Zigarette zwischen die Lippen. Würde Esther Lindemann wegen Unvermögen oder was auch immer von St. Pauli verwiesen, so wie es Wilfrid *Frida* Schulz in seinen Gerichtsverhandlungen vorgemacht hatte, hätte er auf Jahre, zumindest aber bis zur Pension, Ruhe mit dem Kinderkram. Nie wieder würde der Rielandt auf die spinnerte Idee kommen, erneut eine Frau einzustellen.

»Peter 15/1 von Peter 15, bitte kommen!«, knisterte es plötzlich aus Rudis Funkgerät und beendete die dunklen Gedankenspiele.

Er griff zum Gerät und drückte die Sprechtaste:

»Peter 15/1 hört.«

Es war Jochen, der 1. Wachhabende, der ihn aufforderte in den Wachraum zu kommen:

»Los geht's, Rudi. Überfall auf die Esso-Tankstelle. Zwei Täter. Erster Täter, 20 bis 25 Jahre, etwa 1,70 Meter groß, dunkle Hose, grüner Parka, kurze dunkle Haare, vermutlich mit Geheimratsecken. Zweiter Täter, gleiches Alter, etwas größer, dunkle Hose, dunkle Jacke mit Umhängetasche, auffällig hellblonde vordere Haarpartie. Das Duo flüchtete mit knapp 600 Mark Richtung Hafen.«

»Peter 15/1 hat verstanden!«, antwortete Rudi und war bereits vorne angekommen. Dort sammelte er den Kollegen Moritz ein, der neben dem grünen Werner auf der an der Wand befestigten Holzbank saß und auf ihn wartete.

* * *

Auch Esther saß zur selben Zeit auf einer Holzbank. Diese jedoch stand mitten auf dem Hans-Albers-Platz und war mit dem Boden verankert. Sie schaute umher und genoss die Frühlingssonne, die immer höher stieg und den gesamten Bezirk mit ihrer verschwenderischen Wärme verwöhnte. Eigentlich hatte sie an ihrem freien Tag mit dem Motorrad einen Ausflug nach Scharbeutz machen, bei Alfredo eine Fettuccine essen wollen. Den Kopf freibekommen. Doch sie hatte sich kurzerhand, als sie bereits abfahrbereit an der Wohnungstür stand, umentschieden und die Lederkluft gegen Pullover, Jeans und Turnschuhe ausgetauscht. Irgendetwas in ihr hatte ihr gesagt, sie sollte heute besser in Hamburg bleiben. Ob es an der schwarzen Katze lag, die sie heute Morgen die Straßen überqueren sah? Eigentlich war sie nicht abergläubisch, doch ihre innere Stimme meldete sich nur selten. Zuletzt, als sie sich für Hamburg und gegen ihr Heimatdorf Niederweiler entschieden hatte. Doch heute war sie stärker, eindringlicher, lauter gewesen.

Nun saß sie hier, in ihrem Revier, und biss in ein belegtes Brötchen vom Bäcker nebenan. Noch immer spürte sie die Anwesenheit dieser wütenden Energie, doch das bunte Treiben auf dem Platz ließ sie schnell auf andere Gedanken kommen. Immer wieder grüßte sie oder wurde von den St. Paulianern begrüßt. Alles nahm seinen gewohnten Gang. Sie sah Doris, wie sie neben der Post auch immer wieder Leckerlis an die Vierbeiner verteilte. Sie beobachtete, wie die blonde Bedienung Sarah, die eigentlich um diese Zeit in der Uni sein sollte, vor'm *Chikago* Bestellungen der Gäste aufnahm und wie Henri in seinem Kiosk Umsatz machte. Gerade verkaufte er Orlando, der wie immer in genieteter Jeansweste und Mütze unterwegs war, 'ne Packung Zigaretten. Esther fragte sich, ob er schon eine neue Ladenfläche gefunden hatte. Sie wollte gerade aufstehen, sich bei ihm erkundigen, als sie aus der Gerhardstraße kommend Picos Schwester Jutta erblickte. Instinktiv fasste sie nach dem Anhänger ihrer Kette. Sie erhoffte sich, je schneller sie ihn durch die Finger gleiten ließ, eine Antwort darauf zu erhalten, was sie jetzt tun sollte. Ansprechen, einfach mal *Hallo* sagen, so von Bald-Schwägerin zu Bald-Schwägerin oder besser nicht. Vielleicht war das jetzt nicht der richtige Augenblick? Sie schien in Eile und sah etwas mitgenommen aus. Ganz offensichtlich hatte sie weder geschlafen noch geduscht. Esther entschied, erstmal in Deckung zu bleiben, weiter zu beobachten und biss vom Brötchen ab, als plötzlich auch noch Pico, ebenfalls aus der Gerhardstraße kommend, auf der Hans-Albers-Bühne erschien. Er sah wie immer todschick aus und schien ebenfalls Jutta erspäht zu haben. Er riss die Arme nach oben.

»Jutta, Jutta. Warte mal«, rief er über den Platz und begann zu ihr zu laufen.

Doch seine Schwester reagierte nicht, dafür aber Esther, sie drückte sich noch das letzte Stück Brötchen in den Mund, erhob sich und nahm die Verfolgung der beiden auf, als ihr an der Ecke Hans-Albers-Platz und Reeperbahn das letzte Stück Brotkrümel fast im Halse steckenblieb. Sie sah, wie Pico erst Jutta an die Schulter griff, sie zum Anhalten zwang, wild auf sie einsprach, um nur Sekunden später seine Zunge in ihrem Rachen verschwinden zu lassen. Häh? Esther verengte die Augen zu Schlitzen. Doch das Bild blieb dasselbe. Sie küssten sich. Dann drehten beide bei und kamen Arm in Arm in ihre Richtung zurück. Esther musste verschwinden und eilte zum Kiosk, versteckte sich hinter einem Zeitungsständer. Sie hörte sie lachen und schaute ihnen versteinert nach, als sie an den Zeitungen und Illustrierten vorbei Richtung Gerhardstraße zurückgingen. Irgendwann löste sich Esther aus der Starre und stolperte gegen Henri, der plötzlich hinter ihr stand.

»Alles gut bei dir, Esther? Du siehst aus, als hättest du einen Geist gesehen!?«

»Wohl eher einen Zombie«, brummte Esther zurück und fuhr sich mit den Händen kräftig durchs Gesicht. »Ich habe meinen Freund gesehen, hörst du, meinen Freund, das dachte ich zumindest, bis eben. Und weißt du was, Henri? Das ist noch nicht alles. Bei Weitem nicht.« Esther schüttelte immer noch ungläubig den Kopf und schaute kurz hoch zur Gerhardstraße. »Weißt du, was mein Freund gemacht hat? Er hat mit seiner Schwester rumgemacht. Mit seiner eigenen Schwester. Rumgeknutscht.

Auf offener Straße, da, wo es alle sehen können. Hast du so was schon mal gehört, Henri? Bruder und Schwester?«

Der 64-jährige Kioskbesitzer war mit der Situation eindeutig überfordert und sagte nur knapp:

»Das kann unmöglich sein. Das kann unmöglich die Schwester gewesen sein! Du musst dich geirrt haben, Esther. Komm mal rum, ich mach' dir 'nen Kaffee mit Schuss.«

Esther zwang sich zu einem Lächeln und winkte ab.

»Später vielleicht, okay?«

Dann schlich sie zurück in ihre Wohnung. Katze hin, Katze her. Vielleicht hätte sie besser an die Ostsee fahren sollen?

KIEZ ODER KARRIERE

Warum hatte er das getan?, schoss es Esther durch den Kopf, als sie in der Nacht aufschreckte und plötzlich aufrecht im Bett saß. Sie hatte das Gefühl, gerade mal für Sekunden die Augen zugemacht zu haben. Die rot leuchtenden Ziffern der Uhr zeigten zwei Uhr einundzwanzig. Nassgeschwitzt stieß sie die Bettdecke zur Seite und schaltete die Nachttischlampe an. Knapp drei Stunden hatte sie geschlafen und drehte völlig am Rad. Es war die typische Art, wie ihr Körper auf psychischen Stress reagierte. Neben Rudi und der anstehenden Entscheidung, das Studium im Oktober zu beginnen, oder eben nicht, kam nun auch noch Pico dazu. Sie hatte Redebedarf, würde nach dem Frühdienst mit ihm sprechen, ihn mit dem Gesehenen konfrontieren, eine Entscheidung erzwingen. Esther stand auf, zog sich eine Strickjacke über und ging in die Küche. Dort versuchte sie den Rest des Schlafbedürfnisses mit einem starken Kaffee zu verscheuchen und einen klaren Gedanken zu fassen. Jetzt hätte sie Henris Kaffee mit Schuss gut gebrauchen können, doch der war nicht da. Und ohne Schuss, dafür aber mit 'ner Menge Durchzug im Hirn, war das mit dem *Klaren-Gedanken-Fassen* gar nicht so einfach. Es waren noch dreieinhalb Stunden bis zum Dienstbeginn und sie spielte alle Pico-Szenarien durch. *Ansprechen und sich belügen lassen? Oder ignorieren und sich betrügen lassen?* Beides klang nicht unbedingt rosig. Sie hätte natürlich auch alles runterschlucken und um ihn kämpfen können. Doch ihn für den Fick mit Jutta noch zu belohnen, ging Esther dann doch entschieden zu weit. *Von wegen Schwester!* Pico, das Riesenarschloch, hatte sie verarscht. Nach Strich und Faden. Wie konnte man nur so blöd sein, zu glauben, dass ein *Was-auch-immer-Unternehmer-vom-Kiez* treu sein würde? Treue definierte sich nach Pico wohl nur so lange, wie sich zwei Personen im selben Raum aufhielten. Mit dieser Einheit konnte sie nichts anfangen.

Warum hatte er das nur getan?, schoss es ihr immer und immer wieder durch den Kopf. *Oder hatte sie vielleicht etwas falsch gemacht? War sie zu langweilig? Zu sehr Landei?*

Sie trank einen großen Schluck Kaffee und verschluckte sich prompt. *Nee! Echt nicht!* In der Sekunde, in der sich zu allem Überfluss jetzt noch eigene Schuldgefühle zu den Gedanken gesellten, dass *sie* womöglich einen Fehler gemacht haben könnte, war das Maß voll. Sie wischte sich den Mund trocken und wie ein Schwamm die aufkommenden Selbstzweifel weg. Es war zu viel und sie hatte das nicht verdient. Sie traf eine Entscheidung. Es war 3:58 Uhr und vorbei. Sie würde ihn heute nach dem Dienst nicht mehr wie geplant aufsuchen, auch morgen oder übermorgen nicht. Wenn ihre Liebe nicht stark genug war, wie könnten es dann ihre Worte sein? Nein, der Drops war gelutscht. Auch wenn der Verlust von Pico sehr lange sehr wehtun würde. Sie hatte sich nicht nur in ihn verliebt, sie liebte ihn. Doch nun musste sie weiter ihren eigenen Weg gehen. Sie hatte eine Verantwortung, nicht nur dem Polizeidienst gegenüber, sondern vor allem sich selbst. Und sie wollte weiterkommen, Kommissarin werden, Vorbild sein. Jetzt erst recht. Das Anmeldeformular hatte sie fristgerecht Ende Januar in der Polizeifachhochschule eingereicht und vor einigen Wochen die Zusage im Briefkasten gehabt. Noch hatte sie keinem davon erzählt. Bedeutete das Studium doch das Ende von St. Pauli. Zumindest jobmäßig, und das für viele, viele Jahre. Vielleicht sogar für immer? Die *Hamburger Polizei* untersagte Kommissaranwärtern die Rückkehr in das Revier, aus dem heraus sie sich beworben hatten. Prinzipiell gut gemeint, aber im Fall von St. Pauli ein echtes Problem. Zumindest für Esther, die sich kein anderes Pflaster vorstellen wollte. Doch Pico ließ das Pendel letztendlich in Richtung Studium schwingen. Sie schüttete den Rest vom Kaffee in den Ausguss und verschwand im Bad.

Dann, als die gefiederten Freunde mit ihrem morgendlichen Gezwitscher anstimmten, begab sie sich mit einem undefinierbaren Mix aus

Rest-Wut und Vorfreude auf den Weg zur Davidwache. Sie ging die Kastanienallee links hinunter bis zur Kreuzung, bog dort links in die Taubenstraße, vorbei an der Esso, bis zum Spielbudenplatz. Im Revier angelangt, ging sie in den dritten Stock. Heute hatte sie Dienst mit Thomas. Sie hatte gerade die Bluse zugeknöpft, als Rudi plötzlich in der Umkleide erschien. Er griff nach ihrem Kopf und riss ihn an den Haaren zurück. Seine Zunge leckte quer über das schmale Gesicht. Mehrmals. Dann sagte er:

»Ich krieg' dich noch klein. Verlass' dich drauf, Nutte. Ich krieg dich klein. Da wird dir auch dein Zuhälter nicht helfen können.«

Dann ließ er von ihr ab und verschwand.

Als Esther bis zehn nach sechs nicht im Wachraum auftauchte, stiefelte Thomas in den Dritten, klopfte an die Umkleide.

Nichts.

»Esther?«

Wieder nichts.

Thomas öffnete behutsam die Tür und wiederholte:

»Esther, bist du hier?«

Dann sah er sie zusammengekauert auf dem Boden sitzen, so weit wie nur möglich von der Tür entfernt. Außer ihr war niemand zu sehen.

»Esther, mein Gott, was ist mit dir?«, fragte Thomas und ging auf sie zu. »Ist was mit Pico?«

Esther schaute nach oben, reichte ihm beide Hände und deutete ein zartes Lächeln an. Er zog sie hoch, nahm ihr Kinn in die Hand und drehte es prüfend hin und her. Er hatte nicht gewusst, was er eigentlich suchte, war aber erleichtert, dass er nichts fand.

»Pico?«, fragte sie, als ob Rudis Auftritt nicht stattgefunden hätte. »Ja, Pico ist Geschichte, der kann mich mal. Erzähl ich dir gleich. Lass uns nur raus hier.«

Esther griff sich die Dienstmütze und ging zum Waffenfach. Dann verließen beide die Wache, als sich das Funkgerät meldete:

»Peter 15/11 von Peter 15, bitte kommen!«

Thomas griff zum Gerät und drückte die Sprechtaste:

»Peter 15/11 hört.«

»Schlägerei im Imbiss *Zur heißen Ecke*. Reeperbahn, Ecke Hein-Hoyer-Straße.«

»Peter 15/11 hat verstanden!«

Thomas und Esther rannten die etwa 300 Meter zum Tatort und betraten das über Eck gebaute Flachdachgebäude, wo es neben Pommes und Würstchen auch Thomas' Lieblings-Kartoffelpuffer gab. Doch die sich prügelnden Gäste nahmen keinerlei Notiz von den Beamten. Zu sehr waren sie damit beschäftigt, sich gegenseitig die Tresenhocker um die Ohren zu schmeißen.

»Schluss jetzt mit dem Unfug!«, schrie Thomas bestimmt. »Aber so was von sofort!«

Der Größte unter ihnen verharrte in einer ausholenden Bewegung und drehte den Kopf zu seiner Rechten. Sah die beiden und zog dann auch den restlichen Körper durch eine schmiegsame Bewegung nach.

»Ach nee! Schaut mal! Wir haben Besuch! Die Bullen! Was wollt ihr denn hier?«

Dann ging er einen Schritt auf die Beamten zu und versuchte den Hocker, den er immer noch wie ein Wurfgeschoss über dem Kopf hielt, in dem neu anvisierten Ziel zu versenken. Und die anderen taten es ihm nach. Auch sie kamen wie ein Bienenschwarm auf sie zugeflogen. Es lief genauso ab wie damals im *Top Ten*, als sich die Raufbolde in der Sekunde verbrüderten, als Esther und Rudi dort auftauchten. Nun hieß es mal wieder zwei gegen den Rest der Welt. Doch Esther war vorbereitet und beendete das unsägliche Spektakel gegen die mittlerweile müde gewordene Altherren-Riege dank Reizgas innerhalb von 20 Sekunden. Während sich die vier nun angestrengt die Augen rieben und damit die Wirkung nur verschlimmerten, rief Thomas zwei Kollegen mit einem Einsatzwagen, die den rot unterlaufenen Heulsusen für die nächsten Stunden zur Ausnüchterung ein neues Zuhause im Untergeschoss von Revier 15 zuwiesen. Je nachdem wie sie sich dort verhielten, würde weiter entschieden werden. Wirtin Almut jedenfalls hatte auf eine Anzeige verzichtet. Sie wollte keinen weiteren Ärger und war froh, dass nur zwei Hocker zu Bruch gegangen waren. Thomas und Esther verabschiedeten sich und ließen die beiden Eingangstüren zur Auslüftung weit geöffnet. Sie setzen ihren Rundgang fort.

»Wir sind echt ein leidgeplagtes Völkchen, das sich aus dem Teufel und dem lieben Gott zusammensetzt«, begann Thomas, und meinte das Rollenverständnis der Polizei in der Öffentlichkeit.

»Häh? Was meinst du?«, fragte Esther, deren Augen nun auch begannen etwas zu jucken. »Leidgeplagt, ja okay. So'n Hocker abzubekommen oder 'ne Portion Reizgas ist echt bitter, klar, aber wie meinst du das mit dem Teufel und dem lieben Gott?«

»Ist doch ganz einfach. Wenn man uns ruft, wie eben die Almut, oder uns sonst wo im Viertel trifft, werden wir meist respektvoll, also von dem Hilfesuchenden begrüßt, während dieselben Leute, kurz nachdem wir weitergezogen sind, nur noch von *Vollidioten*, *Vollpfosten* oder abfällig von *Bullen* quatschen. Weißt du, was ich meine?«, fragte Thomas und schaute auf seine Hand, die mittlerweile etwas angeschwollen war. »Ich meine, manchmal sind wir die am dringendsten Benötigten, um nur Minuten später die meistnervigen Personen zu sein. Oder noch anders formuliert: Wir sind das Gute und Böse in einer Person, abhängig davon, wer uns gerade braucht.«

Esther bestätigte mit einem Kopfnicken. Als Teufel und Heilige hatte sie sich weiß Gott bisher noch nicht gesehen. Aber Thomas' Erklärung hatte was.

»Nun aber zu dir«, setzte Thomas fort, »was war vorhin? Warum saßt du mit blassem Gesicht in der Umkleide? Ist was mit deinem Pico? Ich dachte schon, er hätte dir was angetan. Oder gibt's andere Probleme?«

Doch Esther antwortete nicht und ging weiter. Pico war Schnee von gestern. Und *Rammbock-Rudi,* der in seiner Hilflosigkeit mal wieder übergriffig geworden war, auch. Wer war er schon? Ein abgehalfterter Ewiggestriger. Ein abgerissener Beamter, der meinte, er hörte alles, was im Himmel und auf Erden passierte. Und der nur dank seiner Verbindung zur Hölle Rielandts Gnaden genoss. Rudi war schon immer volles Risiko gegangen und hatte längst dem Leben sein Kostbarstes abgetrotzt: Loyalität, Respekt, Vertrauen. Typen wie Rudi konnte sie als weibliche Polizeibeamtin nur begegnen, wenn sie den nächsten Schritt ging. Und das machte sie jetzt. Ja, sie würde studieren. Für eine Karriere als Kommissarin und für die vielen Kolleginnen in der Schutzpolizei auf der Davidwache, die ihr hoffentlich zahlreich nachfolgen sollten. Nach Dienstschluss würde sie mit dem Ersten Polizeihauptkommissar sprechen. Sie schaute zu ihrem Kollegen, mit dem sie so viel durchgemacht hatte, von dem sie so viel gelernt hatte.

»Weißt du, Thomas«, begann sie leise. »Ihr Männer tretet Türen ein. Aber wir Frauen wissen, wo der Schlüssel hängt. Das ist der Unterschied!«

Mit einem Lächeln im Gesicht ging sie die *Große Freiheit* Richtung St.-Joseph-Kirche hinunter. Der Hamburger Kiez war fast zu einer eigenen Religion geworden. Und sie beantragte den Kirchenaustritt.

ENDE

ABSPANN

Esther Lindemann:

Nach erfolgreichem Studium an der *Fachhochschule Polizei, Studium für Diplomverwaltungswirtin/Fachbereich Polizei* zum 30. September 1988, wurde Esther Lindemann im April 1989 erst Polizeiobermeisterin und einen Monat später Polizeikommissarin. Nach St. Pauli kehrte sie, zumindest beruflich, nicht mehr zurück.

Heute lebt sie mit ihrem Mann abwechselnd im Schwarzwald und in Spanien.

Ludwig Rielandt:

Nach seiner Pensionierung auf der Davidwache wechselte der *Erste Polizeihauptkommissar Rielandt* im August 1987 als Geschäftsführer auf die gegenüberliegende Straßenseite zum *Casino Reeperbahn.* Dort wurde er, nachdem er über ein Jahrzehnt echte Banditen gejagt hatte, nun der Chef über Black-Jack-Tische, Glücksräder und *einarmige Banditen.*

Rudi Hippert:

Infolge einer schweren Schussverletzung, bei der *Rammbock-Rudi* vier Monate im Koma lag, wurde er 1988 für dienstunfähig erklärt. Nach dem Ausscheiden aus dem Polizeidienst zog er zurück zu seiner Mutter nach Bremen.

FD65:

1989 wurde die *Fachdirektion 65* als Abteilung »Organisierte Kriminalität« in das neu gegründete Landeskriminalamt Hamburg integriert, dessen Leitung Wolfgang Sielaff übertragen wurde.

Pico Mönnich:

Auch mit der »kleinen Schwester« Jutta wurde Pico nicht wirklich ruhiger. Als später noch drückende Geldsorgen und die damit verbundene Ausweglosigkeit der Lage hinzukamen, verlor sich Anfang der 1990er-Jahre seine Spur. Esther hat nie wieder von ihm gehört.

Wiener-Peter:

Der Nutznießer der Hinrichtungen von *Chinesen-Fritz* und *Lackschuh-Dieter*, dem lange eine Beteiligung nicht nachgewiesen werden konnte, wurde schließlich im April 1989 wegen schweren Raubes, gemeinschaftlich begangenen Mordes sowie Anstiftung und Beihilfe zu Mord zu einer lebenslangen Haftstrafe verurteilt, die er bis 2000 im Hamburger Gefängnis *Santa Fu* absaß. Im Anschluss wurde er nach Österreich ausgewiesen.

Im April 2022 wurde Josef *Wiener-Peter* Nusser bei einem Flug aus der Dominikanischen Republik nach Wien während eines Zwischenstopps auf dem Frankfurter Flughafen bei der Personenkontrolle festgenommen. Nusser hatte anscheinend vergessen, dass er mit der Auflage, nie wieder deutschen Boden zu betreten, vorzeitig entlassen wurde. Nach kurzer Haft in Darmstadt-Dieburg durfte der ehemalige Zuhälter aber dann doch in seine Heimat weiterreisen, da die Hamburger Staatsanwaltschaft von einer weiteren Vollstreckung von Nussers lebenslanger Freiheitsstrafe absah.

HAUPTCAST

Esther Lindemann
Claus »Bärenführer« Herzog
Rudi »Rammbock-Rudi« Hippert
Pico Mönnich
Sönke Harms
Thomas Schlagloch

NEBENROLLEN

Dieter Fehrle
Esthers erster Freund aus Jugendtagen

Herbert Krohn
Sachbearbeiter im Arbeitsamt Müllheim

Helmut Müller
Ausbilder in der Polizeiakademie

Hans Carstens
Ausbilder in der Polizeiakademie

Christian Zlomke
Ausbilder in der Polizeiakademie

Ludwig Rielandt
Erster Polizeihauptkommissar an der Davidwache / Revier 15

Carsten Vollmer
Anwohner auf St. Pauli

Michael Schulze
Leiche / Friedrichstraße 36

Moritz
Kollege vom Revier 15

Monika
Barfrau der *David-Quelle*

Berta
Transsexueller aus São Paulo

Gerda
Verkäuferin im *Western Store Hundertmark*

Hansi
Kollege vom Revier 15

Anja
Prostituierte im *Eros-Center*

Dirk

Wirtschafter im *Eros-Center*

Hanne Kleine

Chef der *Ritze*

Orlando

St. Paulianer

Henri

Kiosk-Besitzer auf dem Hans-Albers-Platz

Stephan

Kollege vom Revier 15

Werner

Ehemaliger Pferdepfleger bei der Polizeistaffel

Jochen Laudon

1. Wachhabender vom Revier 15

Frau Schwab

Frau auf dem Revier

Karina Sachs

Jungprostituierte

Günther

Stammgast im *Silbersack*

Erna Thomse

Wirtin und Chefin vom *Silbersack*

Eichi

2. Wachhabender vom Revier 15

Franz Schubert

Stadtstreicher

Uwe Fedder

Kollege vom Revier 15, Wachraum

Alfons Pawelczyk

Hamburger Innensenator

Wolfgang Sielaff

Leiter der Fachdirektion 65 (FD65)

Rüdiger Bagger

Staatsanwalt und Ankläger der Fachdirektion 65 (FD65)

Dieter »Diddi« Messerschmidt

Koberer auf der Großen Freiheit

Paul »Paulchen«

Laufbursche im *Silbersack*

Wilhelm

Zivilfahnder

Rainer

Zivilfahnder

Doris

Kiez-Postbotin und Hundenärrin

Frank Nolte

Leiche / Hinterhof Schmuckstraße 13

Bruno »Schwulibert« Henke

Kollege vom Revier 15

Kartoffel-Karl

Lude

Johann

Kollege vom Revier 15

Daniela

Prostituierte aus der Friedrichstraße 8

Ingo

Danielas Zuhälter

Birgit Gutemut

Prostituierte und Freundin von Karina

Alex Steenwarder

Zuhälter von Birgit Gutemuth

Helga Schühler
Frau von Rolf Schühler

Rolf Schühler
Leiche / Hein-Hoyer-Straße 8

Sabine Plath
Opfer aus der Annenstraße 17

Ruth Breuer
Geschädigte aus dem *Bayrisch Zell*

Harald Lupfer
Gast im *Bayrisch Zell*

Lina Schollmeier
Rentnerin aus dem *Goldenen Handschuh*

Waldowski
Richter am LG Hamburg

Willy Lübberstedt
Zeuge

PLAYLIST

A Walk in the Park	Nick Straker Band
In Hamburg sagt man Tschüß	Heidi Kabel
Major Tom	Peter Schilling
Words	F. R. David
Sternenhimmel	Hubert Kah
Manchmal möchte ich schon mit dir	Roland Kaiser
99 Luftballons	Nena
Rote Lippen soll man küssen	Cliff Richard
Too Shy	Kajagoogoo
Let's Dance	David Bowie
Dancing Queen	Abba

ANFANG DER GLEICHSTELLUNG

Von einer kurzen Phase in der Nachkriegszeit abgesehen, als Frauen aufgrund Millionen gefallener Männer an der Front auch deren Berufe offenstanden, war West-Berlin 1978 das erste Bundesland, das mit der Rekrutierung von Frauen in der Schutzpolizei begonnen hatte. Es folgten Hamburg 1979, Niedersachsen und Hessen 1981 sowie Nordrhein-Westfalen im Jahre 1982. Hamburg, Niedersachsen und Hessen galten dabei als *Modellversuche*. Die restlichen sechs Bundesländer warteten die Ergebnisse ab. Nachdem der Arbeitskreis II, zuständig für die Innere Sicherheit, schließlich der Innenministerkonferenz grünes Licht gab, folgten im Jahr 1986 das Saarland und Schleswig-Holstein, sowie 1987 Baden-Württemberg, Bremen und Rheinland-Pfalz. Der Freistaat Bayern ließ sich am längsten bitten, wo erst 1990 weibliche Auszubildende für diesen Bereich eingestellt wurden. In den fünf neuen Bundesländern wurden nach der Wiedervereinigung mit der Neuorganisation der Polizei direkt auch Frauen für die Schutzpolizei gesucht, gefunden und eingestellt.

Doch bis es überhaupt so weit war, bedurfte es im Vorwege vieler Diskussionen und im Parlament verabschiedeter Gesetze für die Gleichstellung:

> Am 23.05.1949 trat der Artikel 3 Absatz 2 des Grundgesetzes (GG) in Kraft, in dem die Gleichberechtigung von Frauen und Männern vor dem Gesetz geregelt wurde.

> Am 25.03.1957 wurde in den Gründungverträgen der EWG (Römische Verträge) ein Gesetz verabschiedet, nach dem Frauen und Männer bei gleicher oder gleichwertiger Arbeit das gleiche Entgelt zusteht (Art. 119 des EWG-Vertrages). Inkraftgetreten am 01.01.1958.

- Die Gleichbehandlung von Frauen und Männern im beruflichen Umfeld wurde 1972 im Betriebsverfassungsgesetz (BetrVG) und Personalvertretungsgesetz (PersVG) festgelegt.

- Letztendlich wurde 1980 das Diskriminierungsverbot von Frauen und Männern im Bürgerlichen Gesetzbuch (BGB) erlassen. (§ 611 b BGB-A ist durch § 11 AGG ersetzt worden.)

SCHLUSSBEMERKUNG

Lagen die Herausforderungen der Polizeibehörde Anfang der 1980er-Jahre noch in der Bereitstellung passender Uniformen, passenden Schuhwerks und teilweise eigener Sanitärräume für die neuen Kolleginnen, sind es heutzutage vor allem der Anteil der Frauen in Führungspositionen sowie Diversität und Vielfältigkeit.